本书受国家自然科学基金面上项目"新常态下中国货币政策传导的微观机理与信贷配置效应研究（71973109）"和西南财经大学"中国特色现代金融理论研究项目"专著出版项目的资助

中国货币政策
利率传导渠道的微观机理
及其有效性研究

万晓莉　叶芸绮◎著

Zhongguo Huobi Zhengce
Lilv Chuandao Qudao de Weiguan Jili
Ji Qi Youxiaoxing Yanjiu

西南财经大学出版社

中国·成都

图书在版编目(CIP)数据

中国货币政策利率传导渠道的微观机理及其有效性研究/万晓莉,叶芸绮著. --成都:西南财经大学出版社,2024.7. --ISBN 978-7-5504-6231-1

Ⅰ.F822.0;F832.22

中国国家版本馆 CIP 数据核字第 2024GY3567 号

中国货币政策利率传导渠道的微观机理及其有效性研究

万晓莉　叶芸绮　著

策划编辑:何春梅
责任编辑:肖　翀
助理编辑:徐文佳
责任校对:余　尧
封面设计:墨创文化
责任印制:朱曼丽

出版发行	西南财经大学出版社(四川省成都市光华村街55号)
网　　址	http://cbs.swufe.edu.cn
电子邮件	bookcj@swufe.edu.cn
邮政编码	610074
电　　话	028-87353785
照　　排	四川胜翔数码印务设计有限公司
印　　刷	成都市金雅迪彩色印刷有限公司
成品尺寸	170 mm×240 mm
印　　张	13
字　　数	217 千字
版　　次	2024 年 7 月第 1 版
印　　次	2024 年 7 月第 1 次印刷
书　　号	ISBN 978-7-5504-6231-1
定　　价	56.00 元

前　言

　　随着我国经济由高速增长阶段转向高质量发展阶段，强调经济结构优化成为我国经济发展的新常态。经济发展阶段的转变对金融体系如何转变以更好地服务实体经济提出了新的要求。特别是随着利率市场化改革基本完成、金融创新和金融脱媒的迅速发展，传统的以 M2 为代表的数量型货币政策工具与主要经济指标的关系不再如以前稳定。数量型货币政策调控的有效性下降，价格型货币政策调控的重要性日益提升。因此，为了适应经济高质量发展，金融促进实体经济发展应由传统的规模扩张转向质量提升，金融调控也需要减少对数量目标和手段的依赖。"十三五"时期以来，我国明确提出要推动货币政策由以数量型为主向以价格型为主转变，通过公开市场操作实现政策利率对银行贷款利率、债券利率和企业融资成本的有效引导，以加强货币政策精准调控的效果。

　　货币政策传导渠道畅通是货币政策实现精准调控的关键所在。过去我国金融市场的发展还不成熟，经历了较长时期的利率双轨制。虽然利率传导渠道是最早被提出的货币政策传导机制，但我国利率传导渠道是否有效在过去并不是研究的重点。相反，在以银行为主的金融结构和以信贷调控为主的货币政策调控下，大量文献就我国货币政策的银行信贷传导渠道展开了研究。事实上，伴随着几十年的利率市场化进程，我国的政策利率、银行间市场利率、贷款利率之间是否仍存在割裂，货币政策意图是否能有效传导至与实体企业融资最为相关的实体经济融资利率上，是值得系统研究的问题。伴随着我国货币政策由以数量型为主向以价格型为主转变，已有部分学者就我国的利率传导渠道展开研究。早期研究主要是基于利率双轨制背景探讨利率市场化程度对货币政策传导效果的影响，大部分研究认为我国的利率传导渠道是受阻的。近来也逐渐有学者发现利率传导渠道在中国的作用正日益增强，这主要体现在政策利率到各种金融市场利率的传导上。随着我国利率市场化改革的不断深入和贷款利率报价机制的逐渐完善，货币政策通过公开市场操作决定的市场化政策利率，甚至中央银行通过其他多种货币政策工具传递的政策意图能否有效引导债券利率、贷款利率，进而引导企业融资成本及投资行为？如果不能，其微观传导受阻的原因是什么？这些正是本书要回答的问题。

总的来说，当前有关我国货币政策利率传导渠道的研究相对较少，并且这些研究主要集中在利率传导渠道在我国是否存在及其与信用传导渠道相比的重要性上，缺乏基于我国利率市场化改革内在逻辑，从金融市场、金融机构到微观企业等多层次系统研究货币政策利率传导效率的研究。本书的意义主要体现在以下两方面。一是理论意义。基于中国特色的利率体系与金融体制安排，从微观主体异质性视角出发分析货币政策传导的微观机制及其有效性，丰富现有货币政策传导及有效性的研究。现有文献主要集中在对我国货币政策信用传导渠道的机制及其有效性的研究上，关注的更多是商业银行在国有和非国有企业信贷供给上的差异。而伴随着我国金融市场的发展，以及金融机构越来越多的金融创新，我国货币政策利率传导渠道是否畅通并有效，其微观机理如何，目前相关文献研究较少。二是现实意义。第一，通过我国货币政策传导的微观机制的理论分析以及定量分析研究我国货币政策利率传导渠道的有效性，可以更好地识别我国货币政策传导受阻的原因，包括市场的、制度的因素。在我国货币政策由以数量型为主向以价格型为主转变的背景下，提高经济主体对货币政策（尤其是政策利率）的敏感性，为确保货币政策及时有效传导提供有益参考。第二，通过分析和评估我国货币政策经由微观主体行为的异质性对金融市场和金融机构定价的影响，进而对企业融资成本、投资行为的影响，为货币当局优化货币政策工具和调控方式、实现更精细化的调控、促进经济向高质量发展提供理论和事实依据。

本书主要工作和发现如下：

第一章从历史发展和国际比较两个维度系统梳理我国货币政策调控框架的演变路径和逻辑，发现货币政策调控框架的演变是内生于经济和金融发展阶段的。无论是发达国家所经历的从价格型到数量型再回到价格型的货币政策调控转型，还是我国当前的货币政策调控从数量型为主到价格型为主的转型，都说明了货币政策调控框架是内生于一国的经济发展水平、金融体系发育程度和货币政策传导的微观基础等因素的。当前我国货币政策框架之所以从数量型向价格型转型，主要原因有两方面：一是传统的数量型货币政策调控有效性逐渐下降，二是随着利率和汇率市场化改革的推进，价格型货币政策调控的条件日益成熟。但转型的过程也造就了我国利率传导渠道的特殊背景，如仍然存在的利率双轨制、金融市场深度不够、微观主体风险态度敏感性较低等问题，这既包括了金融机构的风险定价能力的不足，也包括了经济主体如投资者的投资风险意识的缺乏，如错将理财产品当成类存款产品等。对这些不足的弥补，是增强我国利率传导渠道有效性的重要基础和前提。

第二章基于中国特色的多目标和多工具的货币政策调控方式，结合我国金融市场化与金融创新的背景，对我国货币政策利率传导渠道的微观机理及其有效性评估体系展开论述，发现我国货币政策利率传导渠道有效性的微观基础在于金融资源和风险的市场化定价机制与能力。利率市场化和金融市场的发展是利率传导渠道可以运行的前提，而对于货币政策利率传导渠道有效性的评估可分为三个层级，即"中央银行与商业银行、商业银行之间、商业银行与居民和企业之间"。其中，第一、二个层级的利率传导主要受反映短期利率的货币市场或同业市场的影响；第三个层级的利率传导主要受反映中长期利率的贷款市场和债券市场的影响。货币政策利率传导渠道的有效性在于要让中央银行的利率调控工具实现"非中性"。虽然利率市场化改革取得了长足的进步，但目前仍然存在着隐性的利率双轨制，经济主体尤其是银行的存贷款定价的市场化能力还有待提高。由于我国货币政策具有多目标和多工具特色，所以利率传递的效果可能受到其他货币政策工具的干扰。理顺中央银行多目标背景下的各种货币政策工具的关系，加强工具之间的协调性，对提高利率传导渠道有效性十分重要。

第三章从金融市场的角度，通过构建反映我国中央银行多工具组合背景下的货币政策冲击，实证考察了利率传导的有效性。本章研究发现货币政策对金融市场利率的传导效果已经比较明显，但不同类别的货币政策工具的传导效果存在显著差异。为了反映我国货币政策多工具并用的特色，我们基于利率互换收益率对货币政策调整的日度变化来刻画货币政策意外冲击，并且将中央银行现阶段使用的九种主要货币政策工具划分为价格型、数量型和沟通型三类，从政策的综合冲击和各类冲击的维度对金融市场收益率的影响进行了考察。本章发现：第一，货币政策冲击总体对金融市场收益率具有较强的传递效果，但其中数量型和价格型比沟通型货币政策工具对金融市场的即时影响力度更大。第二，从不同金融市场利率对货币政策工具的单日响应来看，股票市场对货币政策的响应程度弱于货币市场和债券市场。从不同期限的货币市场和债券市场的响应程度来看，中央银行货币政策冲击对同业拆借市场的影响主要集中于短期限的金融产品，而中央银行货币政策冲击对国债收益率影响最大的期限为 1 年期，对于企业债为 3 个月期。第三，大部分货币政策冲击能够在公布后持续对金融市场产生影响，但存贷款基准利率变动冲击对债券市场的累计影响逐渐降低。在三类货币政策工具冲击分别对债券市场的影响中，中央银行沟通型的货币政策工具对债券市场的累计影响在观察期内持续快速增长，表明中央银行沟通型货币政策工具能够对债券市场产生持续且较大程度的影响，而数量型和价格型货币政策工具对于债券市场的影响主要是当日影响，持续性影响较弱。考虑到我国商业银行是货币市场和金融市场的重要参与主体，以上结果表明我国利率传导渠道的有效性在第一、二层级，即在中央银行与商业银行、商业银行之间的效果还是非常明显的。

第四章针对利率传导有效性的第三层级，从银行的视角，考察了中央银行政策利率对金融机构（商业银行）贷款利率的影响，其中特别考察了过去十多年来金融创新在其中的作用。本章研究发现政策利率到银行贷款利率的传递效果还需进一步加强。虽然我们已经发现政策利率到货币市场利率如同业拆借利率的传递已经非常明显了，但商业银行存在内部双轨制的定价机制，即从存贷款资金与同业拆借到金融投资之间的相对分离，利率传导的第三层级即从政策利率到最终银行零售端的存贷款定价的传递效果还有进一步提高的空间。其中，商业银行最近十多年以理财为主要表现形式的金融创新也对利率传递的效果产生了显著影响：首先，金融创新减弱了基准利率的传递效果，因为它提供了表内信贷的可替代选择即表外信贷，从而增加了银行贷款的替代商业融资。其次，金融创新通过将银行系统中的双轨制资金转移定价连接起来，促进了短期的市场化政策利率的传递。然而，自 2013 年以来，我国商业银行的金融创新的主流模式从"WMPs-影子信贷"的套利模式转变为"同业-证券"的套利模式，这一监管套利模式的改变削弱了贷款市场和银行间市场之间的联系，从而也削弱从市场化的政策利率到银行零售贷款利率的传递。因此，规范理财等银行表外业务创新的发展，减少表外信贷或非标投资风险的同时，还需进一步理顺银行内部资金转移机制，从制度保障和技术运用多方面加强金融机构风险定价的能力。这对金融资源实现更有效的配置，提高利率传导渠道的有效性至关重要。

第五章进一步从企业综合融资成本的视角，考察了利率传导有效性的第三层级，即中央银行政策利率对企业综合融资成本及其投资的影响。这也是判断货币政策是否能够通过利率渠道影响真实经济的重要一步。其中我们也特别关注了利率市场化改革的影响。本章研究发现我国上市企业的融资成本已对政策利率有显著反应，这表明我国利率传导的第三层级即从商业银行到企业之间的影响已经有了理论预期的表现，但传递的效果即企业融资和投资对利率的敏感性还有待提高。基于上市公司微观数据的实证研究，本章进一步发现了利率传递效果的异质性。第一，从不同类型市场利率对企业融资成本的影响来看，银行间质押式回购利率对我国上市公司平均融资成本的影响最大。这或许源于银行间质押式回购利率的市场参与主体更为广泛，对抵押物要求更低，更能反映我国上市企业融资方式和渠道的多样性。第二，我国针对贷款利率进行的两次重要利率市场化改革的效果目前尚未完全显现。2013 年，我国完全放开了对贷款利率的管制，然而，企业平均融资成本对银行间市场利率的敏感性并没有显著提高。究其原因，可能是受到在此期间以理财产品为主要表现形式的银行表外业务创新的大规模发展，贷款管制放松导致的银行竞争以及产业政策等影响。2019 年，中央银行对贷款市场利率报价形成机制进行改革以增强贷款利率与市场利率的联动性，但是这一改革后贷款市场报价利率对企业融资成本的影响并不显著，这或许是改革对利率传递有效性的促进作用尚未完全发挥。第三，对债权融资依赖度越高的企业，利率传递的效果越强。利率传递对传统型企业（重资产型）、更依赖债务融资的企业的效果更明显，而对轻资产型企业、民营企业的传递效果要弱一些。这表明我国企业的融资成本和投资确实已经受到了利率传导渠道的影响，但因为金融结构仍然以银行为主导，所以利率传递的效果对民营企业和轻资产型企业的效果没有国有企业和重资产型企业强。因此，进一步完善多层次的资本市场，包括风险投资市场的发展，拓宽民营和创新型企业的融资来源；同时完善国有银行的治理和考核方式，提高银行和投资者对风险的定价能力，缓解民营企业、中小企业、轻资产型企业的融资难尤其是表内信贷融资难的问题，对我国当前经济向高质量发展过程中提高货币政策精准调控能力至关重要。

万晓莉　叶芸绮

2023 年 12 月于成都

目　录

第一章　中国货币政策调控框架的演变

　　货币政策是一国宏观经济调控的重要手段，货币政策调控有效性与经济发展水平、金融体系成熟度息息相关。随着经济发展，货币政策调控框架需要不断调整演变。新中国成立以来，我国经济体制经历了从计划经济体制向市场经济体制的转型。在转型过程中，我国货币政策调控框架，尤其是中间目标，也经历了多次调整以适应经济和金融系统不断发展的需要。目前，我国的货币政策调控方式正经历从以数量型为主向以价格型为主的转型。本章首先梳理我国货币政策中间目标的演进过程，其次梳理货币调控框架演变的内在逻辑，通过对各国中央银行调控方式的国际比较，更好地理解这背后基于制度和市场的驱动因素，最后对我国的货币政策实践框架从目标层次、工具体系和传导机制等角度进行梳理和归纳。

第一节　中国货币政策中间目标的演进

　　货币政策框架一般包括货币政策目标体系、货币政策工具和货币政策传导机制三大部分。中央银行首先确定目标（包括中间目标和最终目标），其次考虑工具，最后再通过工具实现目标（即传导机制），可见政策目标的确定最为关键。1995 年 3 月 18 日，全国人民代表大会通过法律将我国中央银行货币政策的最终目标确定为"保持货币币值稳定，并以此促进经济增长"。事实上，货币政策的最终目标在相当长一段时间里主要围绕物价（通货膨胀）和经济增长（产出波动）展开，不会发生太大变化，而中间目标却会随经济和金融体系发展水平的变化而不断修正。计划经济时期，我国没有形成现代意义上的中央银行制度，中国人民银行作为唯一的银行在全国范围内实施"统存统贷"。改革开放后，我国对银行业进行大刀阔斧的改革，银行业结构从大一统格局向多层次、专业化格局转型。随着中央银行—商业银行体系搭建逐渐完善，1983 年 9 月中国人民银行被正式确立为我国中央银行，发挥货币政策宏观调控作用。此后，我国货币政策的中间目标经历了三个阶段的调整。

一、从计划经济到市场经济的转型时期（1983—1992 年）：以银行信贷额度为中间目标

为了发挥银行对资源配置的重要作用，我国从 1978 年开启第一轮银行业改革，银行业结构从大一统格局向多层次专业化银行格局转型。1978 年中国人民银行从财政部独立，1979 年至 1984 年中国农业银行、中国建设银行、中国银行和中国工商银行相继从中央银行独立。随着中央银行—专业银行体系的搭建，1984 年，中国人民银行作为中央银行开始行使中央银行职能，存款准备金制度应运而生。这一时期，中国人民银行制定了"统一规划、划分资金、实存实贷、互相融通"的信贷资金管理体制。这一制度在中央银行和专业银行的信贷资金之间建立了层级联系，中央银行可以通过控制专业银行的放贷金额对宏观经济进行调控。中央银行制度的确立也标志着我国现代意义上货币政策实施条件的成熟。

这一时期，中央银行货币政策的最终目标是经济发展和物价稳定，中间目标是银行信贷额度，货币政策工具仍然较少。中央银行主要借助行政化的贷款限额和法定存款准备金制度进行宏观调控。但在这一新旧体制转变的时期，经济运行波动较大，货币政策态势变动也较大，调控手段还不稳定。1986—1992 年，中央银行在紧缩货币政策基调上，开始实施有差别的货币政策，将货币政策的工作重点转向信贷结构的优化，通过设置差别化信贷政策，积极支持重点行业和大中型国营企业高速发展。

总的来说，在市场经济转型初期，我国建立了中央银行体制，货币政策通过调控银行信贷投放量进而影响实体经济，但是传导效果不稳定。与此同时，我国经济体制改革仍处于探索阶段，中央银行的货币政策调控经验不足，对经济发展和物价稳定的双重目标关系尚未完全理清。这一时期货币政策调控的不稳定反映出中央银行仍然缺乏独立性和前瞻性，其货币政策调控工具单一，主要依赖行政干预。而这一行政干预本身又受到国内经济形势的影响，具有严重的内生性和滞后性，这导致货币政策传导到实体经济的效果大打折扣。

二、经济高速增长时期（1993—2012 年）：正式确立广义货币供应量（M2）为中间目标

改革开放初期，各项宏观经济政策的有力支持激活了我国微观主体经济活力，国内经济处于高速增长时期，但金融秩序混乱以及资产投机泡沫严重，引发了较为严重的通货膨胀问题。1993 年，党中央作出了建立社会主义市场经济体制的重大决定，开启了经济金融体制新一轮改革。这轮改革提出把"中国人民银行办成真正的中央银行"的重要任务。此外，对银行体系开启了第二轮改革，三家政策性银行相继成立，各专业银行开始转型为经营自主、风险自担和盈亏自负的商业银行，银行业市场化程度大幅提高。至此，中央银行—商业银行体系形成，中央银行的货币政策调控框架日渐成熟。

1993 年，货币政策最终目标确立为保持币值稳定并在此基础上促进经济发展，货币政策中间目标也由银行信贷总额变为广义货币供应 M2，货币政策的操作工具得到极大丰富，法定存款准备金率成为重要的调控工具。从此，我国货币政策从直接调控走向间接调控，正式开启了数量型调控时代，在现代货币数量理论的指导下（MV = PY），中央银行通过法定存款准备金率、再贷款再贴现率、公开市场操作和窗口指导等政策工具影响货币供应量，并通过货币乘数效应最终实现对通货膨胀和经济增长的宏观调控。

在经济高速增长时期，我国经济增长中的货币需求量稳定且可预测，货币政策中间目标 M2 与物价水平、国内生产总值等宏观经济指标的关系稳定；因此，这一时期数量型货币政策的传导效果较好，对于宏观经济的调控效率较高。分时间段来看，1993—1997 年，货币政策的主要目标是抗击通货膨胀以应对前期投资过热和价格体制改革的影响后果，最终中央银行通过降低信贷投放量、收紧货币供应量等方式有效控制了通货膨胀率，实现了经济的"软着陆"。1998—2003 年，亚洲金融危机爆发对我国出口和投资经济造成了严重冲击，国内出现通货紧缩，为了拉动总需求增长，这一时期我国实施了稳健宽松的货币政策，取消了商业银行的贷款限额，几次下调法定存款准备金率和基准利率。宽松的货币政策显著刺激了投资增长，2002 年，我国经济进入了高速增长时期。2004—2008 年，在住房商品化改革的红利下，我国房地产投资井喷式增长，人民币大幅贬值拉动出

口大幅增长，我国经济保持了连续 5 年的高速增长。面对经济的过热增长，这一时期我国实施了稳健略偏紧的货币政策。2006 年，为吸收外汇占款创建了央票制度，有效地削弱了国内通货膨胀压力。2009—2012 年，随着 2008 年美国次贷危机的爆发，全球经济增速放缓，我国房地产市场和投资出口受到严重打击，为了刺激经济增长，中央迅速实施了四万亿刺激计划，中央银行也连续降准降息向市场投放巨额流动性。在一系列扩张性政策的刺激下，我国经济继续保持高速增长，但是大量的项目投资和信贷资金投放也催生了资源浪费和资产泡沫化，为日后信贷配置的结构性扭曲埋下隐患。

总的来看，经济高速增长时期，数量型货币政策有效控制了通货膨胀并且实现了经济高速增长，标志着我国货币政策调控框架日趋成熟。然而，随着我国经济发展，数量型货币政策工具的有效性受到一定质疑。一方面，数量型货币政策对于宏观杠杆率和金融系统性风险等经济结构性问题的调控作用较差，金融危机后大水漫灌的货币政策导致大量资源流向传统制造业、房地产业和虚拟经济，进一步加深了我国经济发展的结构性问题；另一方面，货币供需的不稳定性导致盯住货币供应量的数量型调控的有效性下降，并且放大了金融市场利率的波动性，加剧了金融不稳定性。原因是随着金融脱媒和金融创新的不断发展，中央银行对货币供给的控制力度和对货币需求预测的准确性逐渐下降，数量型货币政策的有效性下降。为了适应宏观经济形势和金融体系发展的变化，我国货币政策调控进行了新一轮的改革，逐渐从数量型为主向价格型为主转变。

三、经济新常态时期（2013 年至今）：深化利率市场化改革，取消货币政策供应量目标

新常态时期，我国经济增速放缓，依靠传统要素和粗放式投资拉动经济增长的动能逐渐下降，经济发展不均衡、资源不匹配等结构性问题也对经济高质量发展形成钳制，技术创新和结构优化成为我国经济增长的关键驱动力。这对货币政策转型以适应经济高质量发展提出了新的要求，必然要求中央银行改变过去大水漫灌式的货币政策调控模式，实施对经济主体稳健、中性的精准滴灌，避免经济和金融市场的大幅波动。从数量型向价格型货币政策调控的转型更符合我国的基本国情。2018 年，我国不再公布货币政策供应量的具体目标，转为推进以市场化利率为主的金融市场改

革，使货币政策利率形成和传导渠道畅通，加快向价格型货币政策转型。

价格型货币政策以利率作为中间目标，实现对物价稳定和经济增长的调控。其调控有效性高度依赖于金融市场化程度，金融市场化程度越高，越有助于市场利率的形成和传导。在此基础上，中央银行只有通过政策利率影响市场利率，才能有效发挥价格型货币政策调控作用。由于我国长期存在利率双轨制现象，存贷款基准利率长期受到行政管制，利率水平无法真实反映实际资金的供需情况。这导致政策利率向中长期利率传导受阻，货币政策利率调控无法发挥真实作用。因此，不断深化利率市场化改革对于化解利率双轨制、畅通利率形成和传导机制具有重要意义。2019 年，中央银行对贷款市场报价利率形成机制进行改革，银行贷款利率基准锚由贷款基准利率转为贷款市场报价利率，有效实现了贷款利率并轨。这一改革使中央银行能够通过调控中期借贷便利利率实现对货款市场报价利率和银行贷款利率的调控传导，进而疏通政策利率—银行间利率—贷款利率这一利率传导渠道，改善价格型货币政策工具的调控效果。

虽然利率市场化改革极大地促进了我国货币政策调控框架从数量型为主向价格型为主转型，但是价格型货币政策调控框架的完善仍然受到相关因素制约（徐忠 等，2018）。一是适用利率形成和传导的金融市场发展深度仍然不够。货币市场和债券市场参与者具有严格的准入限制，利率衍生品种类不够丰富，金融机构对金融产品的风险定价能力不足，这些因素最终导致市场利率的形成和传导渠道不够畅通。二是当前我国外汇市场发展深度和广度仍然有限，汇率的价格发现和传递机制有待完善。当前我国汇率市场化改革仍在继续，汇率仍未完全浮动，考虑到我国对资本市场仍然实行跨境管制措施，这一定程度上影响了我国价格型货币政策工具的调控有效性。三是渐进性改革中存在的一些风险和矛盾对利率传导过程产生了阻碍。我国金融机构经营存在刚性兑付现象，国有部门融资存在预算软约束问题，这导致微观主体对于利率价格和风险变化的敏感性较弱，货币政策通过调控短期利率向中长期利率进行传导的有效性被削弱。此外，金融监管机构与中央银行的关系仍然不够协调，银行和其他金融机构的各种金融创新导致金融机构监管套利行为严重，银行业竞相使用同业和理财资金进行表外复杂嵌套交易，也导致市场利率无法真实反映市场参与者的风险偏好，降低了价格型货币政策工具的调控效果。

第二节　货币政策调控框架演变的逻辑及国际比较

依据中间目标的不同，货币政策调控框架主要分为两类——价格型和数量型，其理论基础分别来源于凯恩斯学派和货币主义学派。基于不同的货币理论，各国中央银行形成了不同的货币政策调控框架。凯恩斯学派的货币理论认为，利率在货币政策调控中具有重要作用，其主张价格型货币政策调控，以利率作为货币政策中间目标，货币政策最终目标是扩大有效需求和实现充分就业。货币主义学派的货币理论认为，货币供应量在货币政策调控中具有重要作用，因此其主张数量型货币政策调控，以货币供应量作为货币政策中间目标，货币政策的最终目标是维持币值稳定。

货币政策的中间目标变化是货币政策调控框架变化的重要特征，好的中间目标应当满足可测性、可控性、相关性和抗干扰性等条件。中央银行不论是选择货币数量还是利率作为货币政策中间变量，都充分考虑了其是否能最大化发挥货币政策的调控效果。从世界主要经济体的货币政策操作实践经验来看，受到特定时期经济运行状况、金融体系发展等的影响，货币政策调控框架随着经济的主要矛盾变化而动态调整。自中央银行体制建立以来，世界经济大致经历了 20 世纪 20 年代的大萧条、第二次世界大战后的经济复苏、20 世纪 70 年代的经济滞胀和 2008 年的金融危机等阶段，西方主要经济体的货币政策调控也随着客观经济的发展规律变化，经历了从利率到数量再到利率的调整过程。

我国现代中央银行制度和现代货币政策调控框架建立时间较晚，在充分借鉴发达国家的经验的基础上，考虑自身的实际情况，当前我国货币政策调控框架正逐渐从数量调控向价格调控转型。这一转型主要考虑到两方面因素影响：一是随着金融创新和金融脱媒的高速发展，传统的数量型货币政策调控有效性逐渐下降，货币供应量越来越难以满足货币政策中间目标的可测性、可控性、相关性等条件；二是随着利率和汇率市场化改革推进，价格型货币政策调控的条件日益成熟。中央银行政策利率体系和市场化利率体系逐渐形成，从中央银行政策利率到货币市场短期利率、再到银行贷款中长期利率的利率传导渠道更加通畅。此外，汇率市场化改革也极大地增强了中央银行对流动性调控的自主性。传统的因外汇占款驱动的中央银行流动性被动投放也大幅下降，中央银行对利率调控的自主性得到大幅提高。

以下将从货币政策调控框架的理论基础、中间目标的选择，以及中央银行调控框架的国际比较三方面，具体阐述我国货币政策调控从数量型向价格型转型的逻辑。

一、货币政策调控框架的理论基础

货币理论是中央银行货币政策调控的理论前提，也是研究货币是否会对经济产生实质影响的渠道。不同的货币理论学派对货币政策中间目标、最终目标和货币政策传导机制的研究侧重点不同，因此中央银行基于所信奉的货币理论，选择的货币政策中间目标、最终目标、政策工具和传导渠道也大相径庭，形成了不同的货币政策调控框架。目前成熟的货币理论学派有凯恩斯学派和货币主义学派，分别形成目前较为主流的两类货币政策调控框架——价格型调控和数量型调控。

凯恩斯学派认为利率对于货币需求、总需求和就业具有重要影响，因此货币政策通过利率渠道发挥作用，最终目标应当关注有效需求和充分就业。凯恩斯学派的货币理论主要包括流动性偏好理论和有效需求理论。流动性偏好理论提出了影响货币需求的三大动机——交易动机、预防动机和投机动机。其中货币需求的交易动机和预防动机与经济状况和居民收入水平有关，与利率关系不大，而投机动机与实际利率之间存在负相关。正是基于货币的投机动机需求，利率作为重要的因素对货币需求产生重要影响。在凯恩斯理论中，财富储藏资产分为债券和货币两类，人们根据持有两类资产的预期收益率确定货币的投机需求，债券的预期收益率与市场利率高度相关，因此货币投机需求与利率水平高度相关。当市场利率较低而预期利率提高时，人们会预期未来债券价格降低，因此会卖出债券持有更多的货币，此时货币需求的投机动机会上升；反之，当市场利率较高而预期利率下降时，预期债券价格会上升，人们会使用手中的货币买入债券，此时货币的投机动机需求下降。此外，当市场利率极低时，债券价格会极高，人们预期债券价格不可能再上升，因此会卖出全部债券而持有全部货币流动性，以便在债券价格下跌时进行投机获利，这也被凯恩斯称为"流动性偏好陷阱"。

凯恩斯在有效需求理论中进一步将利率与货币、总需求和失业联系起来，论述了中央银行货币政策如何通过利率渠道发挥总需求管理的作用。凯恩斯认为失业是由有效需求不足造成的，提高消费和投资需求有助于促进有效需求提高，投资需求进一步取决于资本边际效率和利率水平，利率水平最终由货币的供需关系决定。因此，中央银行通过货币政策工具改变整个经济体中的货币供应量，并对市场利率产生影响，通过利率这一关键变量对投资需求和总需求产生影响。正如凯恩斯在《就业、利息和货币通论》中论述的，中央银行可以通过公开市场操作对市场中的货币供应进行调节进而影响市场利率，并且"公开市场交易不仅可以改变货币数量，而且还可以改变人们对于货币当局之未来政策的预期，因此可以双管齐下，影响利率"。

货币主义学派的货币理论由传统货币数量论发展而来，认为货币需求函数高度稳定，因此货币供应量对经济波动影响更为直接，货币政策调控最终目标应当关注币值稳定而不是充分就业和经济增长。货币主义学派理论主要贡献者是弗里德曼。弗里德曼将影响货币需求的因素分为七类，有居民的恒久收入、价格水平、股票和债券的预期名义收益率、通货膨胀率、非人力财富对人力财富的比例以及其他影响货币政策需求偏好的因素，在此基础上形成了货币主义的货币需求函数。货币主义学派认为影响货币需求的主要因素是"恒久收入"而不是各种利率，考虑到居民恒久收入的波动率一般较低，因此长期来看货币需求函数是高度稳定的。货币需求函数的稳定性使得货币供应量的变化能够直接反映在物价水平和收入水平上，因此中央银行可以直接调控货币供应量而不是利率，从而影响经济活动。

根据货币主义学派理论，货币供应量通过资产组合效应和财富效应，向收入和物价水平传导。货币作为一种特殊资产，与金融资产和实物资产一同构成居民的资产组合。当货币供应量增加，货币的边际收益下降，公众会将手中多余的货币用于购买金融资产进而推高资产价格，资产价格通过托宾 Q 传导渠道和消费的财富效应渠道刺激投资和消费增加，最终使得总收入增加。货币主义学派认为在货币政策传导渠道中，货币供应量比利率更加直接迅速地对经济活动产生影响，中央银行的货币政策调控应当重点关注货币供应量而不是利率。一方面因为货币与其他金融资产之间的替代效应较小，货币需求利率弹性较低；另一方面因为货币供应量变化与利率变化的相关性并不高，短期内货币供给增加导致金融资产价格上升，利率水平下降。但是长期来看，利率水平的下降会进一步刺激实物投资和产出增加，推动物价水平上涨；物价上涨会增加货币需求量，最终使得利率水平回升。中央银行应通过提供与经济增长相匹配的货币供应量来保证物价稳定，而不应该过多通过利率手段对经济波动进行调节。

总的来说，凯恩斯学派认为利率在货币政策调控中具有重要作用，主张价格型货币政策调控框架。货币政策的最终目标是扩大有效需求和实现充分就业，利率是货币政策的中间目标，中央银行通过公开市场操作等货币政策工具对市场利率进行影响，利率变动通过投资乘数效应对投资产生影响，最终对总需求和就业产生影响。而货币主义学派认为货币供应量在货币政策调控中具有重要作用，货币政策应以数量型调控框架为主。货币政策的最终目标是维持币值稳定，货币供应量是货币政策的中间目标，中央银行可通过调节市场的货币供应量对投资消费产生直接影响，最终实现经济稳定增长。

二、货币政策中间目标的选择：数量型还是价格型

货币政策操作目标往往不能直接对最终目标产生影响，中央银行通常需要在操作目标和最终目标之间选择一个短期内可以产生间接影响或作用的中间目标。中间目标的正确选择对于货币政策传导的有效性至关重要，要求不仅能对中央银行超短期操作目标变化反应灵敏，同时也能通过自身变动对中长期最终目标产生影响。一般来讲，货币政策中间目标需能较好满足可测性、可控性、相关性和抗干扰性等条件（胡庆康，2018）。可测性是指货币政策中间目标数据应当能被中央银行迅速、准确和连续获得，可测性有助于中央银行分析和预测经济运行动态，及时掌握政策调控的效果。可控性是指中间目标应当能被中央银行有效调控，中央银行通过货币政策操作工具能够稳定且准确地控制中间目标的变动，以达到中央银行的货币政策调控目标。相关性是指中央银行的中间目标与操作目标之间存在高度敏感性，与最终目标也存在联动关系，这保证了中央银行通过影响中间目标对最终目标的调控作用。抗干扰性是指中间目标需要对其他影响经济和货币政策调控的外在因素具有一定的抗干扰功能，能够独立发挥作用以确保货币政策有效发挥作用。

在中央银行的货币政策调控框架中，中间目标的选择是否符合可测性、可控性、相关性和抗干扰性等条件对于货币政策传导效果影响巨大。

数量型货币政策调控框架以货币供应量作为中间目标，价格型货币政策框架以利率作为中间目标，两类中间目标在可测性、可控性、相关性和抗干扰性上各有优劣。一般来讲，当货币供应量作为中间目标时，货币数量变动能够被有效地观测并且对经济活动产生实际影响，同时也不会因为其他非政策因素干扰而对中央银行调控发出错误信号，因此具有较好的可测性、相关性和抗干扰性。但是在可控性上，货币供应量作为中间目标的表现不够理想。这是因为随着近几年金融创新和金融脱媒的迅速发展，货币需求变得更加不稳定，中央银行对于各个层级货币供应量的控制能力逐渐下降，因此货币供应量作为中间目标的有效性也受到一定影响。当利率作为中间目标时，其作为市场上资金价格的灵敏指示器，能够迅速反映市场资金供需状态，数据透明且能够迅速观测获得，中央银行可以较好地通过操作利率影响市场利率并最终影响实体经济活动，因此利率作为中间目标具有较好的可测性、可控性和相关性。但是在抗干扰性上，利率作为中间目标的表现并不够好。这是由于利率本身与经济变动之间呈现出较强的顺周期特征，利率高低反映了经济活动的繁荣和萧条，同时利率水平在货币政策的逆周期调控上也呈现出与经济周期相同方向的变化，经济运行过热时中央银行会提高利率，经济过冷会降低利率。在两种因素的叠加效应下，利率变动对经济实际情况的反映可能存在一定误导性，中央银行无法精确区分影响利率变动的非政策和政策因素，因此可能无法准确把握货币政策调控的有效性。

受到供求关系平衡的约束，货币政策的数量和价格两类中间目标不可兼容。如果货币政策要盯住货币供应量，便可能会出现市场利率波动较大的结果；如果货币政策要盯住利率，便需要放弃对货币供应量的掌控。因此中央银行需要选择更适应本国经济和金融发展水平，更有助发挥货币政策调控的有效性的中间目标。普尔（Poole，1970）最早使用 IS-LM 理论框架对货币政策不同调控方式的选择进行了规范研究，发现选择货币供应量或者利率作为货币政策中间变量很大程度上取决于 IS 曲线和 LM 曲线的稳定性，如果 IS 曲线更加稳定而货币的需求函数不够稳定时，那么与凯恩斯学派主张相似，应当以利率作为中间变量，以避免经济不必要的波动；如果 LM 曲线更稳定也即是货币需求函数稳定，那么与货币主义学派主张相似，中央银行应当以货币供应量作为中间目标以稳定产出。在进一步的理论研究中，Poole（1970）将中央银行的货币政策置于随机状态下，以均衡产出方差最小的标准来选择最优货币政策中间目标。其研究发现，当来自货币市场的随机冲击占主导时，LM 曲线的波动性会高于 IS 曲线，此时选择利率作为中间目标更优；当来自商品部门的随机冲击占主导时，IS 曲线的波动性会更高，此时选择货币供应量作为中间目标更优。

虽然 Poole 向我们提供了一个规范的货币政策中间目标的选择理论框架，但这一选择框架在实践中较难实现，因为中央银行很难确定经济随机冲击的具体来源。恩格兰德（Englander，1990）认为中央银行在货币政策中间目标选择上应当更关注何种中间目标更容易被监测和控制，更能发挥货币政策有效性。虽然完美市场下两类中间目标没有严格的好坏之分，在实现物价稳定这一货币政策最终目标上，数量和价格仅仅是一枚硬币的两面，货币政策最终的调控效果理论上应当是等价的（徐忠等，2018）。但是现实中由于金融市场发展程度以及货币政策传导的微观特征差异较大，不同货币政策调控框架的有效性具有明显差异。因此选择何种中间目标需要根据实际情况分析，不能一概而论。已有文献关于货币政策调控效果的研究主要基于向量自回归模型（VAR），检验货币供应量、利率等中间目标与产出、通货膨胀率之间的动态影响来判断不同中间目标的货币政策调控效力的高低（Bernanke & Mihov，1998）。一般来讲，金融市场化程度更高、微观金融特征更为复杂时，价格机制对资源配置的传导效率更高，因此选择利率作为货币政策中间目标效果更好；而金融市场化程度较低，微观金融特征较为单一时，经济总量之间的关系一般更加稳定，因此选择货币供应量作为中间目标效果更好（Laurens et al.，2015）。

三、中央银行货币政策调控框架的国际比较

从世界主要经济体的货币政策操作实践经验来看，受到特定时期经济运行状况、金融体系发展等的影响，一国货币政策调控框架的选择总是朝着最有利于货币政策调控效果的方向进行。故自中央银行体制建立以来，主要经济体的中央银行——美国联邦储备委员会（以下简称美联储）、英格兰银行、欧洲中央银行和日本中央银行，其货币政策中间目标都经历了从利率到数量再到利率的反复调整。对比不同中央银行货币政策调控框架的演变路径，有助于理解当前我国货币政策转型的逻辑。在 20 世纪五六十年代，战后的世界各国急需扩大内需和增加就业，中央银行普遍信奉凯恩斯需求管理理论，货币政策大多以利率作为中间目标。到了 20 世纪七八十

年代，传统凯恩斯主义主张的相机抉择思想导致货币政策调控产生了严重的时间不一致性，中央银行顺周期的利率政策引发了严重的滞胀，各国中央银行逐渐采用货币主义学派的单一货币规则以抗击通货膨胀，货币政策中间目标开始由利率转向数量。进入20世纪90年代，全球金融创新和金融脱媒迅速发展，货币数量与经济产出、物价关系的稳定性越来越差，中央银行对货币供应量的控制力越来越小，数量型货币政策的有效性降低，中央银行重新将货币政策中间目标转为利率，并且确定了以泰勒规则（Taylor，1993）为主的货币政策利率调控框架。2008年全球金融危机爆发后，货币政策利率传导依赖的市场化金融体系遭受重创，数量型货币政策在危机期间重新表现出重要意义。受零利率下限约束，为了刺激经济，世界各国中央银行普遍采取了非常规量化宽松政策，直接对中央银行资产负债表进行量化操作，向市场注入大量流动性以拯救市场信心，促进经济恢复。

美国中央银行——美联储成立于1913年，成立初期是为了配合财政部战争融资需要，因此美联储受到财政部影响，货币政策缺乏独立性，过度使用贴现窗口，导致20世纪20年代初期出现严重的通货膨胀。在大萧条和二战时期，美联储采取了积极宽松的货币政策以应对大萧条和战争融资，以公开市场业务为主要操作工具，短期市场利率和贴现窗口借款是货币政策的主要操作目标。此期美联储的货币政策操作仍然比较保守被动。从二战结束后到大通货膨胀前期，美联储开始独立实施积极的货币政策。此期，美联储奉行凯恩斯主义的价格型货币政策调控思路，货币政策的主要目标是充分就业，国债利率和联邦基金市场利率都曾作为货币政策的中间目标。在宽松的货币政策下，美国的人口数量和经济开始高速增长。大通货膨胀时期，随着全球布雷顿森林体系解体和石油危机爆发，美国国内发生了严重的滞胀危机。受凯恩斯主义相机抉择思想的影响，利率作为货币政策中间目标的有效性大打折扣，并且进一步加剧了滞胀问题。

1970年，为了对抗通货膨胀，美联储开始转向奉行货币主义思想，将货币政策的中间目标由联邦市场基金利率转为货币供应量M1，联邦市场基金利率变为操作利率。1979年，保罗·沃尔克（Paul Volcker）出任美联储主席，执行更为严格的数量型货币政策，直接将非借入准备金作为货币政策操作目标。1983年，货币政策操作目标又变为借入准备金，确立了相机决策的数量型货币政策调控框架。大稳健时期（1982—2007年），随着金融创新和金融脱媒迅速发展，美联储紧盯的 M1、M2 与产出和物价之间的稳定关系被打破，数量型货币政策调控有效性下降。随着通货膨胀治理成效显著，美联储重新将货币政策最终目标变为充分就业和币值稳定，重新将货币政策中间目标转向短期利率，并确立了以泰勒规则为主的价格型货币政策调控框架，开始重视与公众对货币政策预期的沟通。在稳定可预期的价格型货币政策框架下，这一时期美国经济迅速发展，过于宽松的政策也为金融危机爆发埋下了伏笔。2007 年年底，美国金融危机爆发，金融市场流动性骤降，经济衰退风险增大。美联储为刺激市场，降低联邦基金利率直到零利率的传统货币政策调控失效。为了应对危机，从 2008 年到 2014 年，美联储启动非常规的货币政策调控，共启动了三轮量化宽松政策，直接向市场购买国债和抵押贷款支持证券，充当了"最后贷款人"角色。2014 年，随着经济复苏，美联储逐渐退出量化宽松政策，货币政策开始重新盯住联邦基金利率，更加注重加强对公众的货币政策预期管理。

英国中央银行——英格兰银行成立于 1694 年，是世界中央银行的鼻祖。英格兰银行成立初期是为了满足资本主义工业化发展下扩大再生产的融资便利性，在皇室特许经营权下主营政府债券和票据的发行和销售。英格兰银行成立较早，直到 19 世纪才开始作为英国中央银行有意识地实行货币政策调控，其货币政策调控阶段可分为战前和战后两个阶段（以 1945 年为界）。在二战前的多个世纪中，英格兰银行的地位不断提高，逐渐确定了中央银行地位。18 世纪后期，英格兰银行由于雄厚的资金实力和政府的特许经营权，逐渐形成银行体系中的垄断地位，成为了英国"政府的银行、发行的银行和银行的银行"。随着英格兰银行地位的不断提高，1844 年《皮尔条例》正式将其确立为英国的中央银行，英格兰银行由此获得货币的垄断发行权。二战前，英国中央银行主要奉行马歇尔局部均衡思想，对市场采取了放任自由的态度，货币政策调控较少，中央银行主要充当"最后贷款人"角色以维护市场稳定。大萧条时期，英国经济陷入萧条，失业率大幅上升，英格兰银行为了维持金本位制度和英镑的世界霸主地位，仍然实行较为保守的货币政策。为了维持一个被高估的汇率，英格兰银行用高利率政策吸引外资，这一政策最终对英国经济造成了严重打击。

二战结束后，英国经济几近崩溃，英格兰银行被政府国有化，开始奉行凯恩斯主义的需求管理政策。20 世纪五六十年代，英国货币政策以利率为中间目标，主要围绕财政政策施行，财政赤字化导致了货币供给大幅增加，产生了严重的通货膨胀问题。20世纪七八十年代，物价稳定成为货币政策调控的最终目标，英格兰银行放弃了以利率作为中间目标，转而以货币供应量作为中间目标。1976年，英格兰银行正式将M3增长率作为中间目标。20世纪80年代后期，由于M3的增长日渐不稳，中间目标又转向M0。这一时期，紧缩的货币政策虽然有效控制了通货膨胀，却进一步推高了国内失业率。20世纪90年代，英国加入欧盟体系，英格兰银行的货币政策中间目标转为汇率。随着英镑危机爆发，汇率目标制很快夭折。1992年，英镑脱离欧洲汇率体制，开始自由浮动。1997年至今，英国中央银行建立起了通货膨胀目标制的货币政策框架，不再设立货币政策中间目标，中央银行对通货膨胀率的影响主要通过利率、汇率和资产价格等价格机制，中央银行通过公开市场和借贷便利操作，使短期市场利率与政策利率保持一致，最终通过利率向目标通货膨胀率传导。

德国中央银行——德意志联邦银行成立于1957年，于战后开始独立实施货币政策。由于德国在战前经历了严重的通货膨胀危机，人民对国内物价非常敏感，战后德国中央银行一直将币值稳定视为货币政策最重要的目标。1957年《德意志联邦银行法》给予了德国中央银行高度的独立性，规定德国中央银行的主要任务是管理流通中的货币供应量和商业银行的信贷量，维护国内物价稳定和汇率稳定。不同于其他西方发达国家，德国金融体系一直以银行业为主导，资本市场并不发达，金融创新程度也相对较低，因此其货币需求函数保持了较高的稳定性。在这种背景下，德国货币政策一直非常重视数量调控，货币政策可以直接通过调节货币数量对物价稳定产生较好作用。1973年前，德国货币政策中间目标是商业自由流动储备，货币政策可以通过直接控制商业银行的流动性比率，从而影响商业银行的信贷量；20世纪70年代，欧洲货币市场不断发展壮大，这使得德国商业银行的流动性来源扩大到货币市场，导致中央银行货币政策中间目标自由流动储备与银行信贷的稳定性关系下降。另外，20世纪70年代的石油危机进一步使得中间目标—自由流动储备，与经济变量的相关性下降。20世纪70年代，随着德国利率市场化改革的全面完成，德国中央银行开始兼顾通过公开市场操作引导短期利率，德国的数量型兼价格型货币政策调控取得了不错的效果。1974年，德国中央银行将货币政策的中间目标由商业自由流动储备变为中央银行货币量，1988年，其进一步将中间目标变为M3。1991年，欧洲共同体成立后，德国中央银行开始逐渐丧失货币政策调控的独立性。2002 年，欧元成为欧盟唯一合法货币后，德意志联邦银行彻底退出了国内的货币政策决策，转而执行欧洲中央银行货币政策。欧洲中央银行于 1998 年成立，其面向整个欧元区制定统一的货币政策。欧洲中央银行的货币政策调控大多沿袭德国中央银行模式，货币政策最终目标仍然是维护欧元区价格稳定，并且采取了数量和价格双支柱的货币政策调控模式。数量方面，货币政策中期目标仍然盯住广义 M3 增长率；价格方面，货币政策主要盯住经济活动中的价格风险。在具体的货币政策操作上，欧洲中央银行主要通过利率走廊机制控制利率波动，实现控制通货膨胀的目标。

日本中央银行——日本银行，于 1882 年明治维新时期成立，成立初期是为解决日本国内过量流通纸币引发的通货膨胀问题。二战爆发后，日本货币政策转向为战争服务，中央银行丧失了货币政策调控的独立性，该时期的货币政策对稳定物价所起的作用并不显著。二战结束后，日本中央银行的货币调控政策才步入正轨。经济发展初期（1955—1973 年），为了尽快完成工业现代化转型，政府实施了低利率制度，对国内利率波动实行非市场化管制，存贷款利率都显著低于正常水平。此时的利率与货币政策最终目标的联系并不紧密。日本银行主要选择以民间贷款增加额和 M2 增加额等货币供应量指标作为货币政策的中间目标。这一时期的日本经济高速增长，年均 GDP 增长率达 10% 以上。1973—1990 年，日本经济开始转入平稳增长时期。经济高速增长时期，日本对美国贸易顺差增大，民间贷款和 M2 供应量大幅增加，导致这一时期国内出现较为严重的通货膨胀。为了抗击通货膨胀，日本中央银行优化了数量型货币政策调控框架，将货币政策最终目标确定为"优先稳定物价"，中间目标进一步确定为与经济关系密切的 M2+CD（可转让定期存单）。1977 年，日本开启利率市场化改革后，日本货币政策操作逐渐从官方利率操作、法定存款准备金率、窗口指导等政策性工具转向市场化操作工具。日本银行通过在金融市场进行有价证券（短期票据和长期国债）买卖以干预市场流动性和利率预期，引导市场利率形成，进而调节货币供应量。1985 年，西方五国签订"广场协议"后，日本国内采取了极度宽松的货币政策，利率大幅下调，极大刺激了股票和房地产等虚拟经济的膨胀，导致日本经济泡沫化风险快速增长。

1991 年至今，随着泡沫的破灭，日本经历了长达 30 多年的经济低迷。在这 30 多年中央银行的实践中，日本货币政策调控框架经历了从价格型到数量型再到价格型的转变。为了应对经济的长期停滞，日本在全球率先开启了非常规货币政策，中央银行实施了一系列零利率和量化宽松政策以刺激经济复苏。20世纪90年代，日本货币政策以无抵押隔夜拆借利率为操作目标，中央银行通过公开市场等操作影响金融机构的准备金账户头寸，进而影响金融机构的无抵押隔夜拆借利率，通过市场化利率体系传导到所有市场利率。21世纪初，日本货币政策从价格型转向数量型调控，货币政策操作目标重新确定为准备金余额，开启了多轮量化宽松政策，市场货币供应量大幅增长。在长期的数量型货币政策调控框架下，中央银行大规模购买债券导致其资产负债表急剧膨胀，挤占了市场流动性，刚性债券购买的持续性受到广泛质疑。中央银行购债导致收益率曲线过于平坦，影响了金融机构的利润，以货币供应量为中间目标的货币政策有效性逐渐受到质疑。2016年，日本中央银行将货币政策调整为"附加收益率曲线管理的QQE（质化量化宽松）"，重新确立了以长短期利率为货币政策操作目标的价格型调控框架。中央银行通过购买国债影响短期和长期利率的实现，控制收益率曲线走势，进而将市场利率控制在既定目标范围。为了有效控制收益率曲线，日本中央银行也创设了如资产回购、资产购买、再贷款等多种创新型货币政策。

四、中国货币政策调控框架的转型逻辑

我国现代中央银行制度和现代货币政策调控框架建立时间较晚。考虑到我国经济现实情况并充分借鉴发达国家的成功经验后，我国选择了从数量向价格渐进性转型的货币政策调控框架。第一个百年奋斗目标实现后，我国经济发展水平跃上新台阶，金融市场化改革成效显著，货币政策微观传导有效性日益提高。在迈向第二个百年奋斗目标的过程中，我国经济和金融发展出现了新的特点，传统货币政策调控框架在适应经济发展新常态时存在较多的局限性。这一货币政策框架转型背后具有重要的理论和实践意义，有效满足了当前我国经济高质量发展的需要。

成熟的货币政策调控转型理论主要有两类，一类是麦金农和肖等学者提出的金融抑制理论和金融深化理论，另一类是凯恩斯和弗里德曼等学派的货币经济学理论。麦金农和肖（1973）在研究发展中国家的经济增长和金融发展关系时，提出了金融抑制和金融深化理论。该理论认为金融抑制下一国货币体系被人为压制，并进一步限制了国内资本市场发展，导致国内储蓄和投资不足，对经济发展产生严重后果。金融深化与金融抑制恰好相反，金融深化强调金融的自由化，认为应取消政府对金融市场的过多干预，健全金融市场化体系，推动金融和经济发展实现良性循环。改革开放前，我国也采取了一定程度的金融抑制政策，在此背景下，货币政策对利率、汇率和信贷进行人为干预，金融市场因价格机制扭曲而无法有效配置资源；金融抑制对利率的人为压低会大幅削弱居民的储蓄热情，导致投资不足，长期实行会极大抑制我国经济发展的活力。改革开放后，为了提高金融对经济的促进作用，我国逐渐减少对金融市场的行政干预，积极推进金融市场化改革，目前我国利率市场化已基本完成。凯恩斯和弗里德曼等货币经济学理论在前小节已基本阐释，不同的货币理论支持不同的货币政策调控模式，这表明货币政策调控框架从来不是一成不变的，中央银行对货币政策调控框架的选择与一国的经济发展水平、金融体系发育和货币政策传导机制等因素相关，因此货币政策选择价格型还是数量型调控，需具体情况具体分析。

我国货币政策调控框架从数量型向价格型的转型，主要考虑到两方面因素：一方面是传统的数量型货币政策调控有效性逐渐下降；另一方面是随着利率和汇率市场化改革推进，价格型货币政策调控条件日益成熟。1993 年，我国正式确立 M2 作为货币政策中间目标，这开启了我国货币政策的数量型调控之路。数量型调控在我国金融市场发展不健全、利率市场化水平较低以及金融创新程度较低的时期发挥了较好的调控效果。随着我国经济转向高质量发展阶段，金融市场化水平提高，金融创新和金融脱媒加速发展，货币供应量越来越难以满足货币政策中间目标的可测性、可控性、相关性等条件。一方面金融创新和金融脱媒的高速发展使得中央银行对货币数量的测量和掌控越来越难；另一方面，货币的流通速度和货币需求变得更加不稳定，货币数量与经济产出、通货膨胀的相关性日益下降。以上现象表明完全盯住货币数量不一定能达到理想的调控效果，新的经济环境下，中央银行货币政策调控框架亟待转型。

随着经济发展进入新常态，我国加快推进利率和汇率市场化改革，这为货币政策调控向价格型转型提供了良好的外部条件，有助于提高价格型货币政策调控的有效性和自主性。利率市场化改革首先放开了对货币市场利率、债券市场利率和银行存贷款利率等多种利率的波动限制，使金融市场利率波动能够更好地反映实际资金的供需关系。其次，利率市场化的深化改革完善了市场利率形成机制，极大提高了价格型调控货币政策的有效性。中央银行通过改革完善贷款市场报价利率形成机制、培育市场化基准利率和构建中央银行政策利率体系等，使得从中央银行政策利率到货币市场短期利率、银行贷款中长期利率的利率传导渠道更加通畅。此外，汇率的市场化改革极大增强了中央银行对流动性调控的自主性，外汇水平的波动能够通过人民币汇率波动得到有效反映。中央银行大幅降低了因外汇占款而被动进行的流动性投放，这使得中央银行对利率调控的自主性大幅提高。

第三节 中国特色的货币政策实践框架

目前，中国特色的货币政策调控框架已日益完善，包括货币政策目标体系（最终目标+中间目标+操作目标）、工具体系和货币政策传导机制等多项内容。

关于货币政策目标体系，由于我国仍然处于经济转轨发展时期，意味着我国仍将继续推进改革开放和金融市场发展，所以与发达国家注重物价稳定的单一目标体系不同，我国货币政策目标体系具有多重目标特征，这分别体现在货币政策的最终目标、中间目标和操作目标上。其中多重最终目标包括：保持币值稳定以促进经济增长；以服务实体经济为导向，更加重视充分就业目标；兼顾金融稳定，强化宏观审慎政策。多重中间目标是指我国目前仍然处于货币政策调控转型阶段，货币政策中间目标仍然以货币数量（广义货币供应量 M2 和社会融资规模）为主，但是随着利率市场化改革的深入推进，我国正加快培育有效的市场基准利率作为货币政策中间目标。在多重中间目标下，货币政策的操作目标也形成了数量型（基础货币 M0）和价格型（政策利率体系）两大类。总体来讲，"坚持系统观念，加强前瞻性思考、全局性谋划、战略性布局、整体性推进"，"在多重目标中寻求动态平衡"概括了当前货币政策目标体系的中国特色。

关于货币政策工具，1998 年以前，我国市场经济体制初步建立，社会金融资源相对稀缺，货币政策工具以直接货币政策工具为主。1998 年以后，随着市场经济体制逐渐发展，我国开始主要采用间接货币政策进行调控。目前中国特色的货币政策工具体系可以概括为：以传统三大货币政策工具（存款准备金制度、公开市场业务、再贷款和再贴现业务）为主，同时通过超额存款准备金利率和常备借贷便利利率构建利率走廊，不断推动结构化货币政策工具创新（例如普惠小微企业贷款延期还本付息计划和信用贷款计划）。

关于货币政策传导机制，随着我国经济和金融等各项改革的推进，货币政策传导渠道日益畅通。目前，中国特色的货币政策传导机制可以概括为：以数量型货币政策传导机制为主，并逐渐由数量型货币政策传导机制转向价格型货币政策传导机制。其中的内在驱动力是经济结构的不断变化和金融体系的不断发展，主要抓手是深化利率市场化改革。

下面将从中国特色的货币政策的最终目标、中间目标、操作目标、工具体系和传导机制五个方面进行详细的介绍。

一、中国特色的货币政策最终目标

当前中国货币政策的最终目标具有典型的多重目标特征，可以概括为：以币值稳定为首要目标，促进经济增长；以服务实体经济为导向，更加重视充分就业；兼顾金融稳定，落实宏观审慎政策。

根据《中华人民共和国人民银行法》，中国人民银行以"保持货币币值的稳定，并以此促进经济增长"为最终目标。这意味着，中国货币政策的最终目标首先是保持货币币值稳定——对内保持物价水平稳定，对外保持人民币汇率在合理均衡水平上基本稳定，从而为经济发展提供适宜的货币金融环境。这体现了：中国货币政策最终目标的设定是从中国的实际情况出发，且充分借鉴国际货币政策实践的经验教训。一方面，保持币值稳定是建立宏观调控体系的重要基础，是实现充分就业、促进经济增长、保持物价稳定和平衡国际收支等综合发展目标的基本条件。另一方面，在发展中国特色社会主义市场经济的过程中，保持币值稳定能够为改革发展稳定营造适宜的货币金融环境。

我国货币政策的最终目标注重服务实体经济，更加重视充分就业。随着我国经济由高速增长阶段转向高质量发展阶段，经济发展的主要矛盾已经由过去的总量问题转变为当下的结构性问题。近年来，人口老龄化问题凸显、国际形势风云变幻、新型冠状病毒感染疫情在全球爆发，给中国经济增长带来了较大压力。在百年未有之大变局背景下，制定货币政策不再刻意强调经济增长速度，而是转向服务实体经济，更加重视充分就业目标。这将有利于推动我国经济结构优化调整和实施扩大内需战略，保持经济韧性和长期向好态势，实现经济高质量发展。

货币政策最终目标也要兼顾金融稳定，落实宏观审慎政策。自 2008 年全球金融危机爆发以来，市场逐渐意识到，通货膨胀目标制下，简单锚定通货膨胀率的货币政策存在重大缺陷。传统通货膨胀目标制下，中央银行测算的通货膨胀率通常是基于日常消费品与服务的价格变化情况，而并未将房地产和金融工具等资产的价格变化纳入其中。随着金融产品创新不断丰富，货币政策环境持续放松，大量资金流向房地产和金融市场，催生资产价格泡沫。由于通货膨胀目标制实际上锚定的是产品和服务的价格水平，忽视资产价格水平，导致系统性金融风险不断积累，各国中央银行没有警觉，最终引发全球金融危机。因此，近年来中国人民银行不断强调关注金融稳定，将维护金融稳定纳入货币政策最终目标之一，同时持续落实宏观审慎政策，将防范、化解系统性金融风险作为中央银行的主要任务。

二、中国特色的货币政策中间目标

当前中国货币政策的中间目标同样具有典型的多重目标特征，可以概括为：以数量型货币政策中间目标（广义货币供应量 M2 和社会融资规模）为主，兼顾价格型货币政策中间目标（贷款利率）。具体表现为：一要保持广义货币供应量 M2 和社会融资规模增速同名义经济增速基本匹配；二要通过提高企业获得贷款的便利性和推动利率持续下行，切实有效降低社会融资综合成本。

一是以数量型货币政策中间目标为主。过去较长一段时间，中国人民银行货币政策中间目标主要是广义货币供给量 M2 和社会融资规模，这是由过去中国经济增长模式和社会融资结构所决定的。首先，过去中国经济处于高速增长阶段，具有较高的潜在经济增速，实际增长速度通常围绕潜在增长速度在相对稳定的范围内进行波动。因此，参考上一年度的 M2 和社会融资规模增速的实际值来设定当年的 M2 和社会融资规模数值目标是可行的。其次，中国社会融资结构以银行主导的间接融资体系为主，货币市场和资本市场尚不发达，因此不宜使用价格型中间目标。随着我国经济由高速增长阶段转向高质量发展阶段，潜在经济增长速度进入下降趋势，过去的 M2 和社会融资规模数值目标设定方式可能导致货币政策过度宽松，宏观杠杆率偏离经济运行的实际情况。在此背景下，中国人民银行的货币政策中间目标转变为保持广义货币供应量 M2 和社会融资规模增速同名义经济增速基本匹配。这优化了中国货币政策中间目标的锚定方式，更有利于中间目标向反映潜在产出的名义经济增长速度收敛，从而更好地调控宏观经济周期，稳定宏观经济杠杆，防控系统性金融风险以及支持实体经济高质量发展。

二是兼顾价格型货币政策中间目标。在中国经济的发展过程中，一直以来，实体经济融资难、融资贵都是一个较为突出的问题。特别是中小微企业，由于普遍存在经营风险较高、财务管理不规范、抵押物和担保物不足、风险控制能力较弱等问题，信息不对称现象难以得到缓解，因而无法以较低的融资成本获得金融机构足够的信贷支持。虽然随着普惠金融的快速发展，近年来中小微企业融资难、融资贵问题得到了部分缓解，但是我国的综合社会融资成本仍然较高。降低综合社会融资成本，对于支持我国经济结构优化调整和实体经济高质量发展至关重要。因此，中国人民银行逐渐将以市场化利率为主的价格型变量纳入货币政策中间目标，通过提高企业获得贷款的便利性和推动利率持续下行，切实有效降低综合社会融资成本。值得一提的是，价格型货币政策中间目标的使用以发达的货币市场和资本市场为前提。所以货币政策中间目标的转变也对我国利率市场化改革提出了更高要求。

三、中国特色的货币政策操作目标

中国特色货币政策的操作目标可以概括为：以数量型货币政策操作目标（基础货币 M0）为主，同时纳入价格型货币政策操作目标（政策利率体系）。目前我国的政策利率体系主要包括以短期公开市场操作为主的七天期逆回购利率，以中期借贷便利操作为主的中期借贷便利利率，以及以常备借贷便利利率和超额准备金存款利率分别作为利率上下限的利率走廊机制。

一是传统的数量型货币政策操作目标，以基础货币 M0 为主。由于我国的金融体系以商业银行为主，中央银行货币政策的传导主要通过商业银行体系实现。在法定存款准备金制度下，商业银行通过扩张资产负债表创造存款货币后，需要在中央银行缴存更多准备金以满足法定存款准备金率要求。因此，中央银行通过掌握基础货币的供应量，就能够从源头上来约束商业银行的货币派生过程。

二是新兴的价格型货币政策操作目标，包括短期政策利率和中长期政策利率。其中，短期政策利率以公开市场操作的存款类机构以利率债为质押的 7 天期回购利率（DR007）为主，中长期政策利率以中期借贷便利利率为主。根据国内外货币政策实践经验，中央银行实现货币政策操作目标的方式主要有两种：第一种是将市场利率作为货币政策操作目标，通过调节货币市场流动性引导市场利率向操作目标收敛；第二种是将货币政策工具利率作为中央银行的政策利率和操作目标，从而实现货币政策工具利率、中央银行政策利率和操作目标利率的三者合一。自 2008 年全球金融危机爆发以来，第二种方式由于具有更高的货币政策有效性和传导效率，逐渐成为主流。中国人民银行通过政策利率体系引导和影响市场利率体系，共同形成市场化的利率定价与传导机制。例如，通常在中期借贷便利利率的基础之上按照市场化的方式加点形成贷款市场报价利率，银行再根据贷款市场报价利率设定实际执行的贷款利率。最终使得货币市场利率围绕DR007 利率在合理范围内波动，中长期信贷与资本市场利率围绕 MLF 利率在合理范围内波动。

四、中国特色的货币政策工具体系

货币政策工具是指中央银行或者货币当局为了实现货币政策目标而采用的手段。按照货币政策目标的不同，可以划分为数量型货币政策工具（如存款准备金制度）和价格型货币政策工具（如公开市场操作和中期借贷便利）。按照货币政策影响范围不同，可以划分为总量型货币政策工具（如全面降低法定存款准备金率）和结构型货币政策工具（如定向降低法定存款准备金率）。按照货币政策调控方式不同，可以划分为直接货币政策工具（如信贷规模和现金计划）和间接货币政策工具（如法定存款准备金率和政策利率）。1998 年以前，我国市场经济体制初步建立，社会金融资源相对稀缺，货币政策工具以直接货币政策工具为主。1998 年以后，随着市场经济体制逐渐发展，我国开始主要采用间接货币政策工具进行调控。目前，中国特色的货币政策工具体系可以概括为：以传统三大货币政策工具（存款准备金制度、公开市场业务、再贷款和再贴现业务）为主，同时通过超额准备金存款利率和常备借贷便利利率构建利率走廊，并不断推动结构化货币政策工具创新（如普惠小微企业贷款延期还本付息计划和信用贷款计划）。

当前，我国的货币政策工具以常规的三大货币政策工具为主，并不断推动宏观审慎政策和结构性货币政策下的货币政策工具创新，具有多重工具的鲜明特征。

一是以三大货币政策工具为主，包括存款准备金制度、公开市场操作以及再贷款和再贴现。存款准备金制度是指金融机构为保证客户提取存款和资金清算需要而准备的在中央银行的存款，中央银行要求的存款准备金占其存款总额的比例就是法定存款准备金率。通常，中央银行的货币政策工具是法定存款准备金率，即中央银行以立法的形式规定商业银行和其他存款金融机构必须缴存中央银行的法定准备金占其存款总额的比率，主要用于调控商业银行体系内的基础货币总量。公开市场业务是指中央银行在公开市场上，通过与交易商（一般是商业银行）进行回购或逆回购协议的交易，在短期内向市场投放或回笼资金，其能够促进调节商业银行体系流动性水平和引导货币市场利率走势等政策目标的实现。再贷款与再贴现是指中央银行向商业银行提供贷款或者购买商业票据，进而向商业银行提供融资的行为，能够促进信贷总量调控目标的实现，并合理引导信贷投向。

二是通过超额存款准备金利率和常备借贷便利利率构建利率走廊。超额存款准备金利率是指商业银行缴存中央银行的准备金超出法定准备金部分所获得的利息率，通常被认为是市场利率的下限（因为如果市场利率低于超额存款准备金利率，商业银行将选择把存款全部缴存中央银行）。常备借贷便利是指金融机构在市场无法获取融资时，以高评级债券或优质资产抵押的方式从中央银行获取资金。常备借贷便利是中央银行为金融机构提供的流动性保障，常备借贷便利利率一般被认定为市场利率的上限（因为金融机构最高能够以常备借贷便利利率从中央银行获得融资）。超额存款准备金利率和常备借贷便利利率共同构成市场利率的上下限，从而形成利率走廊。相比于传统货币政策工具，利率走廊具有高效率、高弹性和更加符合宏观审慎政策需求等优势。

三是不断推动结构化货币政策工具创新。近年来，中国人民银行不断推动结构化货币政策工具创新，以引导金融机构信贷投向，发挥精准滴灌、杠杆撬动作用。通过提供再贷款或资金激励的方式，激励和支持金融机构加大对特定领域和行业的信贷投放，降低企业融资成本，以实现货币政策工具对实体经济更精准和更有效的调控。比较有代表性的长期性工具包括支农再贷款、支小再贷款、再贴现，代表性的阶段性工具包括普惠小微贷款支持工具、抵押补充贷款、碳减排支持工具、科技创新再贷款、普惠养老专项再贷款和交通物流专项再贷款等。

五、中国特色的货币政策传导机制

货币政策传导机制是指中央银行运用货币政策工具对操作目标进行调控，进而影响货币政策中间目标，并最终实现既定的货币政策最终目标的传导途径与作用机理。货币政策传导机制是否完善及通畅，将直接影响到货币政策的实施效果及其对于经济发展的贡献。按照对应货币政策目标的不同，货币政策传导机制可以划分为数量型货币政策传导机制和价格型货币政策传导机制。1998 年以前，我国主要采用直接调控的方式进行货币政策操作，因此几乎不存在较长的货币政策传导过程。1998 年以后，随着我国货币政策调控方式向间接调控转变，货币政策传导机制开始发挥更大作用。

目前，中国特色货币政策的传导机制可以概括为：以数量型货币政策传导机制为主，并逐渐由数量型货币政策传导机制转向价格型货币政策传导机制。其中，内驱力是经济结构的不断变化和金融体系的不断发展，主要抓手是深化利率市场化改革。

一是以数量型货币政策传导机制为主。数量型货币政策传导机制的核心是中央银行通过对基础货币数量进行货币政策操作，依靠商业银行存款派生机制传导，并调控 M2 等数量型货币政策中间目标。1998 年以后，中国人民银行主要通过前文所述的货币政策工具体系控制基础货币数量，并通过商业银行的货币创造机制调控货币供给量，最终实现货币政策目标。我国以数量型货币政策传导机制为主的原因，取决于我国以商业银行贷款主导社会融资体系的实际情况。随着近年来我国改革开放的不断深化和金融市场的快速发展，数量型货币政策传导的效率也受到明显影响。一方面，2001 年中国加入 WTO 以后，对外出口贸易总额和实际利用外资快速增长，经常账户和资本账户长期处于"双重顺差"的局面。外汇占款大量增加，使得基础货币数量面临巨大的扩张压力，这极大地影响到我国数量型货币政策传导机制的有效性和稳健性。为防止外汇增加导致货币环境过度宽松，中国人民银行通过结售汇制度和发行中央银行票据等方法回笼市场流动性，并保持数量型货币政策中间目标 M2 等变量运行在合理区间，从而缓解"双重顺差"对数量型货币政策传导机制产生的冲击。另一方面，随着资产市场的扩张和金融市场及金融机构呈现出的各种金融创新，经济中的货币供给量和流通速度发生了显著变化，从而对数量型货币政策传导机制产生了不可忽视的影响。其表现为：金融机构表外业务迅猛发展，使得许多流通资金并未被纳入 M2 的统计口径之内，导致 M2 的变化无法准确反映市场资金供需情况，进而导致中央银行对数量型货币政策目标的预测和调控能力减弱；房地产市场与股票市场壮大，使得大量资金进入资产交易环节，退出在商品和服务市场中的流通。由于房地产价格和金融资产价格并未纳入我国通货膨胀率统计口径，这进一步导致 M2 增长率与通货膨胀率的相关性减弱，最终降低了中央银行通过数量型货币政策传导机制对物价水平的调控能力。可见，我国的经济发展水平和金融结构决定了我国货币政策以数量型传导机制为主。近年来，数量型货币政策传导机制不断面临新的挑战，又对发展和完善价格型货币政策传导机制提出了新要求。

二是逐渐由数量型货币政策传导机制转向价格型货币政策传导机制。价格型货币政策传导机制的核心是中央银行通过政策利率体系和利率走廊进行货币政策操作，引导市场利率体系的变化，并依靠金融市场资金的供需关系调整和再均衡实现对贷款利率等价格型货币政策中间目标的调控。相较于数量型货币政策传导机制，价格型货币政策传导机制有利于中央银行更好地把握金融市场和社会融资的实际供需情况，也有利于中央银行实施更加灵活的货币调控政策，但它对中央银行货币政策调控水平和金融市场发展程度都有着更高的要求。当前，我国价格型货币政策传导机制面临的最大问题是利率市场化的不充分。利率市场化是指经济体系中的利率水平由金融市场的实际供需关系决定。我国由于特殊的历史和经济背景，利率并未完全市场化，但从 20 世纪 90 年代开始，我国就已经开始渐进式地推进利率市场化改革。2000 年，我国开始推行外汇利率管理体制改革，放开了外币贷款利率管制；2013 年，中国人民银行全面放开了贷款利率和票据贴现利率管制；2015 年，全面放开了存款利率上下限；2019 年，进一步改革和完善了 LPR 形成机制①。总之，随着我国金融体系不断发展和完善，

---

① LPR，全称 Loan Prime Rate，即贷款市场报价利率。LPR 形成机制，即贷款市场报价利率形成机制。2019 年 8 月，我国对贷款市场报价利率的形成机制进行了深化改革，金融机构贷款利率的定价基础不再由贷款基准利率决定，而是在中期借贷便利利率的基础上，完全由报价行根据资金成本、业务成本和风险溢价形成。

以深化利率市场化改革为主要抓手，推动货币政策传导机制逐渐由数量型转向价格型已是大势所趋。

第四节　本章小结

中央银行对于货币政策调控框架的选择建立在一定的货币理论基础上，焦点在于货币是否会对经济产生实质性影响以及影响的渠道。目前较为成熟的货币理论主要分为两派——凯恩斯学派和货币主义学派，在这两大货币理论基础上分别形成目前主流的两类货币政策调控框架——价格型调控和数量型调控。前者强调利率对于经济主体决策的重要性，并认为货币政策可以通过将某个短期利率作为中间目标，进而实现宏观调控的最终目标；后者认为货币政策应当保持某个固定的货币增长率，使得通货膨胀率达到一个稳定的合适水平。但现实中，中央银行即使使用量化调控，也常常会对经济中的真实变量，如就业、真实产出等做出反应。

从发达国家货币政策调控经验来看，发达国家经历了从价格到数量再回到价格的货币政策调控方式的转型，表明了货币政策调控框架从来不是固定不变的，而是与一国的经济发展水平、金融体系发育水平高度相关。我国现代中央银行制度和现代货币政策调控框架建立时间较晚，在充分借鉴发达国家的成功经验的基础上，更重要的是立足自身国情。我国货币政策调控框架正逐渐从数量型调控向价格型调控转型，原因在于传统的数量型货币政策调控有效性逐渐下降，并且随着我国利率和汇率市场化改革的推进，以及金融市场的不断发展，价格型调控框架的条件日益成熟。这一转型过程也使得我国货币政策实践框架呈现出多目标多工具的特色。

第二章 中国利率传导渠道的微观机理与评估体系

当前，货币政策理论公认的货币政策传导渠道包括利率传导渠道、银行贷款传导渠道、资产负债表传导渠道、资产价格传导渠道和汇率传导渠道，以及风险承担渠道。其中，利率传导渠道是货币政策传导渠道理论中最早被提出、也最经典的路径之一，国外大量学者对其从理论机制到实证效果进行了大量研究。可目前对中国货币政策利率传导渠道的分析还比较有限，这主要是由于过去多年，我国在以银行为主导的金融结构下施行的是以信贷和货币总量为中间目标的数量型调控方式，因此针对我国货币政策的信用传导渠道的研究更多。伴随着我国货币政策调控框架近年来从数量型调控向价格型调控的转变，对我国利率传导渠道的微观作用机理及其有效性的评估体系展开讨论是有必要的。

第一节　利率传导渠道的理论基础

理解利率传导渠道有效性的理论基础是现实分析的基础。事实上，利率渠道能够成立的最基本前提是经济主体会依据其真实融资成本（真实利率）进行投资或消费的决策，如此货币当局得以通过调控利率影响真实经济。但在具体实施过程中，利率传导主要分为中央银行对政策目标利率的调控以及政策利率向市场化利率的传导两大部分。其中涉及多种利率，包括政策利率、市场化基准利率、货币市场利率和中长期市场利率（包括存贷款零售利率）等中央银行通过控制目标利率最终实现调控宏观经济的目的，这中间需经由一系列微观经济主体的行为传导。利率传导渠道的有效性至少涉及以下三大理论基础。

一、中央银行利率操作理论

相较于货币政策传导、货币政策规则等货币政策决策理论，中央银行的利率操作理论长期以来是一个被学术界忽略的问题（Bindseil，2013；徐忠等，2018）。传统的货币政策理论中往往隐含了中央银行可以完美实现货币政策操作目标的假设，因此货币政策操作常被视为货币政策理论中的一个"黑箱"，目前关于这方面的文献研究仍较少。但是中央银行的利率操作却是保证货币政策利率传导渠道有效的起点。宾德西尔（Bindseil，2013）认为所谓货币政策操作是指"中央银行确定货币政策操作目标并借助货币政策工具进行日常操作以实现该目标"，这个过程涉及三个主要概念——货币政策操作目标、操作工具和利率操作模式。

货币政策操作目标是"中央银行试图控制并且确实能够通过货币政策工具的运用在很大程度上实现日常控制的一个关键经济变量"。这是中央银行利率操作的核心，反映了中央银行的货币政策立场并且是货币政策作用于货币市场、债券市场和信贷市场的起点。目前，西方国家货币政策操作目标普遍从准备金、基础货币等数量型指标转向货币市场隔夜拆借利率等价格型指标。我国目前正处于货币政策调控框架转型期，中央银行的操作目标目前也并不唯一，处于从以 M2 增长率为主的数量型指标向以回购七天利率为主的价格型指标转型的过程中，这也就意味着目前中央银行的操作目标并不唯一。

货币政策操作工具是指"中央银行可以用来实现其操作目标的手段"，与中央银行无法完全控制货币政策操作目标不同，货币政策操作工具是中央银行能够完全控制的政策手段。目前，世界各国中央银行流行且有效的货币政策操作工具有三种，分别是公开市场操作、借贷便利和准备金。中央银行在实施公开市场操作、借贷便利和准备金等货币政策工具的同时，也释放了公开市场操作利率、借贷便利利率、准备金利率等反映货币政策信号的政策利率，因此，中央银行的政策利率是中央银行货币政策操作工具的主要内容。

货币政策利率操作模式是指中央银行通过货币政策工具引导货币政策操作利率以实现中央银行政策利率目标的制度安排。目前中央银行采用的货币政策利率操作模式主要分为两种——以美联储为代表的公开市场操作模式和以欧洲中央银行为代表的利率走廊模式。其中美联储的公开市场操作模式主要是中央银行作为金融机构的交易对手参与同业拆借市场交易，通过债券的买卖影响市场流动性，并引导联邦基金利率向中央银行的政策目标利率靠近。而欧洲中央银行的利率走廊模式通过设定存贷款便利利率形成利率走廊，将商业银行的隔夜拆借利率限制在利率走廊中，中央银行通过调整利率走廊的上下限来引导市场基准利率向政策目标利率靠近。对比两种利率操作模式，公开市场操作模式是中央银行根据市场流动性情况而主动发起的对市场整体流动性调整，而利率走廊模式下金融机构可以根据自身流动性情况主动与中央银行进行流动性借贷。因此货币政策公开市场操作模式对于局部流动性的调整能力较差，稳定市场利率波动的难度更大。而利率走廊模式通过限制利率波动区间的方式更有助于市场参与主体形成稳定预期，降低金融市场利率波动性。我国在充分研究了两种利率操作模式的相关特点，并且结合当前我国货币政策调控框架转型下金融市场发育程度、资本项目开放程度等相关背景后，为了减少市场利率波动、稳定市场预期、降低中央银行的货币政策操作成本，采取的是以利率走廊模式为主、公开市场操作模式为辅的货币政策利率调控模式。

二、流动性效应和预期理论

利率传导的第一个环节涉及政策利率向市场化基准利率的传导。中央银行通过公开市场操作和利率走廊引导市场化基准利率逐渐趋向政策利率目标，这一利率传导过程的微观机理在于流动性效应和预期效应。流动性效应脱胎于凯恩斯的流动性偏好理论，是指流动性与市场利率之间存在显著的负相关关系。因此，中央银行可以通过改变流动性水平，进而调节市场利率以实现货币政策利率目标（Friedman，1968）。在流动性效应下，中央银行通过公开市场操作在货币市场上公开买卖有价债券，改变市场中的基础货币供应量和金融机构的流动性水平，进而引导货币市场基准利率向中央银行的政策目标利率靠近。

20世纪70年代理性预期革命爆发和经济滞胀形成以后，市场参与者的预期对于市场利率的影响越来越大，而流动性与市场利率的相关性逐渐变弱。预期效应开始在中央银行的政策利率引导中发挥越来越重要的作用。克鲁格曼（Krugman，1998）在其研究中发现，在"流动性陷阱"情况下，扩张的货币政策效果可能被公众的低通货膨胀预期抵消，因此，中央银行需要进一步通过公众预期管理来提高货币政策的有效性。所谓预期管理是指中央银行通过加强与公众沟通、提高货币政策透明性等方式，有效引导市场参与者对未来利率变化的预期，从而影响市场和价格（Woodford，2003）。西方国家中央银行较为成熟的预期管理方式是建立利率走廊机制，传统利率走廊的上限是中央银行给商业银行等借款的利率，下限是中央银行支付给商业银行超额准备金的存款利率；中央银行承诺在市场利率突破利率走廊上、下限时对市场进行干预以稳定商业银行预期，避免市场利率的大幅波动。利率走廊机制的公告效应和预期效应使得中央银行不需要频繁地进行公开市场操作便能引导市场基准利率向政策目标利率靠近，可以有效降低货币政策实施的操作成本，提高货币当局对利率调控的有效性。

三、利率的期限结构和风险结构理论

利率传导的第二个环节主要涉及市场基准利率（通常为货币市场的某个短期利率）向长期利率包括债券市场和信贷市场利率的传导，其中涉及的理论基础是利率期限结构和风险结构理论。前者体现了相同风险因素下不同期限债券收益率之间的关系，后者刻画了期限相同但风险因素不同的债券收益率之间的异同。利率的期限结构理论还可进一步分为预期理论、市场分割理论和流动性溢价理论，围绕收益率曲线的典型事实特征展开解释。其中收益率曲线即为期限不同，风险、流动性和税收政策相同的债券的收益率连接成的一条曲线。流动性溢价理论综合了预期和市场分割理论。假设投资人认为长短期债券不是完全可替代资产，即虽然人们偏好短期债券，但在有额外收益补偿，即流动性溢价的情形下也可以持有长期债券，于是长期债券的利率等于长期债券到期期限之内的短期利率（或利率预期）的平均值加上随该债券供求状况变动而改变的流动性溢价（也称期限溢价）。这一论断可以解释风险因素相同但期限不同的债券之间收益率的三大典型事实特征：第一，不同期限的利率具有相同的变化特征（同向波动）。第二，如果短期利率较低，那么收益率曲线通常向上倾斜；如果短期利率较高，那么收益率曲线通常向下倾斜。第三，长期利率往往高于短期利率（即收益率曲线通常向上倾斜）。风险结构理论进一步解释了期限相同但风险因素不同的债券之间的收益率差异，即具有违约风险的债券相比无风险债券（国债）通常具有正的风险溢价，违约风险越大，风险溢价水平越高。

在金融市场有效的情况下，短期利率是金融市场中利率决定机制的核心。基于利率的风险和期限结构理论，短期利率可以有效传导到不同风险程度的长期利率上。因此短期利率往往是中央银行货币政策操作目标的起点，中央银行通过调控政策利率影响市场基准利率（短期利率），便能通过市场预期和期限溢价形成有效的收益率曲线，将短期市场利率向中长期利率传递，再通过风险溢价，传导到具有不同风险程度的企业债券（或贷款）的融资成本上，最终实现货币政策对通货膨胀和产出等目标的调控。

第二节　利率传导渠道的现实前提

从以上理论分析可知，一国中央银行要使利率传导渠道有效，首先要有市场化的金融体系。这包括两大前提，其一是利率的决定需要体现市场供求关系，即利率市场化；其二是要有一定发展程度的金融市场，即各层次的金融市场，如货币市场、资本市场可以依据市场供求关系，使得利率的期限结构和风险结构理论有发挥的土壤。下面我们将分别就这两大现实前提——利率市场化和金融市场化在中国的发展过程与特征进行研究，并对利率传导渠道的微观影响机理展开论述。

一、利率市场化

利率传导渠道能发挥作用的前提首先是利率水平可以依据市场供需关系而决定。利率管制的情形下常常会出现管制利率与市场化利率的双轨制局面，造成货币政策无法通过调控管制利率或政策利率达到有效调控实体经济的目的。全球大部分发展中国家的中央银行都是以数量型调控为主，而欧美等发达经济体是以价格型调控为主，就是利率传导渠道需要有市场化利率决定机制作为重要前提的一个现实反映。

我国货币政策早期以数量型调控为主，近年来开始向价格型调控为主的转型，其中一个重要现实前提即是我国过去几十年不断深入推进的利率市场化改革。下文将通过梳理中国利率市场化进程的关键节点，总结现行利率体系及典型特征，及对货币当局利率调控方式的影响。

（一）中国利率市场化改革进程

1978—1992 年经济转轨时期，我国对计划经济体制下行政式的利率决定机制进行了初步改革。但是这一时期半市场半计划的利率体制还无法让货币政策的价格类工具发挥较好的调控效果。随着 1993 年中共中央关于建立社会主义市场经济体制改革目标的正式确立，中国人民银行进行利率改革的目标也逐渐明晰，将改革重点放在了利率形成机制和市场利率调控框架的培育上，并最终于 1996 年正式启动了利率市场化改革，以期用市场化的利率更好地发挥对价格的引导和资源的配置作用。利率的形成不再由政府以行政式命令决定，而是由市场根据对资金的供需关系决定。可见，利率市场化改革对于货币政策调控框架从数量型到价格型的转变至关重要。

利率市场化改革充满了风险和挑战，特别是对于长期以来实行利率管制的发展中国家来说。因为其国内往往经济基础薄弱，金融体系不完善，改革稍有不慎便会对一国的经济和金融体系产生巨大冲击。因此在充分借鉴西方国家的改革经验后，我国采取了较为谨慎的利率双轨制改革框架。我国利率市场化的工作主要分为两大部分，第一部分是逐渐放开传统利率管制，第二部分是建立适应市场供求关系的市场化利率体系。从 1996 年至今，我国按照先货币市场利率、债券市场利率，后存贷款利率的顺序，存贷款利率又进一步按照"先外币，后本币；先贷款，后存款；先长期、大额，后短期、小额"的顺序依次放开利率管制，并且在此基础上，基本建立了一个有助于中央银行发挥利率间接调控的"中央银行基准利率—货币市场利率—金融机构存贷款利率"的市场化利率体系。

按照利率市场化改革侧重点的不同，我国利率市场化改革主要分为三个阶段。

第一阶段（1996—2004 年），我国正式开启了利率市场化改革进程并且基本实现了货币市场和债券市场利率市场化。1996 年，我国建立了全国统一的银行间同业拆借市场，并在此后正式放开了银行拆借市场利率上限。1997 年，我国建立了全国银行间债券市场，银行间债券回购利率也进一步放开。1998 年，国家开发银行在银行间债券市场首次以利率招标的形式发行政策性金融债券，政策性金融债利率也逐渐市场化。1999 年，财政部在银行间债券市场首次以利率招标形式发行国债，国债利率逐渐市场化。至此，货币市场和债券市场利率市场化基本形成。此后，中央银行对外币存贷款利率逐步放开，到 2004 年基本实现了外币存贷款利率市场化。与之相比，中央银行对本币利率放开步伐较慢。1998—1999 年，三次放宽贷款利率浮动上限（金融机构对中小企业贷款利率最高上浮可达 30%），经过多次调整后，到 2004 年完全取消了贷款利率浮动上限。但是这一时期仍然保留了对贷款利率下限（基准利率的 0.9 倍）和存款利率上限的管制。

第二阶段（2005—2011 年），受到国内外经济增速放缓的影响，我国也放缓了利率市场化的改革进程。主要的改革措施体现在对当时经济发展和金融系统影响较大的房地产抵押贷款利率的调整上。2005 年和 2008 年我国对商品住房个人抵押贷款利率浮动下限依次向下调整为基准利率的 0.85 倍和 0.7 倍。

第三阶段（2012 年至今），我国重新开启了利率市场化改革进程，基本实现了存贷款利率市场化目标。商业银行的存贷款执行利率一般根据存贷款基准利率在一定范围内浮动进行确定。2012 年，中央银行扩大了存款利率浮动上限为基准利率的 1.1 倍，并且进一步扩大了贷款利率的浮动下限为基准利率的 0.7 倍。但自 1992 年起开始逐步推进利率市场化改革后，第一个有里程碑意义的是 2013 年 7 月 20 日宣布取消贷款利率管制的最后一步即贷款利率下限，商业银行可根据风险水平自主决定贷款利率。此时贷款利率基本实现市场化。2013 年 10 月 25 日，中国人民银行授权全国银行间同业拆借中心计算得出并发布贷款市场报价利率。贷款市场报价利率是商业银行对其优质客户执行的贷款利率，其他贷款利率可在此基础上加减点生成。我国商业银行贷款定价通常采用内部定价转移机制，即在存款利率基础上通过成本加成定出相应贷款利率。因此，当中央银行宣布下调存款基准利率时，也推动银行贷款利率的下调。反之亦然。直到 2015 年 10 月 24 日中央银行宣布对商业银行和农村合作金融机构等也不再设置存款利率浮动上限，即完全取消了对存款利率的限制，这是我国利率市场化另一个里程碑意义的改革，标志着推进 20 多年的利率市场化改革基本完成。不过从建立市场化的利率定价机制、完善货币政策传导渠道等角度来看，这又是利率市场化改革的一个新的出发点。

经过 30 多年的利率市场化改革，基本解除了长期以来对货币市场利率、债券市场利率、外币利率和本币利率的行政管制。虽然对存贷款利率的管制已经取消，但是考虑到我国金融机构风险定价能力普遍不足以及价格型货币政策传导还不够畅通的现状，中央银行并没有直接取消存贷款基准利率，也没有确定一个影响金融市场利率的市场化基准利率，这导致金融机构的利率定价仍然参考了存贷款基准利率和市场化利率两套体系。基于市场供求关系的利率决定和传导机制仍然受到金融市场分割和财政金融体制不完善等影响，我国市场化利率体系和市场化的利率调控机制仍有待进一步完善。

为了解决存在的问题，2015年后我国进一步深化利率市场化改革，推动存贷款利率进一步市场化和优化市场化利率形成和传导机制，以有效发挥利率对于宏观经济的调节作用。对存贷款利率的进一步市场化改革，要求进一步消除存贷款基准利率对金融机构存贷款利率定价的影响，实现存贷款利率的市场化定价。2019年8月，我国对LPR的形成机制进行了深化改革，这一改革促进了存贷款基准利率与市场利率并轨，提高了市场利率向贷款利率的传导效率，有效降低了实际贷款利率。2021年6月，我国对金融机构的存款利率上浮定价方式进行优化，由之前的基准利率浮动倍数改为加点。这一改革极大增加了商业银行存款定价的自由度，优化了存款利率期限结构。但是此时存款利率的定价仍然参考了存款基准利率。2022年6月，中央银行推动银行存款利率参考十年期国债收益率和一年期贷款市场报价利率进行定价，此举进一步降低了存款基准利率对存款利率定价的影响，存款利率市场化改革又向前迈出了一大步。

（二）中国现行利率体系与利率调控框架

除了推动存贷款利率市场化，中央银行还进一步构建市场化利率体系以深化市场化利率形成机制、传导机制改革和提高货币政策价格型调控效率。利率体系是一个国家在一定时期内各类利率互相联系所构成的整体。各类利率相互影响，对经济运行发挥各自的调节作用。利率体系的简单与复杂，取决于经济发展的需要。

自改革开放以来，我国逐步建立起较为合理、完备的具有中国特色的利率体系。按形成方式的不同，可以划分为政策利率和市场利率两大类。政策利率是指可供中央银行用来调节实体经济活动的货币政策工具利率，市场利率是指由市场的供求关系决定的利率。目前，我国的政策利率主要有各种准备金率、存贷款基准利率、再贴现率等；市场利率可分为银行间利率、交易所利率等。具体如图2.1所示。

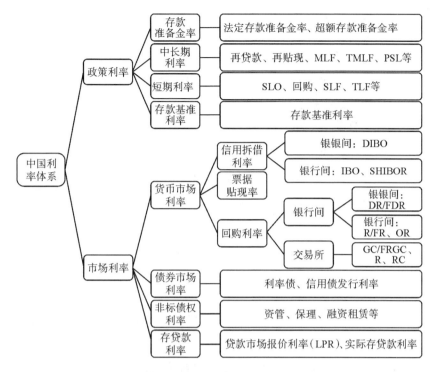

图 2.1　中国利率体系

在我国利率体系中，最为重要的利率品种包括五类（易纲，2021）：一是公开市场操作利率与利率走廊。中央银行主要选择 7 天逆回购利率作为政策利率进行公开市场操作，调节商业银行体系流动性并释放货币政策信号，从而引导 DR007 等短期市场利率围绕短期政策利率波动；同时，分别以常备借贷便利利率和超额准备金利率作为上下限构建利率走廊，将短期市场利率波动控制在合理范围之内。二是中期借贷便利利率。中央银行基于中期借贷便利利率作为中期政策利率进行操作，调节商业银行获取中期资金的边际成本并释放货币政策信号，引导贷款市场报价利率等中期市场利率围绕中期政策利率波动；中期借贷便利利率与公开市场操作 7 天期逆回购利率共同构成了中央银行的政策利率体系。三是贷款市场报价利率，自 2019 年 8 月以来，随着中央银行贷款市场报价利率改革的推进，贷款市场报价利率市场化程度明显提升并且贷款市场报价利率已替代贷款基准利率成为金融机构贷款利率定价的主要参考利率，并形成了"中期借贷便利利率—贷款市场报价利率—贷款利率"的有效利率传导机制。四是存款准备金利率，包括法定存款准备金利率和超额存款准备金利率，中央银行通过下调存款准备金利率来提升商业银行闲置资金的机会成本，从而促进商业银行更加高效地使用资金和增加实体经济信贷投放。五是上海银行间同业拆借利率，银行间同业拆借利率是由信用等级较高的商业银行自主报价来确定的单利、无担保、批发性利率，包含了从隔夜到1年期的8个期限品种，形成了有助于不同期限金融产品定价参考的完整期限结构。我国主要的利率品种具体如表2.1所示。

表 2.1 我国主要利率品种

利率品种	利率水平（2021）	简介
公开市场操作（OMO）利率	7天2.2%	短期限逆回购操作利率
中期借贷便利（MLF）利率	1年期2.95%	中央银行投放中期资金的利率
常备借贷便利（SLF）利率	7天3.2%（＝7天逆回购利率+100bp）	中央银行在利率走廊上限向金融机构按需提供短期资金的利率
贷款市场报价利率（LPR）	1年期3.85%，5年期以上4.65%	报价行按自身对最优质客户执行的贷款利率报价的算术平均数
存款基准利率	活期0.35%，1年期1.5%	人民银行公布的商业银行对客户存款指导性利率
超额存款准备金率	0.35%	中央银行对金融机构超额准备金支付的利率，是利率走廊的下限
法定存款准备金率	1.62%	中央银行对金融机构法定准备金支付的利率
上海银行间同业拆借利率（Shibor）	目前隔夜在2%、3个月在2.35%附近	由信用等级较高的银行自主报出的同业拆借利率的算术平均数
国债收益率	目前10年期国债收益率在2.85%附近	通过市场交易形成的债券市场利率参考指标

资料来源：易纲. 中国的利率体系与利率市场化改革［J］. 金融研究，2021.

基于上述几类重要利率品种，中国人民银行目前已经形成了从中央银行政策利率到市场基准利率再到市场利率的较为完善的利率调控框架，具体如图2.2所示。首先，中央银行通过每日进行公开市场操作影响7天逆回购利率，调节银行体系流动性并释放短期政策利率信号，引导 DR007 等短期市场基准利率围绕短期政策利率波动，并向货币市场利率传导；同时，中央银行分别以常备借贷便利利率和超额准备金利率作为上下限构建利率走廊，将短期市场利率波动控制在合理范围之内。其次，中央银行每月进行公开市场操作影响中期借贷便利利率，调节银行体系中期资金边际成本并释放中期政策利率信号，引导贷款市场报价利率等中期市场基准利率围绕中期政策利率波动，并传导至信贷市场利率。最后，由 7 天逆回购利率和中期借贷便利利率共同构成政策利率体系，通过调节市场资金供求关系和引导资源配置，对国债收益率期限结构产生影响，并最终传导至债券市场收益率。

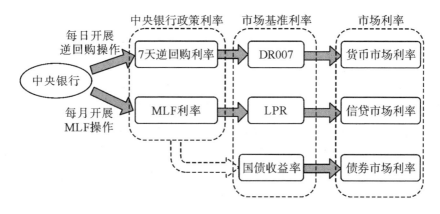

图 2.2　我国利率体系和调控框架

注：易纲. 中国的利率体系与利率市场化改革［J］. 金融研究，2021.

（三）中国现行利率市场化阶段的典型特征

我国经济体制经历了从计划经济体制向市场经济体制转型，我国的利率体系也经历了从计划经济体制下的行政管制利率向市场经济体制下的市场化利率的转变。

在计划经济时期，我国为了确保当时经济赶超目标的实现，人为压低了资金利率，以确保重工业获得足够的信贷资金。随着我国经济向市场经济转型发展，我国开启了利率市场化改革以发挥市场在资金配置中的高效作用。目前，我国利率市场化改革已经取得长足发展，市场化利率体系已基本形成。但是由于经济体制改革的渐进性特征，我国现行利率体系仍然表现出利率双轨制特征，即银行体系存贷款基准利率和金融市场化利率两套利率体系同时运行并对经济运行发挥作用。张晓慧（2020）在其《多重约束下的货币政策传导机制》一书中系统梳理了我国当前存在的三种隐形利率双轨制现象：一是商业银行的存贷款资金的利率定价除了受到金融市场利率影响外，仍然受到存贷款基准利率的较大影响，这使得中长期信贷市场利率的市场化水平仍然较低。二是商业银行内部资金转移定价（FTP）同时使用了存贷款基准利率和金融市场化利率两套体系，银行的金融市场和同业负债业务与其传统存贷款业务割裂，导致货币利率向信贷市场利率传导的有效性下降。三是我国中央银行的货币政策调控仍然会使用基准利率调控手段，中央银行的货币政策调控手段尚未完全市场化。利率双轨制的存在使得市场资金无法有效定价，资金价格无法真实反映资产价格，导致中央银行的货币政策调控和利率传导机制不畅，无助于社会资源的有效配置。

受到利率双轨制的影响，我国现行利率市场化阶段体现出以下几个典型事实特征，值得重点关注。

一是当前我国短期金融市场利率波动仍然较大（见图 2.3）。短期金融市场利率是我国利率体系中市场化程度最高的利率，能够较好地反映我国短期资金的供需关系。基于市场化程度较高的短期金融市场利率，我国中央银行逐渐构建了以 7 天逆回购政策利率、中期借贷便利政策利率和利率走廊机制为主的货币政策利率调控体系，这使得从政策利率到短期金融市场利率的传导有效性日益提高。但是，与西方国家中央银行对于利率调控的方式相比，我国中央银行在使用价格型调控时也同时使用了数量型调控，并且价格型调控尚未完全正式明确短期政策利率目标，短期金融市场利率波动性较高。主要原因包括两点：一是从货币政策的调控方式来看，随着我国金融体系的多元化以及金融创新的蓬勃发展，货币政策的数量型中间目标（M2 增长率）与经济增长之间的相关性逐渐下降，货币需求的不稳定，使得仅盯住货币数量的货币政策调控加剧了市场化利率的波动性。二是从利率双轨制体系来看，考虑到我国金融机构当前对风险定价的能力明显不足，中央银行并没有明确短期政策利率目标。当下我国利率体系中仍然存在较多带有行政色彩的利率，这些利率和市场利率一同对货币市场参与主体的融资敏感性产生重要影响，因此不利于市场主体形成一致预期，导致货币市场利率波动性增大。因此，为了降低货币市场利率波动性，提高市场的一致性预期，近年来我国中央银行通过构建利率走廊机制有效降低了货币市场利率的波动幅度。

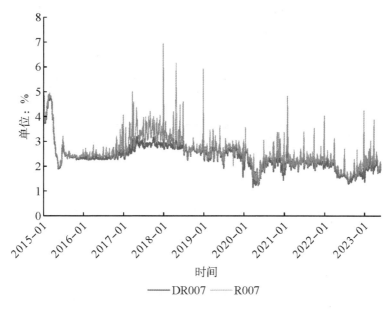

图2.3 短期金融市场利率波动

　　二是关于利率双轨制下，政策利率通过银行体系向中长期利率传导不畅通（见图2.4）。由于我国金融结构以银行间接融资为主，衡量政策利率通过银行体系向中长期利率的传导效果主要是看政策利率能否有效影响存款利率并通过银行负债成本影响贷款利率。受利率双轨制影响，我国政策利率通过存款利率向贷款利率的传导渠道仍不畅通，主要原因有两方面：一是我国银行的存款利率上限仍然受到较强的利率自律机制约束，这一约束使得银行的存款利率无法有效随着市场利率波动，因此，市场利率无法直接影响存款利率。二是我国商业银行内部资金转移定价存在计划和市场两个独立并行的体系，加之银行体系缺乏内部资金套利机制，这使得商业银行的融资成本无法有效传导至银行的贷款利率。综上，在利率双轨制下，货币当局的政策利率无法通过存款利率有效传导到银行的贷款利率。为了提高政策利率向银行存贷款利率的传导效率，我国中央银行一方面放松了对存款利率自律机制的约束，优化了存款利率的市场化波动；另一方面，对LPR形成机制进行改革，推动贷款利率"两轨并一轨"，实现银行贷款利率的市场化波动。

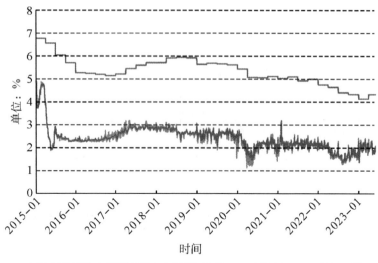

——中国金融机构人民币贷款加权平均利率 ——DR007 ——Shibor1周

图 2.4 人民币贷款加权平均利率与金融市场利率

三是理财等金融创新产品的收益率对无风险利率造成一定扭曲，使得利率传导和调控有效性有所下降。如图 2.5 中所示，从中央银行的基准利率（DR007）到金融机构的贷款利率再到民间融资利率的传导并不畅通。金融监管的完善相对金融市场的发展通常存在一定滞后，为了促进金融行业的发展，在某些金融创新发展的早期，对其的金融监管也处于相对宽松状态。行业监管的真空叠加上利率双轨制给市场主体带来了套利空间。金融机构为了扩张自身规模和追求高额利润，大规模发展理财产品、同业业务等金融创新。这些金融创新一定程度上加快了我国利率市场化发展，但发展失控则会导致行业内部系统性风险因素激增，对市场无风险利率的定价造成扭曲，导致利率传导和利率调控有效性下降。首先，我国银行业的表外理财产品通常不受到资本充足率、流动性比率和坏账拨备等指标影响，因此，银行为了扩大发行规模事实上实施了刚性兑付。刚性兑付下的非保本理财产品收益率却被投资人看成了一种无形的无风险利率，这一利率往往比短期市场无风险利率高，也比同期限的存款利率高，一定程度上扰乱了市场的风险定价机制。其次，这种扭曲的风险定价机制导致整个金融体系的利率传导和调控有效性下降，原因是我国许多金融创新业务主要是银行与非银行金融机构之间各种金融业务和金融产品的层层嵌套，资金在金融市场中的空转也破坏了利率在金融市场之间的正常传递，使得中央银行通过政策利率对市场化基准利率以及各种金融产品利率的传导变得更为不确定。

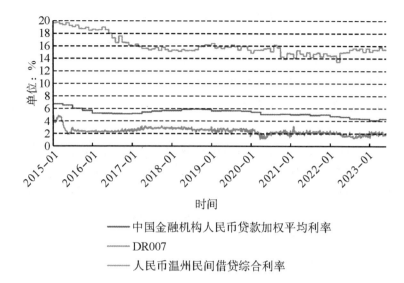

图 2.5　民间借贷利率与人民币贷款加权平均利率

正如易纲（2021）指出的，我国利率市场化既要"放得开"也要"形得成"。当前深化利率市场化改革的一个重要矛盾在于市场化利率在"形得成"和传导方面存在障碍，其原因包括监管套利、金融市场不成熟等造成的市场分割，以及融资平台预算软约束、存款无序竞争等财政金融体制问题。下一阶段，要继续加强监管、优化营商环境、硬化预算约束、化解金融风险，为进一步深化利率市场化改革提供更有利的条件。可见，我国利率市场化改革仍有一段路要走。

二、金融市场化

金融市场化是让市场机制在金融资源的配置中起决定性作用。利率市场化是金融市场化改革的重中之重，但除此之外，金融机构的商业化运营、金融市场发展的广度和深度是让利率传导渠道真正有效的重要土壤。下文结合我国金融市场化改革的历程及特点阐明其对利率传导渠道的影响。

（一）我国金融市场化历程及面临的问题

改革开放以来，我国金融体系经历了从无到有，向市场化方向转变的全过程。中国人民银行曾经集中央银行和商业银行角色于一身，而且隶属于财政部，一家机构的金融资产占到全国的 90% 以上。而在改革开放之后的 40 年间，中国市场化的金融体系逐步建立起来。从计划经济体制形成的财政主导的经济向市场经济的转变，首先要建立独立于财政的金融体系，从 1983 年国务院发布《关于中国人民银行专门行使中央银行职能的决定》，标志着我国中央银行体制的正式开启，中国人民银行不再直接承担大量政策性信贷任务和其他财政性融资职能，而是转变为现代意义的中央银行。

在金融从财政分离后，我国金融市场化改革的第二个重要步伐是金融机构的商业化和市场化。中国银行前首席经济学家曹远征曾说过，"当时中国的金融机构十分脆弱，银行的资本充足率大概只有 4%，但是坏账水平平均 20%，其中 80% 的坏账是财政造成的。这就促成了 2004 年 1 月 1 日开始中国银行业的改革。先以中国银行、建设银行为先导，开始了金融机构的再造过程，一直到 2012 年以光大银行上市收官，历时 8 年，中国金融业进行了脱胎换骨的改造。也是这次改造，让中国金融顶住了 2008 年的金融危机"。在经历股份制改革、上市之后，一批有着现代公司治理结构的商业银行开始成长起来，这些金融机构商业化的首要特征即是自主经营、自负盈亏。2013 年年底，国家鼓励民间资本发起设立自担风险的民营银行，进一步增加了金融服务的多样性。截至 2022 年年底，中国银行业金融机构数量已超过 4 600 家，形成了包括商业银行、开发性金融机构、政策性银行、农村金融机构、资产管理公司等多元化的金融机构。市场化运营的金融机构是对利率能基于市场供求被定价、金融资源被有效配置的关键前提，也是中央银行能执行现代意义的货币政策、实现从中央银行政策意图到实体经济有效传导的关键桥梁。

伴随各类金融机构商业化改革的是各类金融市场的建立与发展。目前已经形成以中央银行和金融机构为参与主体的货币市场，包括银行间同业拆借市场、短期债券市场、债券回购市场和票据贴现市场，以及既有机构投资者也有个人投资者参与的多层次资本市场，包括债券市场、股票市场、外汇市场、黄金市场、商品期货市场和金融衍生品市场等。我国金融市场具有交易场所多层次、交易品种多样化和交易机制多元化等特征。不断发展壮大的金融市场，是实现货币政策传导，尤其是利率传导的重要基础，中央银行通过在货币市场进行的公开市场操作达到调控短期利率的目的，其次再通过资本市场尤其是债券市场，短期利率才能有效传导到影响企业融资的中长期资金成本上。随着近十年金融市场广度和深度的发展，我国已经形成了门类基本齐全、品种结构较为合理、信用层次较为丰富的银行间债券交易市场、场内交易市场和场外交易市场，债券市场已经具备足够广度，这为货币政策利率传导渠道提供了必要的市场环境。

虽然我国金融市场化改革取得了长足的进步，但还没有完全实现市场化，渐进式改革过程中仍然存在一些深层次矛盾和问题。由于我国金融市场发展程度还不够，金融机构之间竞争也还不充分，以及预算软约束和隐性刚兑等因素的存在，金融机构或投资者的风险定价能力还不强，运行效率也不高。由于资金的需求方——企业获得资金的能力并不完全由市场根据生产效率决定，导致大量资源被配置到生产效率较低的企业。对于金融市场的市场化进展而言，目前金融市场运行的微观基础也仍然存在双轨制和金融产品供给不够丰富的问题。首先，我国金融市场仍存在不同程度的双轨制问题，这主要表现在不同金融主体、不同金融市场的资金价格存在市场分割。例如我国国有资本几乎主导了正规金融市场，大量金融资源向国企倾斜，民营经济由于很难在正规金融市场上融资，只能以更高的成本从非正规金融市场融资，因此不同所有制企业之间、不同金融市场之间存在所谓的"利率双轨制"现象。此外，我国金融市场目前仍然存在人为的市场分割，例如货币市场和债券市场被人为分割为银行间市场和交易所两个市场，而目前两个市场的准入和监管规则受到诸多行政限制，这导致市场利率的严重分化，加剧了金融机构的监管套利行为和市场波动性。其次，从金融产品市场来看，目前我国金融市场的产品供给仍然不足，金融创新更多表现为监管套利下的金融产品层层嵌套，而真正提高金融市场深度的多元化金融产品仍然创新不足。我国当前最大的债券市场是银行间债券市场，而银行间债券市场中最主要的金融产品是七天质押式回购国债，其他期限、其他类型和其他市场债券的发行量和流动性都较低。此外，我国货币基金市场、银行资产证券化市场、金融衍生品市场仍然处于起步阶段，相关金融产品种类较少，这无法有效发挥金融市场价格发现和风险对冲的功能，长期来看不利于我国金融市场的深化发展。

因而，金融市场化改革的进一步推进，即扩大金融业的对内和对外开放，允许民间资本和海外资本进入金融业，进一步推动金融行业的竞争，有助于激发市场主体的活力，促进金融产品的丰富和市场价格机制的形成，完善金融机构的激励约束和退出机制，允许金融机构可以更加市场化地"自主经营，自担风险，自负盈亏，自我约束"，并且打破政府对金融机构的兜底，形成有足够风险定价能力的金融体系。这是进一步提高我国货币政策利率传导渠道有效性的重要基础。

（二）金融监管制度的完善

现代化金融监管体制的完善，能够保障金融市场高效平稳运行，避免系统性金融风险爆发。这是因为金融市场化是一把双刃剑，在带来金融运行效率提高的同时也会放大金融体系的脆弱性。例如金融市场化后银行的存贷利差缩减，各种金融创新、资金错配和监管套利等行为会增加，在监管没有跟上金融创新的情况下会加大系统性金融风险。因此金融监管最重要的是补充市场机制和政府管制之间的空白，保证金融市场化改革过程的平稳性，守住不发生系统性金融风险的底线。

从金融制度供给来看，金融监管与金融创新往往是不断博弈不断演化的关系。改革开放后，我国开始对金融机构的经营行为出台相关规范条例，但是这种监管仍然主要依赖于行政性规章和直接指令式管理，没有正式的法律保障。随着从"一行三会"到"一行两会"的金融分业监管体系的逐步形成，我国的金融监管开始步入法治化监管时期，但是相关法律法规仍然相对滞后于金融市场发展进程，对于民间金融和创新金融等范畴的法律监管也较为薄弱。这一时期，金融监管与金融行业发展之间的关系没有理顺，不同监管机构之间存在一定的利益冲突，金融监管协调面临众多挑战。2017 年 7 月 14 日至 15 日，在北京召开的全国金融工作会议宣布设立"国务院金融稳定发展委员会"，旨在自上而下统筹协调各层级金融监管，加强金融监管协调、补齐监管短板。但近年来，一些新出现的金融行为很难按照银行、保险、证券的行业标准做出明确分割，出现了一些监管的模糊地带，金融监管者无法按照原有的部门分工进行有效监管，风险随之滋生。因此，伴随着我国金融市场的进一步深化发展，党的二十大提出"依法将各类金融活动全部纳入监管"，以加速形成全覆盖、全流程、全行为的金融监管体系。2023 年 5 月 18 日国家金融监督管理总局正式成立，我国金融监管体系顺应金融业的发展，形成"一行一局一会"的新格局。国家金融监督管理总局是在原中国银行保险监督管理委员会基础上组建的，并将中央银行原有的一些监管职能和证监会的投资者权益保护职能等纳入其监管职责范围。这是促进实现金融监管全覆盖，最终消除监管盲区的重大举措，也是我国金融监管现代化的重要标志。

三、金融市场化对利率传导的微观影响机理

综合前文对于中国金融市场化发展现状的分析，当前，我国金融市场化在金融市场微观主体、金融产品和金融制度等方面的改革均取得较为明显的成就。具体表现为微观金融主体经营自主性增加，金融机构之间的竞争性提高；金融市场发展广度和深度不断拓宽和加深，金融产品种类更加丰富；金融监管体制不断完善，金融市场运行效率和金融稳定性提高。随着金融市场化水平不断提高，市场价格的形成机制日益完善，对于风险的反应也更加灵敏迅速，我国货币政策利率传导效率也得到提升。下文进一步阐述中国金融市场化对利率传导渠道的微观影响机理，这主要体现为市场化条件的改变如何影响微观主体行为，进而对利率传导产生影响。

根据前文的分析，利率传导渠道大致可以分为两个环节：首先是政策利率向货币市场基准利率的传导，再次是短期市场利率向中长期利率（债券利率和信贷利率）的传导。传导环节涉及货币市场、债券市场和信贷市场等多个金融市场，参与的金融主体主要有中央银行和商业银行。我们将从货币市场的市场化水平对政策利率传导的影响和金融机构市场化水平对市场利率传导的影响两个环节分别展开论述。

（一）货币市场的市场化水平与政策利率传导

在政策利率向货币市场基准利率传导的过程中，中央银行通过在银行间市场进行公开市场操作，影响银行间市场流动性的规模和资金价格（即利率），通过构建利率走廊机制稳定银行预期，将市场基准利率的波动控制在中央银行的目标政策利率附近。中央银行进行公开市场操作的交易方主要是大型商业银行。公开市场操作首先改变的是大型商业银行的流动性，政策利率向货币市场基准利率的传导通过银行体系，使流动性按照"中央银行—大型商业银行—中小商业银行—非银行金融机构"层层传递。银行间同业拆借市场和银行间回购市场是大型商业银行向中小商业银行和非银行金融机构流动性传递的重要场所。大型银行的流动性改变后，会通过改变对中小银行同业存单、同业拆借和买入返售的规模影响中小银行的流动性，这一过程会影响同业存单利率、同业拆借利率和 DR 利率（银行间市场存款类机构质押式回购利率）等货币市场利率。而银行向非银行金融机构流动性的传导主要在银行间回购市场，非银行金融机构通过债券回购的方式从银行获得流动性，R 利率（银行间质押式回购加权利率）反映

了非银从银行获得流动性的成本。总的来说，政策利率向货币市场基准利率传导的过程也是银行体系在货币市场上层层分级供给流动性的过程，因此货币市场的市场化程度越高，大型银行面临中央银行流动性调节时，越能够在货币市场上通过短期资金拆借、债券回购等行为将流动性向中小银行和非银行金融机构传递，进而提高利率的传导效率。

基于政策利率向货币市场基准利率的微观传导过程，货币市场的市场化水平对其传导效率的影响至关重要。这是因为随着我国货币政策调控方式的转型，中央银行利率政策的调控从过去的直接行政指令变为更加依靠市场化的方式。实施公开市场操作后，政策利率传递到市场基准利率需要一个市场化程度更高的货币市场支持，货币市场利率管制或者流动性较差的货币市场将导致中央银行公开市场操作无法有效通过改变商业银行的融资规模和成本对货币市场利率产生影响。

我国货币市场的发展相对债券市场较早，1996年，我国正式开启了同业拆借市场、银行间债券回购市场的利率市场化改革，放开了对银行间同业拆借利率、债券市场回购利率和现券交易利率等的管制。货币市场上，利率的自由变动能及时高效反映市场资金的供需关系。随着我国货币市场的利率市场化程度加深，不少研究发现，中央银行的政策利率向操作利率的传导有效性在逐渐提高。如李宏瑾和项卫星（2010）使用协整模型研究我国公开市场操作中的央票利率对银行间市场同业拆借隔夜加权平均利率、抵押式回购隔夜加权平均利率和上海隔夜同业拆借利率等货币市场利率的关系。他们发现随着货币市场利率在金融产品定价中的基准作用逐渐确立，央票利率与货币市场利率之间开始产生长期协整关系，中央银行公开市场利率对货币市场利率具有显著引导作用。中国人民银行营业管理部课题组（2013）通过构建一个中央银行利率引导和货币市场利率的理论模型发现，"流动性效应"在我国中央银行政策利率向市场利率传导的过程中发挥了主要作用，并且随着货币政策操作透明性的提高，"预期效应"在中央银行的利率引导中也逐渐发挥作用；他们进一步通过VAR实证检验中央银行公开市场操作的七天回购利率、七天银行间市场债券质押式回购利率和七天上海同业拆借利率的格兰杰因果关系，发现中央银行的政策利率始终是货币市场利率（预期）的格兰杰原因，这进一步说明中央银行开展公开市场操作能有效引导政策利率变动。

（二）金融机构的市场化水平与市场利率传导

在货币市场短期利率向中长期利率（债券利率和信贷利率）传导的过

程中，短期利率主要通过微观金融机构的套利机制和内部定价转移机制迅速传导到中长期利率。其中货币市场短期利率向债券市场利率的传导主要通过商业银行的套利机制实现。这是因为商业银行一般会进行资产负债表管理以对冲经营中的信用、久期和流动性风险并且获得套利收益，由于负债端存款利率的市场化水平目前较低，因此商业银行主要的套利行为是通过资产端不同期限的债券配置完成。

改革开放以来，我国银行业经历了专业化、商业化和市场化等重大改革，商业银行的决策水平和经营管理的市场化程度不断提高，风险定价和风险承担的能力不断提高。我国从 1981 年恢复国债发行以来，债券市场规模不断扩大，债券种类不断丰富，债券市场的流动性和交易效率大大提高，国债收益率曲线逐渐形成并完善。历史数据表明，短期债券的利率往往与资金的成本——银行间市场七天质押式回购利率高度相关。当货币市场短期利率改变后，基于债券收益率的"预期效应""流动性效应"和"市场分割效应"等原理，商业银行会迅速在不同期限债券之间进行套利并将货币市场短期利率向中长期债券利率传导。已有实证研究发现，我国商业银行在货币市场利率向债券市场利率传导过程中扮演了重要角色。卢倩倩和许坤（2019）运用 VAR 模型研究货币市场短期利率向中长期债券市场利率传导的有效性，发现基于商业银行的资产配置替代效应，我国货币市场短期利率向中长期利率的传导过程是基本有效的。但是由于当前我国国债交易在银行间市场和交易所市场之间仍存在人为市场分割，国债市场的产品发行和交易活跃度较低，货币市场利率向中长期国债市场利率的传导效率仍然有较大提高空间。陈涛和韩思达（2021）基于线性回归模型和 SVAR 模型研究了我国国债市场对 Shibor 利率向不同期限国债利率的传导效率，其发现 Shibor 利率向不同期限债券利率传导的效率随着债券期限的增加而降低。其中原因与我国国债市场的市场化程度有关，具体反映在我国国债市场的规模、产品期限结构和投资者结构等方面仍然存在较大的不合理，这导致我国国债市场的流动性水平较低，不利于短期利率向长期利率的传导。

债券市场利率向贷款利率的传导主要通过商业银行的资产配置和内部资金转移定价机制实现。商业银行最重要的资产投资业务有两部分——信贷和债券。当外部流动性改变和债券收益率改变时，银行在内部定价转移机制下，基于最大化收益的目的会改变其信贷和债券的资金供给比例，进而对贷款利率产生影响。例如，在理想情况下，当货币政策紧缩减少银行流动性，货币市场利率和债券利率会提高，银行权衡债券投资收益率和信贷投资收益率后，在内部定价转移机制下会将资金更多配置到债券上，这可能导致信贷投放供给进一步减少，贷款利率提高。纪敏等（2016）学者使用了16家商业银行的微观数据，实证研究了商业银行在货币政策利率传导中的作用。他们发现随着商业银行资产负债业务市场化水平和风险定价水平的提高，我国短期利率向银行贷款利率的传导效率会逐渐提高。但是受到我国当前较低的国债市场化水平以及相关体制约束，这一传导效率仍然低于市场经济发展成熟的国家。我们预期，随着债券市场化水平提高和银行等金融机构依据市场化方式进行资源配置能力的提升，我国货币市场利率向长期利率的传导效率也将不断提高。

第三节　利率传导渠道中的微观主体行为

一、货币政策利率传导渠道中的微观主体

货币政策的利率传导机制是中央银行政策利率向其他市场利率传导的机制，从微观上来讲这是一个包括中央银行、商业银行和居民企业等多个微观主体在内的利率传导过程，其中主要包括了中央银行向商业银行、商业银行之间以及商业银行向居民企业传递的三个重要环节。从货币政策利率传导的微观主体出发，有助于深入理解我国货币政策利率传导的微观机理，也有助于解决当前货币政策利率传导不畅的问题。

从理论上来看，马骏等（2014，2016）通过构建包括居民、厂商、商业银行和中央银行在内的一般均衡模型研究了我国货币政策利率传导渠道的微观机理，主要包括中央银行政策利率如何传导到市场利率以及市场利率如何传导到商业银行的存贷款利率。其模型认为在完全金融市场化情况下，各微观主体基于约束下的理性决策具体表现为：居民基于投资预算约束下的投资收益最大化、厂商基于产量要求下的融资成本最小化，以及商业银行基于资产负债平衡下的经营利润最大化。当微观主体实现了目标最大化后，中央银行政策利率能够有效传递到各个金融市场利率，金融市场的资源也将实现最优配置。

理想状态下货币政策的利率传导是完全畅通的并且能够有效影响实体

经济的融资成本，但由于我国利率市场化改革的渐进性特征，货币政策的利率传导渠道在微观主体层面存在摩擦。有学者进一步探讨了我国利率传导在多个微观环节的传导机理及传导受阻的因素。如牛慕鸿等（2017）、潘敏和刘姗（2018）在研究中央银行政策利率向市场利率的传导中发现，受到我国政策协调、金融创新和资本项目开放等因素引起的货币需求函数不确定的影响，中央银行的公开市场操作往往会引起市场利率的较大波动，而利率走廊机制的建设通过稳定商业银行预期有助于熨平政策操作引起的货币市场利率波动，提高货币政策利率传导的效率。纪敏等（2016）、陆军和黄嘉（2021）在研究货币政策利率在银行系统的传导过程中发现，受到渐进性利率市场化改革的影响，我国银行的利率定价系统仍然存在双轨制现象，因此从市场利率到银行贷款利率的传导效率较低，而中央银行对中期政策利率和贷款市场报价利率的改革有效弥补了我国市场利率向银行贷款利率传导的不足。

可以预见，随着我国金融市场化改革的持续深化，我国货币政策利率传导中存在的阻碍和不合理因素将逐渐被消除，而明确货币政策利率传导在不同主体和不同市场之间的微观机理，有助于理解金融市场化对货币政策利率传导的实际效应。

二、金融机构在我国利率传导渠道中的重要性

在市场主导型的金融结构下，货币政策的利率传导渠道更依赖于成熟的金融市场，但理解我国利率传导的微观机理却离不开对商业银行的深入分析。这是由我国金融结构以间接融资为主，货币政策的利率传导高度依赖商业银行渠道而非债券市场渠道的国情所决定。不管是从政策利率向货币市场利率的传导还是市场利率向存贷款利率的传导，商业银行在其中都扮演了重要的角色。

在完美金融市场条件下，商业银行在利率传导中发挥作用的基本逻辑如下：一是在政策利率向货币市场利率传导时，中央银行对于银行间市场流动性规模和价格的调整会直接改变商业银行的短期流动性规模和成本，进而影响货币市场利率。二是在货币市场利率向债券利率传导时，短期利率的变动对商业银行的预期偏好和风险溢价产生影响。理性视角下，商业银行会迅速进行不同期限金融产品的套利直至市场重新达到无套利均衡，从而实现短期利率经由期限溢价和风险溢价向中长期债券利率的传导。三是债券利率在向贷款利率传导时，短期市场利率向债券市场利率的传递会引起债券收益率的变化，商业银行基于优化资产配置的目的会改变其在债券和信贷资产配置的比例，进而影响贷款利率。

我国由于商业银行资产负债端市场化水平不高，以及银行内部存在"债券—信贷"两部门的割裂，货币政策的利率传导渠道存在一些阻碍。如银行在同业市场上高度市场化的利率和在信贷市场上计划性利率同时存在，因此可能导致货币市场利率和（或）债券市场利率向银行贷款利率的传导效率不高（纪敏等，2016）。目前，我国所有制、规模等二元结构产生的预算软约束等制度因素仍然会对商业银行的市场化行为产生较大的干预，这进一步阻碍了货币政策的政策利率向银行贷款利率的传导。为了解决货币政策向银行存贷款利率传递不畅的问题，我国也创设了多种货币政策工具，如通过中期政策利率对银行的贷款利率进行传导，以引导实体经济融资成本下降。商业银行在利率传导中的具体微观影响机理将分为两个环节在后文分析，第一个环节是中央银行政策利率向货币市场基准利率的传导；第二个环节是货币市场基准利率向债券利率和存贷款利率的传导。

（一）利率传导环节一中商业银行的作用机理

我国货币政策的操作工具更多是依靠公开市场操作引导市场利率向政策利率目标靠拢，商业银行则成为了中央银行公开市场操作主要的交易对手方，中央银行能够通过公开市场操作影响商业银行的融资规模和融资成本，进而影响市场利率水平。我国于 1998 年建立公开市场一级交易商制度，一批符合资格要求的大型商业银行可以在公开市场上与中央银行进行债券、现券和央票交易，中央银行根据市场流动性情况，每日进行公开市场操作以调节银行体系流动性水平、引导货币市场利率走势。近些年来，中央银行根据货币政策调控目的的需要，不断优化创新公开市场业务，目前主要的公开市场操作包括逆（正）回购、常备信贷便利、中期借贷便利和短期流动性调节工具（SLO）等。在所有的公开市场操作业务中，当前我国中央银行最为常见和频繁使用的是 7 天逆回购操作和中期借贷便利操作。在这两大公开市场操作基础上，我国中央银行形成了以 7 天逆回购利率和中期借贷便利利率为主的政策利率调控体系。基于市场化的货币政策调控方式，中央银行政策利率通过对商业银行的资金成本产生影响，向市场化基准利率传递政策信号。例如，当银行间市场流动性偏紧时，商业银行在拆借市场上获得短期融资的成本会上升，如果中央银行进行 7 天逆回购操作向银行间债券市场投放流动性，符合公开市场交易要求的商业银行可基于合格抵押品从中央银行处获得低成本短期流动资金，有效缓解银行间市场流动性紧张的问题。因此，中央银行的7天逆回购操作通过降低银行的短期资金融资成本，可有效引导银行间市场利率下降，实现政策利率对市场利率的引导。考虑到货币需求不稳定可能导致政策利率调控下，市场利率调控的波动性增大，我国也建立了利率走廊机制作为公开市场操作辅助。在利率走廊机制下，商业银行可基于市场和自身流动性情况主动向中央银行发起借贷便利。因此，利率走廊机制有助于更好地稳定商业银行预期，进一步增强中央银行向商业银行利率传导的稳定性。

（二）利率传导环节二中商业银行的作用机理

除了中央银行政策利率向市场基准利率的传导，商业银行在市场基准向中长期利率的传递过程中也发挥了重要作用。这是因为商业银行不仅仅是中央银行公开市场操作的交易对手方，在货币市场、债券市场和信贷市场上也是其他非银行金融机构和实体企业的交易主体。中央银行货币政策的调控范围主要局限在银行间市场流动性水平，而无法直接触及更广阔的金融市场，因此需要以商业银行作为中介，向非银行金融机构和实体经济传递流动性。这决定了商业银行在利率传导中的枢纽作用。

具体来看，商业银行在市场利率的传导过程中发挥作用的场所主要涉及债券市场和信贷市场。在债券市场上，货币市场利率向债券市场利率的传导主要经由商业银行等金融机构的债券资产配置行为完成。一般来讲，债券定价机制是锚定一个市场基准利率向上浮动，由此形成不同形态的债券收益率曲线。中央银行对债券利率的影响主要是基于债券收益率曲线的短端利率，如DR利率，Shibor利率等。当中央银行通过公开市场操作调节市场流动性，将政策利率传导到短期市场化基准利率后，一方面，商业银行用于债券市场投资的短期资金成本会受到影响，银行基于理性行为会改变自身的资产配置行为，进而反映在债券利率也随着货币市场基准利率的变化而变化；另一方面，短期市场化基准利率的变动会改变商业银行的预期和风险偏好，银行会在不同期限的债券之间迅速套利，最终将短期债券利率向中长期债券利率传导。值得注意的是，由于我国中央银行并不直接参与债券市场的债券购买或直接对债券收益率曲线进行干预，因此中央银行货币政策对债券市场利率的影响效果还受到其他宏观经济、监管制度等因素的干扰，这使得利率在债券市场的传导渠道更为复杂多变。

在信贷市场上，货币市场利率向银行贷款利率的传导仍然依赖商业银行的流动性管理和 FTP。银行的 FTP 模式是利率在银行内部的传导过程，从一定程度来看打开了货币政策利率在商业银行中传导的"黑匣子"。所谓内部资金转移定价是指"商业银行内部资金中心与业务经营单位按照一定的规则有偿全额转移资金，达到核算业务资金成本收益等目的的一种经营管理模式"（姜再勇，2012）。例如，对于需要使用资金的信贷部门，其需要从银行的内部资金中心以 FTP 价格借入资金以发放贷款，FTP 价格是资金使用业务部门的融资成本，由商业银行根据外部定价基准和自身经营导向制定。随着我国利率市场化改革的深入，银行贷款的 FTP 曲线定价逐渐市场化，因此中央银行货币政策能够通过货币市场利率传导到银行的内部 FTP 价格，并经由银行业务部门在综合考虑其资金成本、营运成本、信用利差等因素后传导到贷款利率上。目前，相关研究发现我国货币市场利率向银行贷款利率传导的有效性并不高（纪敏等，2016），所以我国中央银行也通过 LPR 形成机制改革将银行的贷款利率与中期借贷便利利率挂钩，以进一步提高中央银行政策利率向银行贷款利率的传导效率。

第四节　金融创新及其对利率传导渠道的影响

金融创新是金融市场化的重要推动力量。在对我国特色的利率体系和金融市场化历程有所了解后，本小节将专门对金融创新的内涵与外延，及其对货币政策利率传导渠道的影响展开论述。

一、金融创新现状与理论概述

(一) 金融创新概念

"金融创新"这一概念最初来源于约瑟夫·熊彼特的创新学说。熊彼特在有关经济发展问题的论述中对推动经济增长的创新进行了深刻的理论研究。他认为创新是一种破坏旧均衡并实现新均衡的力量，企业家通过对生产要素和生产关系实行新的组合，建立一种生产率更高的生产函数，最终促进经济的发展。根据熊彼特的理论，创新在微观层面具体表现为五个方面的创新：新产品、新生产技术、新市场、新原材料和新管理组织。这一侧重于经济生产过程中的创新思想也沿用在金融领域。索兰斯（Solans，

2003）沿袭熊彼特的思想，从产业发展的视角提出金融创新是指"那些便利获得信息、交易和支付方式的技术进步，以及新的金融工具、金融服务、金融组织和更发达更完善的金融市场的出现"。我国经济学家陈岱孙和厉以宁（1991）在熊彼特创新学说的基础上，将金融创新定义为"在金融领域内建立'新的生产函数'"，这一金融生产函数中涉及各种金融生产要素和金融生产条件的新组合，通过对金融体制和金融手段的改革，能够极大释放金融的创造活力。厉以宁认为金融创新主要包括了金融制度的创新和金融手段（金融工具）的创新。基于以上观点，金融创新绝不是单纯的金融工具的创新，而更多是基于生产函数视角对整个金融体系的创新，包括了金融工具、金融机构、金融市场、金融技术和金融制度等在内的整个金融体系的创新。

（二）金融创新发展演变

基于金融创新的丰富内涵，自 20 世纪 70 年代后，金融工具、金融机构、金融市场、金融技术和金融制度等创新蓬勃发展。金融创新的发展阶段大致可分为四个阶段：

第一个阶段是 20 世纪 70 年代到 80 年代，随着布雷顿森林体系的解体和第一次石油危机的爆发，全球通货膨胀高企，汇率和利率波动风险加剧，金融机构面临的物价、汇率和利率等风险敞口急剧增大，对于风险对冲和套期保值等金融工具创新的内在需求增大。这一时期的金融创新主要体现为金融产品的创新，包括外汇远期、利率期货等多种金融衍生品被发明创造出来，金融机构通过交易这类创新型金融产品有效防范了货币风险，减少了不必要的损失。

第二个阶段是 20 世纪 80 年代至 90 年代，这一时期，受到墨西哥、巴西等发展中国家债务危机的影响，银行体系的信贷质量恶化，从而导致全球金融不稳定风险提高。债务危机的爆发使得中央银行开始重视银行的资本充足率管理。巴塞尔协议的签订对银行的风险资产有了明确的资本要求，此外，金融市场的利率市场化改革对银行的存贷息差产生了较大的压力。在金融监管加强和银行融资恶化的背景下，这一时期的金融创新主要是对融资方式、金融服务的创新。在现代通信技术和计算机技术等多种新技术的支持下，票据发行便利、利率互换和期权等银行表外业务开始蓬勃发展，新的金融创新在不影响银行资产负债表业务的同时，扩大了银行的融资渠道。这一时期的利率市场化改革和货币市场发展等金融创新，事实上打开了欧美诸多中央银行从数量型调控转向价格型调控，并更加依赖利率传导渠道的大门。

第三个阶段是从 20 世纪 90 年代到 20 世纪末，随着全球经济一体化的发展，各国之间的资金大规模流动，金融风险的传染程度提高，金融机构对于规避金融风险的金融工具创新需求日益增加。此外，这一时期，随着西方国家金融市场化的完成，金融市场竞争日益激烈，各国为了鼓励金融经济发展，对金融监管连续放松，这使得金融机构在金融技术、金融业务和金融产品等方面的创新竞争如火如荼。20 世纪 90 年代的金融创新在金融领域的各个方面全面显现，金融技术的创新作用日益重要。在金融技术创新支持下，这一时期最为重要的金融创新是信用衍生品创新，包括信用违约互换、总收益互换、信用利差期权、信用联系票据等多种信用衍生品的出现，对分散信用风险、增强资产流动性和提高金融效率起到了重要作用，当然更为丰富的金融工具和更发达的金融市场也促进了利率传导渠道有效性的提升。

第四个阶段是从 21 世纪初至今，全球金融创新开始进入了爆发式增长时期，金融过度创新趋势抬头。这一时期金融机构的金融衍生品规模发展急速扩大，并且在单一金融衍生品的基础上，资产证券化发展迅速，不同的产品互相组合嵌套，金融产品的结构日益复杂。除此之外，为了更好地躲避监管和攫取利润，金融机构的创新层出不穷，对冲基金和影子银行等新型金融创新的规模急速扩大，金融创新下金融体系内在的不稳定性逐渐提高，过度复杂的金融产品结构和市场链条在一定程度上给利率传导带来了不确定性。

（三）金融创新驱动因素

从金融创新的发展历程来看，短短几十年，全球金融创新蓬勃发展。金融创新为何发展如此迅猛和具有生命力，熊彼特之后大量的学者对金融创新理论进行了深刻研究。这些理论从不同的视角阐释了金融创新的驱动因素，主要包括约束诱导型金融创新理论（Silber，1983）、规避型金融创新理论（Kane，1984）、制度型金融创新理论（North & Davis，1971）、交易成本金融创新理论（Hicks & Niehans，1976）和金融中介金融创新理论（Marty，1961）等。

具体来讲，希尔伯（Silber，1983）从供给的角度研究金融创新，外部金融压制会对金融机构造成金融约束压力。在这一金融约束下，金融机构会基于追求利润最大化的目的进行相关减轻金融压制的"自卫"行为，这一行为具体表现为金融产品和金融业务的创新。凯恩（Kane，1984）将外部市场监管和金融机构的内在要求结合起来分析，提出基于管制的金融创新理论，其认为金融机构为了回避政府的各种金融控制和管理会有意识进行金融创新行为，在这一金融管制和金融创新的动态互动过程中，金融创新效率不断提升。基于规避型视角的金融创新理论虽然解释了金融创新的直接原因在于金融机构的逐利行为，但是没有考虑制度等其他因素的影响和作用，分析仍然显得较为宽泛。诺斯和戴维斯（North & Davis，1971）从制度的视角分析金融创新，将其视为一种与经济制度互为影响、互为因果关系的制度创新，因此金融创新可以视为制度创新的一个组成部分。希克斯和尼汉斯（Hicks & Niehans，1976）从交易成本的视角出发，认为金融创新的首要动机是为了降低交易成本，为此金融机构会不断进行金融工具、金融服务和金融技术等的创新。马蒂（Marty，1961）基于金融中介理论，认为金融中介提供的金融服务应当与经济增长的水平保持一致，当旧的金融服务无法满足经济增长的需要，金融内生就会进行创新发展以适应经济增长的需要。总的来看，金融创新的理论从多个视角分析了金融创新产生的原因，正如金融创新并不是单纯指某一种金融产品的创新，金融创新产生的原因也并不是单一的，而可能是多种因素共同影响和作用的结果，其中既包括金融机构在面对金融管制，因回避外部不利环境所产生的逆境创新，也包括金融机构在面对外部技术进步和金融需求激增时，主动顺应利好环境而产生的顺境创新。

二、中国金融创新特色

与全球金融创新的高速发展态势相比，我国金融市场起步较晚，市场化的金融体系尚未完全形成，因此我国的金融创新发展相对滞后。随着我国金融市场化改革的不断推进，金融创新的后劲十足。正如厉以宁指出，当前，我国金融领域中仍然存在很多潜在利润，但通过现有的体制和手段还无法获得，因此，金融领域必须深化改革。从某种程度来说，我国金融改革的过程也是我国金融创新的过程。与国外金融创新主要侧重于金融工具的极大丰富不同，我国从计划经济向市场经济的转型，使得我国金融体系经历了从无到有的过程，其中涉及从宏观金融制度、中观金融市场到微观金融工具等多层次、多维度的金融改革和金融创新。

(一) 宏观金融制度创新

从宏观层面来讲，金融创新的发展离不开良好的金融制度，而金融制度也需要与时俱进，不断顺应金融创新的市场化发展的需要，以促进金融体系的高效和稳定发展。我国金融制度的雏形始于计划经济时期的"大一统"金融体制，这一金融制度下，只有中央银行按照行政指令负责执行全国的货币发行、信贷和结算计划，不存在金融机构的市场化行为。改革开放后，我国开始对金融调控制度、金融组织制度、金融监管制度等金融制度进行改革创新。金融制度发展整体基调是从封闭向开放，从计划向市场转型创新，在金融制度开放化和市场化的同时，不断完善相关金融监管制度创新，确保金融创新下收益和风险的动态平衡，促进金融创新不断向前发展。

改革开放以来，我国五个主要的金融制度创新体现如下：一是建立了以中央银行为核心的现代宏观经济调控体系，金融体系运行效率极大提升。二是取消了中国人民银行一家独大的"大一统"金融体制，建立了中央银行—商业银行的多层级银行组织体系，商业银行等金融机构也建立了现代企业管理制度。这一金融制度的改革极大提高了我国金融体系的市场化。三是对利率和汇率等金融要素价格进行了市场化改革，逐渐取消政府对金融价格的行政管制，建立了货币市场、债券市场、股票市场等多层次金融市场，有效确保了市场在资源配置中的决定性作用。四是不断推进金融市场对外开放，基本建立负面清单管理制度，积极引进外资参股中国金融机构促进商业化改革，极大提高了我国金融市场的市场活力。五是建立了"一行一局一会"的现代综合金融监管体制，强化对金融体系的审慎监管和行为监管，有效保障金融体系的稳定运行。

(二) 中观金融市场创新

宏观层面的金融制度创新一定程度上决定了中观层面的金融市场创新。在计划经济时代，利率和汇率由政府管制，无法反映市场资金的真实供需情况。随着我国社会主义市场经济体制的确立，金融制度不断改革创新，我国金融市场开始逐渐从单一向多元市场化方向创新发展。具体表现为货币市场、债券市场、股票市场、衍生品市场等多种金融市场逐渐发展壮大，这些金融市场创新在促进资源配置和国民经济增长等方面起到了重要作用。

改革开放以来，我国在金融市场方面的创新主要体现在以下四方面。

一是货币市场创新。在我国利率市场化改革进程中，货币市场利率被首先放开。在利率市场化改革背景下，1996 年，我国建立了反映市场化拆借利率的全国统一的银行间拆借市场。为了配合金融机构融资和货币政策公开市场操作，1997 年和 1998 年，我国相继建立了全国统一的银行间债券市场和银行间回购市场。货币市场创新使得货币市场的运行乱象得到了整治和规范，对我国金融机构融资和货币政策市场化调控具有重要意义。

二是债券市场创新。经过多年的债券市场建设，当前，我国已经形成了全国银行间债券市场、商业银行柜台债券市场和交易所债券市场三大主要债券市场体系，债券市场的发行和交易规模迅速增大，企业融资渠道得到极大拓宽。为了进一步提高债券市场的效率，我国针对场外交易市场（全国银行间债券市场、商业银行柜台债券市场）和场内交易市场（交易所债券市场）分别建立了中央国债登记结算公司和中国证券等结算公司，统一的完全电子化的债券托管结算体系极大提高了我国债券交易、清算、结算和托管的效率。

三是股票市场创新。随着我国市场经济体制改革的深入，我国对企业产权制度和股票市场的改革也进一步深化。企业的股份制改革明晰了企业的产权关系，提高了企业的管理经营效率，是企业现代管理制度的一次重大创新。在企业股份制改革的背景下，90 年代初，我国相继成立了上海证券交易所和深圳证券交易所，集中管理全国股票交易，还针对我国企业的实际情况推出了主板、创业板、中小板、新三板和科创板等多层次的股票市场。在此基础上，对股票市场运行相关的发行、交易、退市和监管等制度不断调整优化，有效发挥了股票市场对微观企业的和宏观经济的资源配置作用。

四是衍生品市场创新。金融衍生品是金融市场发展到一定程度的产物，对于市场价格发现和风险规避具有重要作用。与此同时，衍生品也因其高风险和高杠杆的特征对于金融市场运行和金融监管提出了更高的要求。我国衍生品市场创新开始于期货市场试点。1990 年，我国在郑州成立国内首家期货交易市场试点，随着郑州粮食期货交易所试点成功，我国对于衍生品交易制度和相关配套制度认知逐渐成熟，开始进一步对期货、期权和互换等衍生品市场进行深入拓展。目前，我国已经拥有包括上海期货交易所、郑州商品交易所、大连商品交易所、上海国际能源交易中心、中国金融期货交易所和广州期货交易所在内的 6 所期货交易所，相关衍生品市场发展规模逐渐壮大。

(三) 微观金融工具创新

从微观层面看，由于我国金融市场的主要参与主体是商业银行，因而金融工具创新也主要是由商业银行金融创新所驱动。金融制度创新和金融市场创新为微观金融工具创新提供了土壤。金融机构在面对内外部环境变化时，会不断进行金融业务创新以追求自身利润最大化。例如，随着我国金融市场化程度不断加深和金融脱媒迅速发展，银行业面临的竞争程度日益加剧，传统银行业务的存贷利差日益缩小，相关金融服务业务的创新成为银行之间竞争的关键所在。此外，金融监管政策的放松对于银行的金融业务创新提供了较大便利，提高了银行金融产品创新的积极性。从金融机构面临的内部环境来讲，随着我国银行从传统管理模式向现代公司治理模式转变，银行的经营管理更加多元化和自主化，追逐利润、规避风险和躲避管制等内驱力对银行微观金融创新的驱动作用越来越大。随着金融机构面临的外部环境的变化，银行在内部管理、资源配置等方面必然朝着最有利于银行收益的方向调整，这对于相关金融业务和金融工具的创新提供了极大的内部支持。

具体来看，我国金融工具创新主要体现在银行资产负债表内和表外的多项金融工具创新上。银行的表内业务创新主要体现在传统信贷、存款和中间业务等方面。一是对传统信贷业务，银行积极拓宽和丰富了传统信贷工具，创设了多种对私和对公的信贷产品，包括个人汽车贷款、个人消费信用卡、中小企业便利贷款、农村金融、绿色金融等多样化的金融产品创新，极大满足了经济主体的多元化融资需求。二是对于传统存款业务，我国银行在存款利率受到一定管制的情况下，针对不同客户的需求提供了多种富有竞争力的新型存款产品，如大额可转让存单、通知存款、同业存款和个人养老储蓄存款等金融产品创新，银行存款业务创新有效提高了银行的同业竞争力，拓宽了银行的存款来源。三是对于传统中间业务，随着银行业竞争的不断增大，银行在中间业务上的竞争愈发激烈。各种金融产品创新层出不穷，如银行卡、电子银行等金融工具的创新极大提高了银行的服务质量，提高了银行的经营效率。银行的表外业务创新主要体现在各种非保本理财，信托受益权，银行与各种通道如信托、基金和券商的合作方面。受到利率市场化和金融机构深化改革以及对于风险行业信贷限制的宏观审慎监管政策的影响，银行的表内负债端和资产端经营承压较大，表外业务由此兴起。与国外影子银行业务主要由投资银行主导，以资产证券化等金融创新为主的形式不同，我国影子银行由商业银行主导，主要目的是规避监管以弥补商业银行在负债端融资不足和应对资产端投资收益较低等压力，因此我国银行的表外业务创新也可称之为"银行的影子"。为了解决银行负债端压力，我国影子银行依靠银行的非保本理财产品和同业负债等金融创新，吸纳了大量的非表内负债资金，这些资金的价格不受我国存款基准利率的影响，具有高风险和高收益的特征。通过这些金融创新产品募集的资金再通过银行与其他金融机构的合作，如银信合作、银基合作、银证合作等通道投向了同业理财、非标债权、委托贷款、信托贷款、网络借贷和非股权私募基金等高风险高收益领域，这在帮助银行获得高收益回报的同时，也避开了对表内信贷资产的监管制约。这类银行表外业务的创新一定程度上促进了我国金融市场化的发展，为家庭和企业提供了多样化的金融服务，但是这些创新中也存在一些监管套利、资金错配和资金空转等风险，对我国金融业稳定存在一定的隐患，这又对我国金融监管制度的创新提出了新的要求。

总之，改革开放 40 多年以来，我国金融改革不断深化，金融创新对推动我国经济高质量发展具有极大促进作用。从宏观金融制度创新来讲，我国不断推动金融市场自由化和对外开放，建立了现代中央银行制度、金融机构管理和宏观调控等多项金融制度。从中观金融市场创新来讲，我国对间接融资和直接融资市场不断进行优化改革，对银行业这一间接融资金融机构不断深化改革，加快构建了多层次资本市场和拓展企业融资渠道，提高了金融市场融资效率。从微观金融工具创新来讲，我国在金融衍生品和数字金融等微观金融产品的创新层出不穷，金融工具的创新也拓宽了经济主体的投融资渠道、提高了金融市场的广度和深度，有助于金融机构实现风险对冲，促进了金融市场的发展。

三、金融创新对利率传导渠道的微观影响机理

（一）金融创新对主要货币政策传导渠道的影响

货币政策传导渠道有数量型的银行贷款传导渠道，也有价格型的利率传导渠道等，金融创新的发展对一国货币政策主要依靠哪种类型传导渠道发挥作用产生重要影响。我国传统的货币政策注重对数量型货币政策工具的运用，中间目标主要是货币供给量，这是因为我国早期金融市场并不发

达，对于中央银行而言，货币供给量作为中间目标具有较好的可测性、可控性和相关性。但是以货币数量作为中间目标的货币政策传导效率随着我国金融创新的不断发展而逐渐降低，利率作为货币政策中间目标的重要性日益凸显。其中的主要原因有：①随着金融创新的发展，各种广义货币开始出现，金融资产的流动性越来越大，中央银行对于金融领域的货币供给监测越来越困难，货币供给量作为中间目标的可测性越来越差。②金融创新使得金融机构的资金来源更加广泛，随着金融脱媒发展，中央银行通过调控货币供给对实体经济运行施加影响的能力越来越差。③金融创新下，大量金融工具的出现会导致货币需求函数和货币乘数变得更加不稳定，货币数量与实体经济变量之间的关系日益减弱。

正是在各种金融创新不断的背景下，我国数量型货币政策工具传导的有效性逐渐下降，利率传导在我国货币政策的各种传导渠道中显得日益重要。过去几十年中，金融制度、金融市场、金融机构和金融工具都经历了巨大变化，从宏观到中观再到微观的各层次金融创新使得金融生产要素和生产关系进行了重新组合，这对货币政策运行的环境产生了根本性影响，更加市场化的金融体系使得经济主体行为决策对利率的敏感度提高，也为货币政策利率传导渠道发挥更大作用创造了条件。

值得注意的是，金融创新是一把"双刃剑"，在提高金融市场的广度和深度，提高金融市场运行效率的同时，也会产生对金融安全的不利影响，因此，金融创新对利率传导的影响也应当辩证看待。我国金融创新经历了金融市场从无到有的建立，金融机构组织结构的重大改变，以及金融产品的极大丰富等渐进性的发展过程。随着金融市场化改革的不断推进，利率管制的放开，金融市场和金融产品日益多元化，我国货币政策的利率调控和利率传导的市场化水平也逐渐提高，利率传导有效性会极大提升。但由于我国金融市场化改革仍在进行中，相关环节仍存在或强或弱的政府管制，而金融监管措施相比市场创新通常存在一定滞后，这使得我国的金融创新在规避行政管制的同时无法有效控制风险，如造成无风险利率定价的扭曲，这又可能会对货币政策的利率传导带来不利影响。因此，金融创新对于我国货币政策利率传导有效性的影响具有正反两面性，这些影响如何产生有待进一步从微观层面展开分析。

（二）金融创新对我国利率传导的微观促进效应

金融创新首先表现为以利率市场化改革、金融市场改革和商业银行市场化改革等多方面的金融体制和市场机制的创新，这些创新对于完善我国货币政策调控框架和货币政策的利率传导机制具有明显的促进作用。

首先，金融创新下我国利率市场化改革的不断深化，中央银行对于利率的市场化调控能力越来越强，使得货币政策的利率从中央银行政策利率向市场利率传导更加通畅有效。从微观机理上看，金融创新为中央银行提供了更多可供选择的新型金融工具以及更为广泛和市场化的公开市场操作空间，会极大提高中央银行政策利率向货币市场利率传导的有效性。中央银行可以在公开市场上，通过调节7天逆回购操作利率和中期借贷便利利率等，直接影响主要商业银行的资金成本和存款准备金水平，进而通过银行间市场的竞争机制和商业银行在货币市场上的套利机制，迅速传导至货币市场利率水平。在金融创新环境下，不同金融市场之间的联动机制更加市场化，货币市场利率水平的变化将对债券市场的中短期供需关系产生显著影响，通过债券市场的期限结构传导至长期利率，这样中央银行在公开市场操作后的影响也能够迅速传导至债券市场利率变动上。

其次，金融市场和金融机构的市场化改革和金融创新，使得货币政策经由利率渠道影响实体融资成本，这种影响进而提升了实体投资和消费的有效性。我国以银行为主导的金融结构使得实体经济主要通过银行进行间接融资，长期存在的利率双轨制和信贷歧视等问题使得实体经济主体对市场利率的敏感程度较低，中央银行通过政策利率影响实体经济融资成本的路径并不畅通。随着金融创新，债券市场和股票市场等直接融资市场壮大，微观经济主体的融资渠道得到极大拓展，这有效提高了企业对市场化利率水平的敏感度。金融创新下我国商业银行的市场化经营程度不断提高，随着利率逐渐并轨，中央银行利率政策通过商业银行对实体经济融资成本的影响逐渐增强，市场利率向存贷款利率的传导效率可进一步提高。从商业银行的外部环境来看，随着存贷款利率市场化改革不断推进，商业银行的存贷利差收窄，商业银行的市场化竞争程度加剧，对银行的资产和负债业务提出了更高要求，银行参与金融市场交易、追求更多利润的积极性得到提升，这使得金融市场中的利率变化对银行日常经营的影响程度逐渐提高。从商业银行的内部环境来看，更加竞争的市场环境下，商业银行提高内部治理和风险定价能力的动机和能力日益提高，内部资金转移定价系统的创新也使得利率在银行内部资金传导中更加高效，也会促使银行的贷款定价更加市场化。考虑到当前我国商业银行内部资金转移定价机制的建设仍在完善中，我国也对银行贷款市场报价利率形成机制进行了改革，使得商业银行的贷款利率能通过贷款市场报价利率与中央银行的中期借贷便利利率有效联动，这也会提高中央银行政策利率向贷款利率的传导效率。

（三）金融过度创新对我国利率传导的微观阻碍效应

我国金融创新的发展通过疏通利率传导渠道，提高了利率传导的有效性。但金融创新是一把"双刃剑"，过度创新也可能破坏金融市场的运行秩序而降低利率传导效率。我国金融过度创新主要表现为银行的影子信贷相关业务的盛行，这放大了金融体系内部的不稳定性，一定程度上导致资金在金融系统内部空转，中央银行政策利率无法有效影响实体经济的融资成本。具体表现为以下两方面。

一是金融过度创新使得商业银行某些表内信贷业务出表，给中央银行的利率调控带来了极大的挑战。传统条件下，中央银行利率调控依赖于银行间市场流动性的传递。中央银行通过影响商业银行的流动性供给和成本进而影响整个金融市场的利率水平。过度创新条件下，商业银行为了追逐利润和规避监管，积极拓展各类有较高风险的表外业务，传统的中央银行—商业银行—非银行金融机构的利率传导链被打断；银行表外业务的不断创新会降低商业银行对中央银行货币政策工具的敏感性，增加金融市场的不稳定性。例如，我国商业银行最主要的表外业务创新是表外同业业务和表外理财。表外同业业务扩大了商业银行的资金来源，使得银行同业之间的资金往来更为密切，降低了商业银行对于中央银行调控工具的敏感性，使得政策利率传导的有效性下降。表外理财的创新进一步提高了中央银行货币政策利率调控的难度。因为我国银行理财业务主要是商业银行为了逃避监管和追逐利润产生的表外业务，理财产品的迅速发展丰富了金融市场可投资工具种类。但事实上存在的刚性兑付使得本来有风险的金融产品被许多投资人当作了无风险产品，造成了对无风险利率定价的扭曲，使得中央银行通过公开市场操作将政策利率向市场利率传导的难度提高。

二是金融过度创新条件下，金融产品层层嵌套，金融交易层层加杠杆，金融机构的期限错配程度加大，这使得利率传导的链条不断拉长，以致市场利率难以反映资金的真实供求关系和风险水平，导致市场利率向实体经济融资成本传导效率下降。当金融市场良性发展时，中央银行的政策利率通过金融市场的定价机制，能够高效向市场利率和实体经济融资利率传导，实现资源的有效配置。一旦金融过度创新导致金融市场的资源配置功能出现市场失灵时，货币政策的利率传导效率将大打折扣。这是因为资金在金融体系空转获利，使得利率在不同金融机构、不同市场之间的传递链条变得复杂。资金在金融体系内部每空转一层就会增加一层的杠杆风险，资金价格水平也由此增加一层，这使得实体经济的融资变得更加困难，融资成本不断提高。此时市场利率对资源的配置出现扭曲，阻碍了中央银行政策利率向中长期利率的有效传导，而后者恰好反映了实体经济融资成本，也是判断货币政策利率传导渠道是否有效最重要的一环。

第五节　利率传导渠道有效性的评估体系

在理解了货币政策利率传导渠道的理论基础、现实前提以及我国利率体系的发展历程与典型特征后，我们分析了利率传导渠道中的微观主体行为，尤其是围绕商业银行表内外业务的各种金融创新对利率传导的影响机理后，本小节就如何系统评估利率传导渠道的有效性进行论述，这也是为后续实证章节的展开奠定基础。

一、基本概念与评估标准

（一）货币政策有效性的基本概念

在评价利率传导渠道有效性之前，先对货币政策有效性的核心概念进行澄清。货币政策有效性是指中央银行通过现有的货币政策调控手段作用于各种货币政策中间目标，并最终影响宏观经济等最终目标的效率。就货币政策的传导效率而言，至少有三种不同维度上的测度：一是时间上的测度，即货币政策操作向中间目标和最终目标传导在时间上的快慢，货币政策调控对中间目标和最终目标产生实际影响所用的时间越短，则认为货币政策传导在时间维度上越有效；二是空间上的测度，即货币政策操作向中间目标和最终目标传导在程度上的大小，同一货币政策操作对中间目标和最终目标产生的实际影响越大（或者说中间目标和最终目标对于既定的货币政策操作越敏感），则认为货币政策传导在空间维度上越有效；三是社会福利上的测度，即货币政策操作向中间目标和最终目标传导过程中可能损失多少社会福利，作为货币政策调控的外溢效应，一般我们认为货币政策操作向中间目标和最终目标传导过程中引起其他宏观经济变量的波动（以变量的标准差或方差测度）越小，则货币政策传导越有效。货币政策有效性评估，也可相应分为以下三个层级。

第一个层级是检验货币政策在多大程度上是"非中性"的。"货币中性"是指货币供给量的变化对于宏观经济的真实产出和资源再分配不产生任何影响，货币政策调控的结果仅仅反映在商品价格水平的变动上，且所有商品的相对价格保持不变。"货币中性"意味着货币政策调控完全失效，因为它仅导致物价水平同比例变动，却不会改变任何宏观经济的实际变量。因此，"货币非中性"是货币政策有效性研究的基本前提，也是货币政策有效性评估中要考察的重要对象。虽然各学派在早期围绕货币政策是否"中性"展开过激烈的讨论，但随着实证证据的逐渐积累，目前学界已基本达成了"货币非中性（短期）"的一致意见。这是由于"货币中性"在现实经济中成立的条件极为苛刻，它要求工资水平与商品价格完全弹性且成比例变动、预期完全无弹性、不存在财富再分配效应和金融资产完全同质等条件同时成立。而现实中，价格往往是具有"粘性"的，即厂商并不会随时对货币量或通货膨胀水平做出价格调整的行动，从而使得货币量的变化能带来短期真实购买力的变化，使得货币政策对真实经济产生影响。目前，"货币非中性"已经成为货币政策有效性研究的一项公认的基本前提，但有效程度以及发挥作用的快慢，仍是各界关心的议题。

第二个层级是不同货币政策传导机制有效性的横向对比，即检验货币政策的某种传导渠道在多大程度上是有效的以及哪种传导渠道更加有效。由于现实经济运行中的货币政策传导机制极为复杂，特别是在开放经济和金融创新的背景之下，对于各项货币政策传导机制有效性的准确评估和横向对比就显得十分重要。货币政策传导机制可以按照中间目标的不同大致划分为"价格型"和"数量型"两类。其中，利率传导渠道、汇率传导渠道和资产价格传导渠道属于"价格型"货币政策传导渠道，它们以利率水平、汇率水平和重要资产价格水平等"价格型"的金融变量作为货币政策中间目标；信贷传导渠道和资产负债表传导渠道则属于"数量型"货币政策传导渠道，它们以货币供给量和社会融资规模等"数量型"的金融变量作为货币政策中间目标。2008 年金融危机后，博里奥和朱（Borio & Zhu, 2008）提出了风险承担渠道，强调了货币政策经由影响经济主体风险态度或风险感知水平进而影响真实经济的机制。虽然现实中各种传导机制相互交织，同时发挥作用并相互产生影响，但是在不同经济发展阶段、不同经济制度安排和不同金融市场结构下，不同货币政策传导机制的有效性可能存在显著差异。因此，对既定市场环境和特定时期下的不同货币政策传导机制进行有效性评估，能够帮助货币当局更好地了解当下货币政策的主要传导机制以及各项传导机制的有效性差异，从而更好地选择货币政策工具和中间目标，完善货币政策框架，制定和实施更加精准、高效的货币政策。

第三个层级是检验货币政策调控的社会福利影响，以及采用何种货币政策框架是最优的。如前所述，宏观经济运行中各个变量之间、各个市场之间以及各个经济主体之间的相互作用错综复杂，货币政策调控必然牵一发而动全身。虽然货币当局在制定货币政策时有明确的调控目标，但由于宏观经济运行的复杂性，货币政策调控可能产生一定程度上的外溢效应，从而引起预期外的宏观经济波动，损害社会福利水平。与此同时，在既定的经济环境下，依据不同货币政策规则和目标体系，采用不同货币政策工具进行货币政策调控，给宏观经济带来的预期外的冲击不尽相同。因此，对不同货币政策规则和目标体系下、基于不同操作工具的货币政策调控的宏观经济影响，进行全面的考察和评估是十分必要的。这能够帮助货币当局更好地了解不同货币政策调控下的宏观经济和社会福利影响，进而不断调整优化货币政策框架，从而将货币政策调控的负外部性降到最低。因此，在该层级下，货币政策有效性研究通常选择将产出缺口平方和通货膨胀缺口平方和作为社会福利损失的目标函数，通过量化模型刻画经济动态方程，并考察不同货币政策规则下，社会福利损失如何最小化以评估最优货币政策规则。但该方法在 2008 年金融危机后也受到一定质疑，重要的批评之一就是即使货币政策已经最小化宏观经济波动，即产出缺口和通货膨胀缺口为零，但货币政策仍有可能通过风险承担渠道使经济体的宏观杠杆率过高，使得系统性金融风险提升。使用宏观审慎政策配合货币政策以保证社会福利最大化的思想也由此而来。

综上所述，货币政策有效性的概念具有丰富的内涵与外延，要想对货币政策调控的有效性进行系统、全面的评估，就必须从不同维度和不同层级对货币政策调控的传导过程及传导结果进行多方面的考察。这种传导效率可以从传导的时间、传导的程度和传导的外部性三个维度进行评估。与此同时，货币政策传导有效性的研究视角可以划分为三个层级：第一个层级是检验货币政策是否"非中性",这是货币政策调控的基本前提;第二个层级是不同货币政策传导机制有效性的评估与横向对比;第三个层级是考察不同传导机制下货币政策调控的外部性,也即货币政策调控需要多大程度的社会福利水平损失作为代价。在当下国内货币政策框架持续优化转型和利率市场化改革不断深化的经济背景下,建立完善的利率传导渠道有效性评估体系具有重要意义。

(二)利率传导渠道有效性的评估标准

利率传导渠道有效性是指货币政策通过作用于利率中间目标(市场利率体系),并最终传导至宏观经济预定目标(实际产出等)的效率。

通常情况下,利率会经由"中央银行与商业银行、商业银行之间、商业银行与居民和企业之间"三个层级进行传导。其中,第一、二个层级的利率传导主要发生在决定短期利率的货币市场或同业市场中,是利率传导的第一个环节,即中央银行实现从政策利率到市场基准利率(短期利率)的传导;第三个层级的利率传导主要发生在决定中长期利率的贷款市场和债券市场中,是利率传导的第二个环节,即从市场基准利率到实体融资利率,再到实体经济的传导。货币政策利率传导渠道有效性同其他货币政策传导渠道有效性概念一致的地方在于要让中央银行的利率调控工具实现"非中性",即中央银行的利率调控政策是否能从其可以很好控制的短期利率畅通地传导到最终能够对企业和个人经济行为决策产生较大影响的长期利率上,进而实现对通货膨胀、总需求和实体经济的调控目标。这是衡量利率传导机制是否有效的重要标准。

中央银行是利率调控的主体,也是货币市场的最大参与主体。21 世纪以来,随着金融深化的不断发展,我国多层次的金融市场发展规模和深度得到大幅度提高,金融机构的商业化改革和竞争的加剧也让商业银行的利率定价具有更加市场化的内生动力,利率传导渠道对于我国货币政策调控的重要性不断提升,这也是我国货币政策逐渐从数量型调控转向价格型调控的现实基础之一。未来随着金融市场化改革的持续深化、金融市场不断发展完善,利率传导渠道在国内货币政策调控的过程将发挥更加重要的作用,建立完善的利率传导渠道有效性评估体系的重要意义也日益彰显。

二、利率传导渠道有效性的影响因素

就当前国内的情况来看,影响利率传导渠道有效性的主要因素包括四个方面：消费和投资的利率敏感性、利率市场化程度、金融市场结构和竞争程度以及人民币汇率弹性。

（一）消费和投资的利率敏感性

居民和企业的消费投资决策对其融资成本（主要是长期真实利率）做出反应，是货币政策利率传导渠道发挥作用的最根本前提。因此，消费和投资对利率的敏感性就成为一国利率传导渠道效用的重要因素。目前我国的居民和企业的消费和投资对实际基准利率的弹性，相较于成熟经济体还比较低。这主要受一些制度和市场发展水平的制约。企业方面，特殊的经济体制决定了国有企业在我国市场经济体系中占有主导地位，国有企业特殊的治理结构和经营目的导致其长期存在预算约束软化等问题，进而导致其对于利率水平的变化和货币政策所释放的信号并不敏感。居民方面，国内的存款利率管制刚放开不久，加之较高的预防性储蓄需求，可替代性金融资产供给不足，使得居民消费和储蓄行为对于利率水平的敏感度还有待提高，这也表明我国货币政策利率传导渠道有效性提升的空间还较大。

（二）利率市场化程度

利率传导渠道有效的另一个重要前提是经济中的利率决定机制要足够市场化，能反映资金的供需关系，如此才能使得资源得到更有效的配置，货币政策才能更有效地调控经济。

经过几十年渐进性改革的推进，我国的利率市场化进程取得了长足的进步，如从无到有建立了货币市场、债券市场。但利率市场化还未彻底完成，如债券市场之间还存在分割（如银行间市场和交易所市场）。这些都是导致利率的期限结构和风险结构无法充分发挥作用，使得短期利率到长期利率的传导、无风险利率到有风险利率的传导仍存在一些阻碍因素，这种传导的不畅在相当程度上降低了利率传导渠道的有效性。一方面，从金融机构在利率市场化中扮演的角色来看，也还有进一步提升的空间。由于我国的货币市场和资本市场尚不够发达，社会融资体系主要由商业银行主导，中小企业除了银行信贷外，可替代融资渠道极为有限，因此银行存贷款利率的决定并不完全反映市场供需关系，存在较大粘性。这会使得中央银行的政策意图通过利率渠道有效传导至实体经济资金成本的难度加大。另一方面，商业银行在面临利率或信贷投向管制的同时，会透过表内外业务的金融创新以期获得更多利润，这种监管套利的行为，如存在隐性刚性兑付的理财产品对无风险利率的定价就造成了一定程度的扭曲；其次，表外创新业务也可能使得银行表内存贷款定价受到影响。当然，近年来，随着我国利率市场化改革的深入推进、对银行表外业务等金融创新监管制度的不断完善，在可预期的未来，货币政策利率传导渠道的有效性将会得到进一步提升。

（三）金融市场结构和竞争程度

现有研究表明，商业银行规模和商业银行集中度与利率传导渠道的有效性显著负相关，这一点在我国尤其重要。因为我国的金融市场结构表现出高度依赖银行间接融资体系，而商业银行竞争程度不足，进一步对利率传导渠道的有效性产生重要影响。如前所述，商业银行在我国社会融资体系中占绝对主导的地位，且商业银行业的市场化程度和竞争程度较低。这导致的第一个问题就是银行信贷可替代性金融供给极其稀缺，银行信贷供给供不应求，信贷配给问题长期存在，货币政策通过利率传导渠道，从正规金融体系对实体经济资金成本产生的影响就会相对有限。第二个问题在于商业银行市场化程度不足，缺乏行业竞争，即使中央银行下调政策利率并增加货币供给量，拥有垄断优势的商业银行也并不会随着政策利率下调贷款利率，进而导致利率传导渠道受阻。第三个问题则是债券市场不发达，尚未建立完善的债券收益率期限结构，跨期套利机制难以有效发挥作用，这就使得货币市场利率和债券市场短期利率向债券市场长期利率的传导存在阻滞。

（四）人民币汇率弹性

随着我国的人民币汇率制度改革不断深化，汇率弹性逐渐增大，利率传导渠道的有效性明显增强。改革开放以来，中国快速全面融入全球化经济贸易体系，并逐步放开资本管制。1996 年 12 月，我国实现经常账户可自由兑换。2002 年以来，我国通过简化外商直接投资项目的审批手续、简化外商投资项下资本金结汇管理、取消外商对部分开放行业的境内企业的并购限制，以及允许外资对国内上市公司进行战略投资等方式，逐步推进资本账户开放。根据开放经济条件下的三元悖论，资本管制的逐步放松必然要求货币当局在货币政策独立性与固定汇率之间权衡取舍。当人民币汇率缺乏弹性时，为维持汇率在较小区间内的稳定，中央银行可能被动地调控货币供给量，从而在一定程度上抵消政策利率对市场利率的传导。而当人民币汇率具有较好弹性时，则能够通过汇率的调整来冲销宏观经济所面临的外生冲击影响，中央银行货币政策实施具有更好的独立性，不再为了维持固定汇率而被动调整货币政策，进而保证政策利率变化能够更加有效地向市场利率传导。

三、利率传导渠道有效性的评估方法

现有文献针对利率传导渠道有效性的实证研究较为丰富，所使用的评估方法主要包括三大类型：多元线性回归模型、向量自回归模型（vector auto-regressive model，VAR）、动态随机一般均衡模型（dynamic stochastic general equilibrium model，DSGE）。三种方法具有各自的优缺点，在使用时应当根据所考察的具体问题和样本数据进行选择。

（一）多元线性回归模型

第一种方法是多元线性回归模型，它是较为传统的货币政策传导有效性的评估方法。其核心思想是，以对数化处理后的宏观经济学模型为基础，以国内生产总值、通货膨胀率、失业率等货币政策最终目标所关注的宏观经济变量作为被解释变量，以货币供给量、利率水平、汇率水平、资产价格水平等货币政策中间目标作为解释变量，同时加入金融结构、利率市场程度、汇率弹性等经济环境变量作为控制变量，最后对对数化模型进行回归估计，并将解释变量的回归系数估计值作为对于各种货币政策传导机制有效性的估计。

多元线性回归模型的一般范式如下式（2.1）所示：

$$\ln Y_t = \alpha + \sum_i \beta_i \ln X_{i,t} + \sum_j \gamma_j \ln Z_{j,t} + \sum_k \delta_k Y_{t-k} + \varepsilon_t \quad (2.1)$$

其中，Y_t 表示作为货币政策调控最终目标的某个宏观经济变量的时间序列向量，$X_{i,t}$ 表示作为货币政策调控中间目标的某几个金融变量的时间序列向量，$Z_{j,t}$ 表示控制变量的时间序列向量，Y_{t-k} 表示被解释变量 Y_t 的 k 阶滞后项，ε_t 表示随机扰动项，ln 表示取自然对数，α 表示 $\ln Y_t$ 中不随解释变量或控制变量变化的常数项部分，β_i 则表示某个货币政策中间目标向最终目标传导的效率（即 $X_{i,t}$ 每变化一个百分比，Y_t 的边际百分比变化，在回归系数正负号与经济学理论一致的条件下，该回归系数绝对值越大则意味着该货币政策传导渠道的有效性更高），γ_j 表示控制变量的边际百分比影响，δ_k 表示被解释变量 Y_t 的跨期自相关影响。

值得注意的是，多元线性回归模型存在两方面较为突出的局限性：一是该方法无法有效识别和区分货币政策调控中的外生性部分和内生性部分，当货币政策调控的内生性较强时，货币政策调控将更多地用于熨平宏

观经济周期波动，从而导致作为解释变量的货币政策中间目标与回归残差项存在较强相关性，此时回归估计的准确性将大幅降低。二是该方法无法将名义产出变化分解为实际产出变化和价格水平变化，根据前文关于"货币中性"的介绍，我们可以知道，现代货币政策调控以"货币非中性"为基本前提，即货币政策调控能够最终影响宏观经济实际产出。因此，货币当局通常更加关注货币政策通过各种传导渠道最终影响实际产出的能力，而非对于名义产出传导的有效性。

（二）向量自回归模型

第二种方法是 VAR 模型，它不再以侧重经济学解释的经济学理论模型作为基础，而是构建出一种更加关注经济事实的计量模型。该方法的核心思想是，按照货币政策操作目标——货币政策中间目标——货币政策最终目标的结构构建 VAR，并通过格兰杰因果检验、脉冲响应分析和方差分解分析等手段，考察货币政策调控对于货币政策中间目标变量和宏观经济最终目标变量的影响方向和影响程度。

以结构向量自回归（SVAR）模型为例，其计量模型的基本范式如模型（2.2）所示：

$$\begin{pmatrix} Y_t \\ X_t \end{pmatrix} = \begin{pmatrix} \alpha_1 & \alpha_2 \cdots & \alpha_{p+q} \\ \beta_1 & \beta_2 \cdots & \beta_{p+q} \end{pmatrix} \times \begin{pmatrix} Y_{t-1} \\ Y_{t-2} \\ \cdots \\ Y_{t-p} \\ X_{t-1} \\ X_{t-2} \\ \cdots \\ X_{t-q} \end{pmatrix} + \begin{pmatrix} u_t \\ v_t \end{pmatrix} \tag{2.2}$$

其中，Y_t 表示作为货币政策最终目标的某一宏观经济变量，Y_{t-p} 则表示其 p 阶滞后项，X_t 表示作为货币政策中间目标的某一金融变量，X_{t-q} 表示其 q 阶滞后项，α_{p+q} 和 β_{p+q} 分别表示 Y_{t-p} 和 X_{t-q} 的回归系数，u_t 和 v_t 表示随机扰动项。α_{p+q} 和 β_{p+q} 所构成的回归系数矩阵则表示了货币政策中间目标和最终目标之间的相互影响，以及二者各自的自相关影响，反映了我们所需要的关于货币政策传导有效性的信息。

VAR 模型方法能够较好地克服多元线性回归模型中所存在的问题，特别是能够较好地克服货币政策调控的内生性识别问题。然而，该方法也同样存在几方面的局限性：一是在 VAR 模型中采用对称的变量滞后阶数（即提前设定 $p=q$）可能导致某些估计问题，从而增大 VAR 模型的估计误差；二是 VAR 模型构建时所能够容纳的经济变量有限，因而包含的经济信息量可能远远小于货币当局所关注和需要的信息量，所以学术研究中所构建的 VAR 模型通常和现实经济运行相比存在一定程度上的模型设定误差；三是基于 VAR 模型的脉冲响应分析等方法无法对 VAR 模型尚未包含的经济变量进行考察，然而这些经济变量实际上可能对估计结果产生重大影响，进而导致"价格之谜"和"产出之谜"等问题。

（三）动态随机一般均衡模型

第三种方法是 DSGE 模型，该方法通过模拟消费者、生产者和金融机构等宏观经济部门的动态决策过程建立模型，并在给定的模型参数下，模拟宏观经济内生变量对货币政策调控的脉冲响应。其核心思想是货币政策的优化，对于宏观经济运行的刻画能力也明显强于前两种方法。以下列简单模型为例：

$$\min E_t [\lambda (y_y - y_t^*)^2 + (1 - \lambda)(\pi_y - \pi_t^*)^2] \qquad (2.3)$$

$$s. \ t. \begin{cases} y_y - y_t^* = -\alpha(\pi_y - \pi_t^*) - \beta(r_t - d_t) \\ \pi_y - \pi_t^* = \gamma(y_y - y_t^*) - s_t \end{cases} \qquad (2.4)$$

模型（2.3）为目标函数，其中 min 表示求最小化，$E_t(.)$ 表示求期望，$(y_y - y_t^*)$ 表示产出缺口（即实际产出减潜在产出），$(\pi_y - \pi_t^*)$ 表示通货膨胀率偏差（即实际通货膨胀率减期望通货膨胀率），模型（2.4）为经济运行约束，其中 r_t 表示利率水平，d_t 和 s_t 分别表示需求冲击和供给冲击，λ 表示社会对于产出波动和通货膨胀率波动的相对偏好，β 则表示利率水平向实际产出传导的有效性。通过求解上述最优化问题，则能够在既定的货币政策传导有效性下，讨论货币政策调控给宏观经济运行带来的冲击。

DSGE 模型较好地兼具了多元线性回归模型和 VAR 模型的优点，更多地纳入了金融因素，并且在使用过程中体现出较好的灵活性。当使用 DSGE 模型研究货币政策优化问题（如货币政策工具的选择问题）时，通常以 IS-LM 模型或者 AD-AS 模型作为基础，通过建立产出波动最小化的目标函数以及引入随机冲击等方式进行拓展。当使用 DSGE 模型研究货币政策中间目标和货币政策有效性问题时，往往将目标函数设置为社会福利损失最小化，并使用总供给函数和总需求函数等设定约束条件，特别是在开放经济条件下，还可以通过引入抛补利率平价方程等条件进行拓展。

四、中国利率传导渠道有效性文献综述

当前，关于我国货币政策利率传导渠道有效性的研究虽起步较晚，但已有一定积累。我们从消费投资的利率敏感性、利率市场化程度、金融市场结构和人民币汇率弹性四个研究视角进行归纳评述。

（一）消费和投资的利率敏感性

消费投资的利率敏感性方面，高山等（2011）利用 2002—2010 年月度数据，建立 VAR 模型，考察我国货币政策利率传导渠道的运作机制和传导效果，结果发现，我国货币政策利率传导渠道的有效性较低，认为这可能与国有企业预算约束软化、居民部门储蓄率高、金融机构市场化程度较低且利润来源单一等因素相关；黄正新和舒芳（2012）同样使用 VAR 模型和 VEC 模型对中国货币政策实际基准利率传导机制进行了实证研究，结果发现货币政策利率传导机制有效性低且存在 3 到 5 个季度时滞效应，投资和消费对利率的弹性低，指出国内适应市场经济运行的货币政策利率传导机制尚未真正形成，现行利率传导机制效应并不显著。

（二）利率市场化程度

利率市场化程度方面，芬克等（Funke, et al., 2015）基于 DSGE 模型考察了利率市场化改革背景下，影子银行体系发展对我国货币政策传导有效性的影响，研究指出，利率管制诱发了影子银行体系的繁荣并削弱了货币政策传导的有效性，利率市场化改革则有利于提升信贷供给和投资需求之间的相关性；战明华和李欢（2018）使用基于 SVAR 模型的脉冲偏导分离技术，从利率市场化和影子银行两个维度测算了金融市场化进程对货币政策不同传导渠道相对地位的影响，发现以信贷渠道为代表的数量型传导机制的有效性要强于以利率渠道和汇率渠道为代表的价格型传导机制，利率市场化改革的深化强化了利率传导机制的有效性，同时也降低了数量型传导机制的有效性；同时，影子银行的发展强化了资产价格渠道的有效性，但相对弱化了信贷渠道和利率渠道的有效性。

（三）金融市场结构

金融市场结构方面，冯科和何理（2011）使用商业银行微观数据进行了实证研究，发现商业银行频繁的上市融资行为导致了信贷过度扩张，削弱了货币政策传导有效性；尹雷（2013）采用 1993—2011 年的数据考察

了中国金融结构对货币政策传导渠道的影响，结果显示，我国的金融结构显著弱化了信贷传导渠道、信用传导渠道和汇率传导渠道的有效性，但对利率传导渠道和资产价格传导渠道有效性的影响并不显著；董华平和干杏娣（2015）的研究指出，竞争性的银行业结构有利于改善货币政策银行贷款渠道的传导效率；刘增印和徐晓伟（2015）同样认为，对于中国以银行业为导向的金融市场而言，银行业的市场竞争程度对货币政策的传导效果产生了重要的影响。

（四）人民币汇率弹性

人民币汇率弹性方面，杨柳和黄婷（2015）建立 S-FA-VAR 模型，考察了汇改前后不同汇率制度弹性下我国货币政策的有效性和独立性问题，结果发现，汇率改革后货币政策有效性显著增强，特别是汇率改革以后利率管制放宽和利率—汇率联动作用的发挥，使得价格型政策的有效性提升更显著。吴晓芳等（2017）也使用 VAR 模型研究了 2005 年人民币汇率制度改革对货币政策调控宏观经济效果的影响，结果表明中国的货币政策在人民币汇率制度改革后变得更为有效，一是经济过热时上调利率水平不仅能抑制通货膨胀率，对通货膨胀率抑制的贡献率还明显提高；二是通过利率能够有效调控和管理人民币实际有效汇率，表现在能使其向有利于实现货币政策目标的方向变动；三是利率虽然一定程度上能够调节产出，但作用空间仍然较小。胡小文（2017）构建新凯恩斯小型开放 DSGE 模型，考察了资本管制程度不同时，汇率制度改革如何影响我国数量型货币政策，以及价格型货币政策的有效性及独立性，发现汇率制度改革同时增加了两种货币政策传导渠道的有效性，并且协调推进汇率市场化和资本账户开放有助于进一步提升国内货币政策的有效性。

总的来说，现有研究发现：在过去几十年中，我国货币政策的银行信贷传导渠道占据主导作用，利率传导渠道开始发挥作用，但有效性仍然不足，这是由于经济主体对利率的敏感性还不够高，或是利率市场化程度、金融机构的竞争程度还不够高；同时，更有弹性的汇率体制也可以促进我国利率传导渠道作用的发挥。现有研究大多还集中在对利率传导渠道发挥作用的前提条件、制度因素的影响分析上，较少涉及政策利率对市场化基准利率的传导是否有效。我们认为，针对我国当前的金融经济发展背景，有必要针对我国特色的"多目标、多工具"的货币政策调控方式下，从金融市场、金融机构、再到企业层面，从微观金融产品的收益率、微观机构的贷款定价、微观企业的综合融资成本上，评估我国货币政策利率传导渠道的有效性，也更有利于揭示传导有效性受阻的微观机理，找到提升利率传导有效性的对策。

第六节　本章小结

本章探讨了我国货币政策利率传导渠道的微观作用机理以及利率传导渠道有效性的评估体系。利率传导渠道能发挥作用的理论基础涉及中央银行利率操作理论，流动性效应和预期理论，以及利率的期限结构和风险结构理论。利率传导渠道有效的现实前提是金融市场化。金融市场化是让市场机制在金融资源的配置中起决定性作用。利率市场化是金融市场化改革的重中之重，但除此之外，金融机构的商业化运营尤其对风险的定价能力、金融市场发展的广度和深度是让利率传导渠道真正有效的重要土壤。

针对我国货币政策调控中存在的多目标和多工具特点，本章分析了具有中国特色的利率传导体系。这主要体现在传导过程中涉及的经济主体——商业银行在我国利率传导渠道中所发挥的核心作用。利率会经由"中央银行与商业银行、商业银行之间、商业银行与居民和企业之间"三个层级进行传导。这又可以分为两个环节，第一个环节是从政策利率向货币市场基准利率的传导，主要体现在"中央银行与商业银行、商业银行之间"这两个层级。这一环节主要发生在决定短期利率水平的货币市场或同业市场中；第二个环节是从短期市场利率向中长期利率（债券利率和信贷利率）的传导，进而影响企业投资。这主要体现在"商业银行与居民和企业之间"这一层级，传导环节涉及货币市场、债券市场和信贷市场等多个金融市场。

货币政策利率传导渠道的有效性在于要让中央银行的利率调控工具实现"非中性"，即中央银行的货币政策意图是否经由目标政策利率，从短期市场利率畅通传导到最终能够对企业和个人经济行为决策产生较大影响的长期利率上，进而实现对通货膨胀、总需求和实体经济的调控目标。这是衡量利率传导机制是否有效的根本标准。现有研究发现我国货币政策的银行信贷传导渠道占据主导作用，利率传导渠道开始发挥作用。中国人民银行目前已经形成了从中央银行政策利率到市场基准利率再到市场利率的较为完善的利率调控框架，但有效性仍然不足。这是由于经济主体对利率的敏感性还不够高，或是利率市场化程度、金融机构的竞争程度还不够高；同时，更有弹性的汇率体制也可以促进我国利率传导渠道作用的发挥。虽然现有研究对利率传导渠道发挥作用的前提条件和制度因素进行了分析，但还较少涉及政策利率对市场化基准利率，尤其是对企业融资成本，进而对企业投资的传导是否有效。本书余下部分将分别从金融市场、金融机构和企业三个维度对利率传导渠道有效性展开系统分析。

第三章　利率传导渠道有效性：
来自金融市场的证据

　　货币政策利率传导渠道有效性评估的三个层级都涉及金融市场，其中第一、二层级的利率传导主要发生在货币市场和同业市场中，第三个层级的利率传导一部分发生在资本市场，一部分发生在贷款市场。本章首先从金融市场的角度，考察我国利率传导渠道的有效性。国外对货币政策利率传导渠道有效性的研究集中在某个政策利率，如美联储的联邦基金利率的变化能否有效传导到金融市场的短期利率甚至长期利率上。考虑到我国中央银行的多目标多工具特色，如何将多种货币政策工具下的政策意图或政策冲击刻画出来，再考察其对金融市场的影响，是本章关注的重点。

第一节　货币政策工具影响金融市场利率的机制

一、货币政策工具影响金融市场利率的理论机制

　　货币政策工具是中央银行能够运用以实现货币政策中间目标和最终目标的手段。我国中央银行的货币政策工具按照功能目的，可以划分为一般性货币政策工具和选择性货币政策工具。其中一般性货币政策工具主要是对整个宏观经济总量进行调节的政策性工具，包括常见的法定存款准备金政策、再贷款再贴现和公开市场操作，以及近些年来随着货币政策调控方式转型新设的各种流动性便利工具和利率政策等。选择性货币政策工具主要是针对特殊部门、行业而采取的政策性工具，包括常见的窗口指导、信贷政策和近些年来为了支持经济高质量转型所创设的各种结构性货币政策工具。虽然中央银行能够运用的货币政策工具种类丰富多样，但是从根本

上而言这些工具对金融市场利率的影响也是传统货币政策传导机制中的一环。

按照货币政策"政策工具—操作目标—中间目标—最终目标"的路径，货币政策工具对金融市场利率的影响可以分为内部传导和外部传导。内部传导是指中央银行货币政策工具对操作目标和中间目标的影响，具体来讲是中央银行通过政策工具对市场化基准利率的影响；而外部传导是指中间目标对最终目标的传导，具体来讲是基准市场利率对于中长期金融市场利率的影响。货币政策工具对金融市场利率的影响经历了货币政策的两大传导路径，相关的理论机制在第二章中已有说明。本小节主要结合相关实证内容，聚焦于我国具体的货币政策工具操作对金融市场利率的影响机制。

（一）货币政策内部传导

货币政策工具对市场化基准利率的影响机制主要是流动性效应和预期效应。流动性效应基于凯恩斯流动性偏好理论，认为货币供给量和市场利率之间存在负相关关系，因此中央银行可以通过调控流动性影响市场基准利率，传统的中央银行货币政策"三大法宝"——法定存款准备金率、再贷款再贴现以及公开市场操作，对金融市场利率的影响大多基于流动性效应。但是，凯恩斯主义下相机决策的时间不一致性导致货币政策有效性下降，并且1970年理性预期革命以来，市场对中央银行货币政策的预期重要性逐渐增加，货币政策的流动性效应机制逐渐减弱，而预期效应机制逐渐增强。预期效应是指中央银行通过加强公众沟通和增加货币政策透明度来有效引导市场预期，以实现货币政策操作事半功倍的效果。预期效应的发挥依赖于中央银行货币政策操作较高的可靠性和独立性，中央银行披露相关货币政策的决策机制并且坚决执行货币政策操作目标，能够通过较低的流动性干预实现货币政策的最终目标。因此，随着货币政策透明度的提高，货币政策的流动性效应可能逐渐降低，而预期效应作用逐渐增强。一般来讲利率走廊机制、中央银行沟通等货币政策工具对金融市场的影响大多基于预期效应。

（二）货币政策外部传导

市场化基准利率对各类型金融市场利率的影响机制主要基于利率期限结构。中央银行货币政策工具一般来讲是调控利率期限结构中的短期利率，而在短期利率向中长期利率的传导中，市场预期和风险溢价发挥了重要作用。从微观层面来讲，金融机构的资产负债配置行为是利率期限结构发挥作用的微观基础，这也是货币政策工具向金融市场利率传导的微观基础。

二、数量型货币政策工具对金融市场利率的影响机制

数量型货币政策工具是我国中央银行使用最频繁的政策性工具，一般包括法定存款准备金政策、再贷款再贴现和公开市场操作。一般来说，数量型货币政策工具主要从流动性渠道影响金融市场，中央银行通过数量型货币政策工具向市场投放或回笼基础货币，市场流动性随之改变，并进一步通过投资者风险资产配置对金融市场利率产生影响。虽然这三种数量型货币政策工具对于金融市场的影响主要是通过流动性效应发挥作用，但是由于中央银行对不同政策工具操作频率和运用幅度均存在差异，因此，不同的数量型货币政策对金融市场利率的影响机制也存在一定差异。

（一）法定存款准备金政策

法定存款准备金率是中央银行规定的商业银行和存款金融机构必须缴存中央银行的法定准备金占其存款总额的比率，而存款准备金超出法定存款准备金的部分则为超额存款准备金。这是商业银行的一笔重要资产，对商业银行的流动性具有重要影响。因此，中央银行可以通过对法定存款准备金率的调整影响金融市场的流动性，进而影响金融市场利率。法定存款准备金率作为重要的货币政策工具，其对金融市场的影响机制有两方面。一方面是中央银行通过改变法定存款准备金率直接对银行间市场的流动性产生影响，这一影响通过流动性效应机制会进一步对货币市场利率产生影响，进而引导金融市场利率变化。另一方面是法定存款准备金率的改变会通过改变货币乘数影响银行的信用创造能力，因此会直接对信贷市场流动性和利率产生影响。

具体来讲，当商业银行下调法定存款准备金率或超额准备金率时，商业银行能够用于金融市场资产购买的资金增加，这将使得他们增持货币市场金融资产以及中长期债券以追求更高收益。金融机构资产配置需求的增加又将导致货币市场金融资产和债券价格上涨，进而推动货币市场利率水平和债券市场收益率下降。此外，法定存款准备金率下降会使货币乘数增加，银行信用创造货币增加，可用于投放的信贷供给增加，信贷市场利率下降。

（二）再贷款、再贴现

再贷款和再贴现是中央银行向金融机构注入流动性的重要手段之一。再贴现是中央银行对金融机构持有的未到期已贴现商业汇票予以贴现的行为。再贷款是中央银行对金融机构的贷款。由于我国票据市场发展一直不尽如人意，中央银行使用再贴现向市场投放流动性的频率较低，反而是再贷款成为了中央银行流动性投放和经济结构调整的重要货币政策工具，因此这里主要讨论再贷款货币政策工具。中央银行通过调整再贷款数量和再贷款利率对信贷总量和结构进行调整，再贷款对金融市场影响的具体机制也有两方面。一方面是流动性效应，即中央银行通过调整再贷款利率和规模，影响商业银行能够从中央银行获得的信贷成本和规模，进而影响货币市场流动性和利率。另一方面是预期效应，即中央银行通过公告再贷款政策的具体数量、价格以及申请要求，向商业银行和金融市场传递中央银行当前的货币政策信号。这能够对市场形成一定的预期引导，进而影响金融市场的流动性和利率变化。

当中央银行下调再贷款利率或者再贴现利率时，资金流动性匮乏的金融机构向中央银行进行融资的资金成本降低，这将增加其向中央银行进行融资的需求和规模，从而快速降低其资金流动性缺口。此时，由于金融机构的资金流动性需求能够更多地通过向中央银行进行再贷款或再贴现而得到满足，他们在同业拆借市场和货币市场上的资金需求将会降低，从而推动货币市场利率水平下降。反之同理，当中央银行上调再贷款利率或者再贴现利率时，资金流动性匮乏的金融结构向中央银行进行融资的资金成本升高，这将导致其向中央银行进行融资的需求下降而在同业拆借市场和货币市场上的融资需求上升，进而推动货币市场利率水平上升。

2008 年金融危机发生后，为了顺应中国的经济结构转型，中央银行在再贷款再贴现的基础上创新设置了各种借贷便利工具，如短期流动性调节工具、常备借贷便利、抵押补充贷款和中期借贷便利，这些工具逐渐取代了再贷款成为中央银行投放流动性的重要货币政策工具，而再贷款工具则更多发挥中央银行"最后贷款人"的功能。与再贷款对金融市场的影响机制相似，借贷便利工具对金融市场利率的影响同样也有流动性效应和预期效应，并且这些借贷便利工具能够有效实现货币政策的结构性目标，将流动性引向特定部门和行业，以期促进我国经济结构的转型发展。

（三）公开市场操作

公开市场操作是当前世界各国中央银行使用最为普遍的货币政策工

具，主要是指中央银行在公开市场上买卖国债和政策性金融债券以调控市场流动性和市场利率。根据交易类型，我国中央银行公开市场操作主要可分为回购交易、现券交易和发行央票。其中发行央票是我国在加入WTO后，由于出口规模大增造成外汇占款过多，因此被迫采取的创新式公开操作。随着我国出口外汇增速逐渐恢复正常，中央银行也逐渐减少甚至停止了央票发行。我国中央银行现阶段主要使用的是以国债为交易品种的回购交易和现券交易。以中央银行的回购交易为例，回购交易包括逆回购和正回购，其中逆回购是一级证券交易商向中央银行卖出一定数量的有价证券，并约定在未来特定日期重新购回债券的交易行为。因此逆回购是中央银行向金融市场投放流动性的货币政策操作，而逆回购到期是中央银行收回流动性的操作。与之相反，正回购是中央银行收回流动性的操作，而正回购到期是中央银行释放流动性的操作。公开市场对金融市场的影响机制较为直接、灵活，中央银行以金融机构作为对手方买卖债券，对金融机构参与市场的流动性产生影响进而对市场利率产生影响。公开市场操作对流动性的调控影响相较于前两种数量型货币政策工具更为精准，因此成为中央银行最常见的货币政策工具。

三、价格型货币政策工具对金融市场利率的影响机制

随着利率市场化改革的深入，我国中央银行对于价格型货币政策工具的使用频率也越来越高，价格型货币政策工具对于金融市场的影响效果也越来越大。我国的价格型货币政策工具总体来讲包括两大类：一类是以再贷款利率、再贴现利率、存贷款基准利率等为主的政策利率；另一类主要是为了提高中央银行利率调控有效性而创设的利率走廊机制。价格型货币政策工具对金融市场的影响机制主要是利率传导渠道。中央银行各类政策利率改变后会进而影响银行间市场利率水平，再通过利率的期限结构和风险结构等利率传导机制对金融市场其他利率产生影响。这一利率传递效果在利率走廊机制的辅助下通常会更为通畅。

（一）政策利率工具

价格型货币政策工具以利率工具为主，包括：存贷款基准利率、再贷款利率、再贴现利率和各种借贷便利利率（SLO、SLP、MLF、PSL等）。中央银行通过直接操作存贷款基准利率、再贷款利率、再贴现利率和各种借贷便利利率等利率工具，进而影响金融机构的流动性和资产配置行为，并引导市场利率体系向利率调控目标方向变动。

存贷款基准利率是指中央银行公布的商业银行存款和贷款的指导性利率，包括存款基准利率和贷款基准利率，是我国中央银行在相当长一段时期里进行政策利率意图传递的直接方式。虽然这种行政规定的政策利率对商业银行的影响直接有效，但其问题是由于调整频率或调整幅度不能反映市场供需对资金价格的影响，政策利率与市场利率容易出现不一致。

再贷款利率、再贴现利率和各种借贷便利利率是中央银行对金融机构进行流动性补充所设定的资金价格。当中央银行下调再贷款利率、再贴现利率或者各种借贷便利利率时，资金流动性匮乏的金融结构向中央银行进行融资的资金成本降低，这将增加其向中央银行进行融资的需求和规模，从而快速降低其资金流动性缺口。此时，由于金融机构的资金流动性需求能够更多地通过向中央银行进行再贷款、再贴现或者借贷便利融资而得到满足，他们在同业拆借市场和货币市场上的资金需求就会降低，从而推动货币市场利率水平下降。反之同理，当中央银行上调再贷款利率、再贴现利率或者借贷便利利率时，资金流动性匮乏的金融结构向中央银行进行融资的资金成本升高，这将导致其向中央银行进行融资的需求下降而在同业拆借市场和货币市场上的融资需求上升，进而推动货币市场利率水平上升。

（二）利率走廊机制

利率走廊是指中央银行通过向金融机构提供贷款便利工具和存款便利工具，作为货币政策利率调控的上下区间。在市场化的资源配置条件下，货币市场利率水平在理论上不会超出利率走廊的上下限，而只会在这一区间内进行有限的波动，从而将货币市场利率水平稳定在政策目标利率水平附近。利率走廊机制主要包括利率走廊上限、利率走廊下限、走廊宽度和目标利率四个要素。在利率走廊机制下，中央银行主要通过设定利率走廊上、下限和确定目标利率，通过预期效应和利率引导将目标利率锁定在利率走廊上下限区间内，使货币市场利率围绕目标利率波动。中央银行通过调控超额准备金存款利率（即超额存款准备金利率）和常备借贷便利利率来设定利率走廊的上下限和货币市场利率的波动区间，基于市场化的资源配置过程，即可实现让货币市场利率围绕货币政策目标利率波动的政策目的。

利率走廊下限一般由中央银行超额存款准备金利率决定。超额存款准备金利率是中央银行对超额存款准备金计付利息所执行的利率。超额存款准备金是金融机构存放在中央银行、超出法定存款准备金的部分，主要用于支付清算、头寸调拨或作为资产运用的备用资金。显然，任何以营利为目的的理性金融机构都不可能以低于超额存款准备金利率的利率水平对外贷出资金，因为这相较于增加在中央银行的超额准备金是绝对的次优决策（以低于超额存款准备金利率的利率水平贷出资金意味着承担了更高的风险却获得了更低的收益）。因此，在完全市场化的资源配置过程中，货币市场利率水平不可能低于超额存款准备金利率（也即利率走廊下限）。

利率走廊上限则一般由常备借贷便利利率决定。常备借贷便利是中国人民银行的创新货币政策工具，是正常的流动性供给渠道，主要功能是满足金融机构（一般是政策性银行和全国性商业银行）期限较长的大额流动性需求，由金融机构主动发起，根据自身流动性需求向中央银行申请。显然，任何以营利为目的的理性金融机构都不可能以高于常备借贷便利利率的利率水平从外部借入资金，因为这相较于向中央银行申请常备借贷便利融资是次优策略（中央银行能够以常备借贷便利利率向金融机构提供充足的流动性，任何以营利为目的的理性金融机构都不会接受利率水平更高的融资方案）。因此，在完全市场化的资源配置过程中，货币市场利率水平不可能高于常备借贷便利利率（也即利率走廊上限）。

四、沟通型货币政策工具对金融市场利率的影响机制

与传统的数量型和价格型货币政策工具不同，沟通型货币政策工具主要通过报告或媒体新闻等文本信息传递中央银行货币政策信号。例如，我国中央银行主要的沟通型货币政策工具，包括每季度发布的《货币政策执行报告》等。随着利率市场化改革的持续深化，中央银行对沟通型货币政策工具的使用频率日益增加，并且沟通型货币政策工具通过影响公众预期进而对金融市场产生影响的力度也越来越强。文本信息的非结构性特征决定了分析沟通型货币政策对金融市场的影响时，首先需要借助相关文本技术提取中央银行的政策语气，这一政策语气的非中性特征（积极或消极）对于金融市场资产价格具有重要的影响。当前普遍使用提取中央银行货币政策语气的工具有：人工赋值法、金融情感词典和潜在狄利克雷模型。其中金融情感词典和潜在狄利克雷模型基于计算机识别和分析，对货币政策预期的判断更为客观，得到了广泛的应用。

沟通型货币政策工具对金融市场的影响主要通过其沟通内容中的货币政策语气对公众预期进行管理，并进一步通过公众行为改变金融市场资产价格，最终将中央银行的货币政策传递到金融市场，具体的作用机制是通过信号渠道和协调渠道影响公众的预期（谷宇，2018）。其中信号渠道是指中央银行通过向市场传递对当前经济形势的研判、对未来的货币政策取向等信号，引导市场参与者根据新信息更新预期，并在交易中做出反应，从而导致金融市场的资产价格变动。协调渠道则基于不同市场参与主体对中央银行货币政策的异质性认识，中央银行通过准确高频的沟通能够减少对市场主体的异质性货币化政策信息差异，沟通协调渠道加强了市场对于中央银行货币政策的一致预期，有助于降低金融市场的波动性。一般来讲，中央银行沟通型货币政策工具释放的政策语气越积极，越有助于降低金融市场利率。例如，冀志斌和周先平（2011）研究了中央银行沟通政策对货币市场的影响，发现积极的中央银行沟通对短期 Shibor 利率具有显著的负向影响。王博和刘翀（2016）进一步研究了中央银行沟通政策对债券市场的影响，发现中央银行沟通对于国债市场利率的影响与中央银行的预期管理保持一致。邹文理等（2020）研究中央银行沟通对股票市场的影响，发现中央银行书面沟通对于股票市场价格具有一定影响，中央银行沟通越积极，股票价格的短期价格上升越大，但是这一影响表现出较强的短期效应。

第二节　中国中央银行多工具组合下货币政策冲击的构建

要考察货币政策利率传导渠道的有效性，首先需要识别出能够反映货币政策调控影响的外生政策冲击。因其在宏观经济理论和实证中的重要性，对货币政策冲击识别的研究由来已久，研究方法也随着理论创新、数据可得性的提升和计量手段的丰富而不断进步。在构建能反映我国货币政策多目标多工具调控特色的外生冲击前，我们先对已有文献进行回顾与梳理。

一、货币政策冲击识别的文献综述

（一）国外研究综述

国外很早就开始对货币政策冲击的识别问题进行研究，最早可以追溯到 Friedman 和 Schwartz（1963）使用叙事方法（narrative approach），这是一种通过分析中央银行货币政策文件中所体现的中央银行意图和立场的改变来识别货币政策冲击的方法。此后有大量学者进一步继承和发展这一方法，例如，罗米尔（Romer，1989；2004）通过分析美联储每次货币政策会议的叙述内容构建了一个新的货币政策冲击指标，并且通过实证研究发现这一新指标相较于常规指标对于产出和通货膨胀的影响更加强烈和迅速。虽然叙事方法可以较好地提取货币政策的意外冲击，但是其仍然因为对货币政策宽松评价标准的主观性而受到诟病。与之相比，学术界更加广泛使用 SVAR 模型去识别货币政策冲击（Bernanke & Blinder，1992；Christiano et al.，1997），其核心思想是对货币政策的行为和影响施加时间上的限制后，货币政策工具中无法由模型变量所解释的变化（残差项）被视为货币政策的外生冲击，而常见的限制方法有递归假设。但是值得注意的是，学术界关于 VAR 对货币政策冲击识别的有效性仍然存在较大争议（Rudebusch，1998；Kuttner，1998），原因之一在于 VAR 模型中的货币政策规则需要提前设定，设定规则时可能会忽略一些有助于预测货币政策的潜在变量（Christiano et al.，1998），与此同时，VAR 模型中的线性假定和常系数无助于刻画货币政策非对称性或者时变性特征（Evans & Kuttner，1998）。

为了克服 VAR 方法中存在的种种问题，学术界开始使用事件研究法分析货币政策冲击，即从金融市场应对货币政策变化的反应中提取货币政策的意外冲击。最早关注这一领域的是 Kutter（2001），库特尔（Kutter）认为在 Fama（1970）对金融市场有效性的假定下，只有非预期的货币政策冲击才能够对金融市场价格产生影响，而公众能够预期的货币政策冲击早在货币政策公告之前便已经反映在价格中。基于这一假定，货币政策公告前后美国期货合约价格的变化便可以很好地衡量货币政策的意外冲击（Kutter，2001）。早期学者使用的是跨日度窗口的金融资产价格变化来衡量货币政策冲击，这可能无法排除当天其他政策冲击对金融资产价格的影响，因此开始有学者使用日内 30 分钟的高频数据刻画货币政策冲击（Gürkaynak et al.，2005；Gertler & Karadi，2015；Nakamura & Steinsson，2018）。更重要的是，有学者研究发现美联储不仅仅通过货币政策利率目标的变化影响金融市场，还会通过货币政策公告影响金融市场预期来发挥政策作用，在某种程度上中央银行的沟通对金融市场的影响更加重要

（GSS，2005）。

因此近几年来，随着中央银行沟通越来越透明化，一种更加前沿的方法——文本挖掘被应用在分析货币政策上，通过对大量的中央银行沟通文本进行主题分类、情感分析，构建货币政策冲击的有效性，例如，卢卡和特雷比（Lucca & Trebbi，2011）使用文本挖掘的方法从美联储公告中量化中央银行语调，发现通过文本挖掘构建的货币政策冲击变量比传统的以货币政策利率变动为政策冲击代理变量对金融市场的影响更大，李等（Lee et al.，2019）通过情感分析的方法分析韩国中央银行会议前后媒体报道语调的变化构建货币政策冲击变量，发现文本挖掘方法对于提取市场对货币政策的预期是一个行之有效的方法。

（二）国内研究综述

目前国外在研究货币政策有效性上使用的较为前沿的方法是用金融市场高频数据或者文本挖掘识别货币政策冲击，与之相比国内在这一方面的研究稍显薄弱，当前大量的中文文献仍然使用传统的 VAR 方法识别货币政策冲击。刘斌（2001）在分析货币政策对宏观经济的影响时首次通过对 VAR 施加经济理论限制条件识别货币政策冲击，此后大量中文文献涉及货币政策冲击的识别基本沿用了结构向量自回归这一方法。如谭政勋和王聪（2015）基于一个参数约束的 VAR 模型，研究我国房价波动与中央银行货币政策的关系，结果显示我国的货币政策能够有效地调控房价，中央银行在操作货币政策时也已经将房价的变动纳入考虑。陈浪南（2015）通过对 SVAR 模型设定符号限制条件有效识别了我国公开市场业务、法定准备金率和利率政策工具三种不同的货币政策冲击，发现数量型货币政策工具对实际产出的影响大于价格型货币政策工具。陈忱（2018）基于符号约束的 SVAR 模型，使用我国经济的月度高频数据刻画中央银行货币政策冲击，发现 SVAR 模型能够同时对我国数量型和价格型货币政策工具进行识别，有效突破了传统 SVAR 模型只能识别单一货币政策工具的局限。

近几年来随着事件分析、文本分析等方法的流行，一部分文献开始借鉴 Romer 和 Romer（1989）采用主观赋值的方法量化货币政策冲击。如冀志斌和周先平（2011）对中央银行沟通下的货币政策紧缩和宽松态势使用 0-1 主观赋值方法以研究货币政策对金融市场的冲击，发现我国中央银行沟通具备成为货币政策工具的条件，能够对我国短期市场利率产生影响。肖争艳等（2019）同样采用事件研究法研究中央银行书面沟通和口头沟通等货币政策工具对我国股票市场的影响，发现总体而言我国中央银行的口头沟通比书面沟通对股票市场的影响更大。虽然采用主观赋值的研究方法能够较好地区别货币政策松紧对实体经济的影响，但是这一方法可能缺乏客观性，并且无法体现出连续的货币政策强度变化，因此也有一部分学者使用金融市场数据刻画货币政策冲击。如熊海芳（2012）采用货币政策事件前后银行间同业拆借 7 日平均利率的日变化作为货币政策意外的衡量，发现该货币政策意外指标对于中期通货膨胀预期水平有影响，而对短期和长期通货膨胀预期水平没有影响。此外，随着计算机智能技术发展，不少学者从文本挖掘的视角出发，通过机器学习的方法构建中央银行货币政策指数。如林建浩等（2019）通过对中央银行口头沟通内容进行文本分析，生成中央银行沟通字典以构造中央银行沟通指数，发现中央银行沟通能较好地反映实际经济运行情况。

从 2013 年放开贷款利率管制和 2015 年放开存款利率浮动上限开始，我国中央银行创建了各式各样的流动性工具（如 SLF、MLF、SLO 等），形成并不断深化利率走廊调节机制。目前已有大量学者使用我国货币市场利率数据进行研究并发现我国货币政策的传导效率显著提升，基本达到市场化发达国家水平（Fernald et al.，2014；chen et al.，2017；Kamber & Mohanty，2018；Funke & Tsang，2019）。因此，使用我国金融市场数据变化刻画货币政策冲击具有一定的可行性。如坎伯和莫汉蒂（Kamber & Mohanty，2018）使用我国互换市场中的 7 天逆回购利率一年互换合约价格变化刻画货币政策意外，发现这一指标能够较好地反映我国货币政策的有效性，并且其进一步将刻画的货币政策非预期冲击作为外生工具变量纳入 SVAR 模型分析其对我国宏观经济的影响，发现该指标能够显著地影响相关宏观经济指标。因此，与传统货币政策指标相比，利用我国日渐成熟的金融市场数据构建一个多政策工具组合下我国货币政策冲击的指标，应当具有一定可行性，并且我们将利用所构建的货币政策冲击指标进一步分析我国中央银行货币政策对金融市场和宏观经济的影响。

二、多政策工具组合背景下货币政策冲击变量构建

（一）货币政策冲击变量的构建

从已有的文献研究中我们发现，如果想要准确刻画我国货币政策对于金融市场和宏观经济的影响，如何识别非预期的货币政策冲击是至关重要的，因为金融市场或者宏观经济是不会对已经预期到的货币政策操作做出反应的。而如何识别非预期的货币政策操作即货币政策冲击呢？目前学术界比较成熟的方法是使用货币政策公告前后高频窗口下金融市场利率变动识别意外的货币政策冲击（Gürkaynak et al.，2005；Gertler & Karadi，2015；Kamber & Mohanty，2018）。考虑到近几年我国利率市场化改革成效显著，使用金融市场数据刻画货币政策冲击的条件日益成熟，我们参考Gertler 和 Karadi（2015）以及 Kamber 和 Mohanty（2018），并结合我国国情构建全面综合反映我国货币政策冲击的变量。而要构建一个多政策工具组合下全面综合的指标需要解决两大难题：其一是选择合适的金融市场代理变量刻画货币政策冲击，其二是确定货币政策公告事件以系统地、全面地反映我国混合型货币政策调控框架的事实特点。

第一个问题是如何选择合适的金融市场代理变量刻画货币政策冲击。随着我国利率市场化改革的深入，学术界和实务界基本认同银行间市场七天质押式回购利率（DR007）能够较好地反映我国货币政策立场的改变（McMahon et al.，2018；Funke & Tsang，2019），因此我们认为将 DR007作为货币政策代理变量具有一定的可行性。此外，考虑到我国没有统一的货币政策规则以及货币政策调控工具的非单一性，因此无法直接简单地使用国外政策利率期货价格改变的方法。因此我们拟参考 Kamber 和 Mohanty（2018）使用我国利率互换市场上合约价格变化这一间接方法识别货币政策冲击。之所以使用我国利率互换市场价格变化主要是因为我国利率互换市场自 2006 年成立以来，利率互换交易规模发展迅速，以中央银行政策利率为基准的互换产品价格变化灵敏、迅速，能较好地反映市场的真实交易价格。其中以 FR007 为参考利率的互换产品占据了 90% 的市场规模，又以1 年期的 FR007 互换产品交易活跃度最大，3 个月期、6 个月期、9 个月期和 5 年期交易活跃度依次减少。并且相关研究表明我国利率互换市场相对于国债期货以及国债现货市场都具有更大的信息优势（张劲帆、汤莹玮、刚健华、樊林立，2019），因此交易双方对于未来利率预期的判断会更加迅速地反映在利率互换合约的价差上。

第二个问题是如何确定我国货币政策公告事件以系统全面反映我国混合型的货币政策调控框架。我国混合型的货币政策框架首先反映在我国中央银行对各式各样的货币政策工具的综合运用中，因此系统梳理出我国各式各样的货币政策工具将有助于构建一个全面综合反映我国货币政策立场的指标。根据我国中央银行网站公开的货币政策工具目录（截至 2022 年年底），我国货币政策工具大致可分为传统型和创新型两类。传统型货币政策工具是指一般情况下中央银行采用的货币政策"三大法宝"——公开市场操作、法定存款准备金和中央银行再贷款和利率政策。而创新型货币政策工具是为了增强中央银行对于流动性的精准调控而新发展的一系列货币政策工具，主要包括常备借贷便利、中期借贷便利、抵押补充贷款和定向中期借贷便利等流动性调整工具。此外，与我国经济结构的发展阶段相关，我国货币政策在一定程度上还承担了促进经济结构转型的功能，因此创新型货币政策工具中还包括了一系列推动我国经济高质量发展的结构性货币政策工具，主要有支农支小再贷款、碳减排支持工具、科技创新再贷款和普惠养老专项再贷款等。

我们综合考虑后决定使用如下表所示的货币政策工具作为中央银行货币政策公告事件。下表将中央银行多种货币政策工具按照数量型、价格型和沟通型分为三类，具体如表 3.1 所示。其中数量型货币政策工具包括法定存款准备金率（RRR）、短期流动性调节工具（SLO）、常备借贷便利（SLF）和中期借贷便利（MLF）；价格型货币政策工具包括存贷款基准利率（LR）、贷款市场报价利率（LPR）和逆回购利率（Repo）；沟通型货币政策工具包括货币政策执行报告（Report）和货币政策委员会例会（Meeting）。之所以选择沟通型货币政策工具而没有选择结构性货币政策工具的主要原因是，随着公众预期对金融市场和经济波动的影响越来越大，中央银行对微观经济主体的政策沟通和预期引导对其货币政策调控效果的影响日益凸显，中央银行沟通作为一种重要的货币政策工具越来越被各国中央银行重视。因此，我们选择中央银行沟通作为货币政策工具，而没有选择结构性货币政策工具的原因是，本书此处主要分析货币政策对金融市场的总量影响，而结构性工具主要侧重于对重点行业或者薄弱领域的结构性支持。

综合以上分析，本书参考 Kamber 和 Mohanty（2018），使用各种中央银行货币政策工具公告前后 FDR007 的一年期利率互换（FR0071YIRS）的收益率日度变化数据作为可靠的衡量货币政策冲击（MPshock）的指标。当投资者面临意外的货币政策利率上升，其会增加对固定利率资金的需求，则利率互换合约利率会上升以弥补接受浮动汇率对手方可能产生的损失。反之当货币政策利率下降，投资者会减少对固定利率资金的需求，则利率互换合约利率会迅速减少。因此,凡是能够被公众所预期到的利率变化都能够迅速反映在利率互换合约的价格中,而只有没有被公众预期的利率变化也即货币政策的外生冲击,才会导致利率互换合约价格的变化。因此,在正常情况下公众对货币政策预期的走势已经反映在利率互换收益率中,当外生的货币政策冲击产生后,利率互换收益率将发生变化以反映非预期的货币政策意外冲击。所以货币政策的意外冲击可以表示如下:

$$\text{MPshock} = \Delta \text{IRS}_{m,d} = \text{IRS}_{m,d} - \text{IRS}_{m,d-1} \tag{3.1}$$

式(3.1)中 MPshock 用于衡量预期外的货币政策冲击,IRS 为一年期 FR007 互换合约利率,m 为月份,d 为事件发生当日。可以看到货币政策冲击与货币政策的立场变化呈现反向关系,MPshock 为负表明货币政策宽松,MPshock 为正表明货币政策紧缩,并且 MPshock 的绝对值越大,表明中央银行货币政策在公众预期之外的程度越大。

表 3.1　货币政策工具汇总

工具类型	货币政策工具名称	
数量型工具	RRR	法定存款准备金率
	SLO	短期流动性调节工具
	SLF	常备借贷便利
	MLF	中期借贷便利
价格型工具	LR	存贷款基准利率
	LPR	贷款市场报价利率
	Repo	逆回购利率
沟通型工具	Report	货币政策执行报告
	Meeting	货币政策委员会例会

(二)利率互换数据来源

我们使用利率互换数据(IRS)构建货币政策冲击,数据来源于 Wind 数据库。利率互换作为一种重要的金融衍生品,是交易双方约定用相同的货币互换现金流的合约。我国人民币利率互换市场试点开始于 2006 年,经过十几年的深化发展,人民币利率互换交易规模迅速壮大,目前已经成为我国银行间市场最重要的金融衍生品。目前我国利率互换的参考利率主要有 FR007 利率和 Shibor 利率,其中又以 1 年期的 FR007 利率为参考的利率互换交易规模最大。因此本书货币政策冲击的金融数据使用 FR007 利率交换的期限为一年的 IRS 合约（FR0071YIRS）日收盘固定利率变动，其中 FR0071YIRS 的利率在 Wind 数据库中最早的记录日期为 2010-04-19，考虑到 IRS 的数据范围以及中央银行的各个货币政策推出时间点，本书的时间区间选择为 2010 年 10 月 1 日—2020 年 9 月 30 日，数据格式如表 3.2 所示。此外，本书使用货币政策公告后 FR0071YIRS 的日度响应，因此暂不考虑 FR0071YIRS 的日内价格变动。

表 3.2　IRS 利率数据

交易日期	前收盘固定利率	前加权平均固定利率	开盘固定利率	收盘固定利率	最高固定利率	最低固定利率	加权平均固定利率
2020-09-30	2.465 0	2.452 3	2.470 0	2.480 0	2.485 0	2.470 0	2.479 6
2020-09-29	2.440 0	2.443 5	2.445 0	2.465 0	2.467 5	2.442 5	2.452 3
2020-09-28	2.462 5	2.442 9	2.440 0	2.440 0	2.455 0	2.437 5	2.443 5
2020-09-25	2.427 5	2.426 9	2.435 0	2.462 5	2.462 5	2.430 0	2.442 9
2020-09-24	2.440 0	2.435 6	2.425 0	2.427 5	2.445 0	2.417 5	2.426 9
2020-09-23	2.435 0	2.430 6	2.430 0	2.440 0	2.445 0	2.427 5	2.435 6
2020-09-22	2.432 5	2.428 8	2.430 0	2.435 0	2.442 5	2.420 0	2.430 6
2020-09-21	2.440 0	2.453 2	2.430 0	2.432 5	2.450 0	2.417 5	2.428 8
2020-09-18	2.472 5	2.458 2	2.465 0	2.440 0	2.467 5	2.385 0	2.453 2
2020-09-17	2.447 5	2.422 7	2.467 5	2.472 5	2.480 0	2.442 5	2.458 2

数据来源：Wind 数据库。

（三）货币政策工具公告事件选择

本书使用中央银行货币政策公告事件公布后基于 FR007 一年期 IRS 收盘固定利率的变动作为中央银行货币政策冲击的代理变量，其中货币政策公告事件选择按照货币政策工具的类型主要包括三类：数量型货币政策工具公告事件、价格型货币政策工具公告事件和沟通型货币政策工具公告事件。具体货币政策公告事件如表 3.3—3.5 所示。

结合抓取的货币政策公告事件特征，本书发现中央银行的货币政策调控日益稳健成熟。数量型货币政策工具主要包括法定存款准备金率、中期借贷便利、常备借贷便利和短期流动性调节工具。中央银行的准备金政策在近年来更加灵活和多样化，从单纯的调整金融机构人民币法定存款准备金率到对部分金融机构或中小银行定向调整，中央银行的货币政策更加成熟。自 2014 年中央银行创设中期借贷便利工具以来，中期借贷便利工具应用逐渐广泛，主要包括 3 个月期、6 个月期和 1 年期三个不同期限。与此同时中央银行在 2019 年创设了定向中期借贷便利，用以加大对小微企业、民营企业的金融支持力度。本书将各个期限的中期借贷便利利率的调整均纳入考虑。中央银行常备借贷便利工具创设于 2013 年，期限包括隔夜、7 天和 1 个月，由于其期限较短，整体波动性较大，在 2015 年，其利率出现过两次较大程度的下调，后逐渐回升。本书常备借贷便利的数据包括了常备借贷便利的投放利率和常备借贷便利回笼利率，对于其操作利率发生变化的时间点我们均进行考虑。短期流动性调节工具于 2013 年被引入使用，主要以 7 天及以内的短期回购为主，作为逆回购工具在更短期限上的一个补充，其主要采用市场化利率招标的方式进行操作。

价格型货币政策工具包括存贷款基准利率、中央银行逆回购操作和贷款市场报价利率。存贷款基准利率我们考虑 1 年期定期存款利率和 6 个月至 1 年短期贷款利率，过去十年间，这两类利率呈现出先上升后下降的走势，中央银行对贷款基准利率的操作主要集中在 2011 年到 2013 年和 2015 年到 2016 年，中间有较长一段时间没有调整。在使用中央银行调整存贷款基准利率的时间点方面，由于中央银行在调整存贷款基准利率时一般是同时调整，因此在最后的结果中，我们对于同一日对存款利率和贷款利率都进行调整的时间点不重复考虑，仅记为一次。中央银行逆回购操作是中央银行向市场购买有价证券，并在一定期限后再卖回的政策工具，中央银行的逆回购操作是中央银行常用的公开市场操作，其期限也较多，使用过的操作期限包括 7 天、14 天、21 天、28 天和 63 天，虽然其期限较多，但中央银行使用频率较高的主要为 7 天逆回购和 14 天逆回购，其操作利率在 2012 年到 2020 年主要的变化趋势为先上升后下降。逆回购操作一般于每天早上 9：00 公布今日的逆回购量，并于上午 9：20 左右发布逆回购中标利率。我们选取的逆回购利率包括上述所有五个期限，其中中央银行操作最为频繁的为 7 天逆回购，21 天和 63 天逆回购操作次数较少。贷款市场报价利率由全国银行间同业拆借中心通过具有代表性的报价行于每月 20 日提交的报价数据去掉最高和最低报价后进行算数平均计算得到。从其历史变化趋势来看，贷款市场报价利率整体趋势逐渐下降。1 年期贷款市场报价利率始于 2013 年 10 月 25 日，5 年期利率始于 2019 年 8 月 20 日，本书对两个期限均纳入考虑，但对于一年期 LPR 和五年期 LPR 同时调整的时间点（如 2020 年 4 月 20 日），我们仅视作一次货币政策变动，不重复考虑。

沟通型货币政策工具一般选择中央银行货币政策执行报告和中央银行货币政策委员会例会（王博，2016；谷宇，2018）。中央银行的货币政策执行报告公布时间点较为稳定，从目前来说中央银行的各个货币执行报告中所包含的预期外的货币政策信息较少。中国人民银行会在每个季度结束后发布该季度的货币政策执行报告，由于我国目前暂时没有明确的制度化的政策沟通机制，市场对于中央银行当前政策导向的了解，除了通过对中央银行各类货币政策工具的操作利率的变化进行解读，另一个重要渠道就是对中央银行的货币政策执行报告进行分析。因此，中央银行每个季度的货币政策执行报告成为重要的了解中央银行未来货币政策走向的窗口，我们将中央银行货币政策执行报告公布的时间作为一个中央银行货币政策事件。在我们的观测区间中，中央银行部分货币政策执行报告的公布时间点如表 3.3 所示。中国人民银行货币政策委员会例会一般每个季度召开一次，召开时间较中央银行货币政策执行报告的公布时间更早，在中央银行货币政策委员会例会中，中央银行会对当前的形势进行简单分析，并明确未来阶段的工作目标。例如，在 2020 年第三季度的货币政策委员会例会中，对于利率方面提出"深化利率市场化改革，引导贷款利率继续下行"，对于汇率方面提出"保持人民币汇率在合理均衡水平上的基本稳定"的工作目标。为了捕捉中央银行货币政策委员会例会中的提到的货币政策方向对市场的影响，我们将中央银行货币政策委员会例会作为预期引导型货币政策事件纳入考虑。

表 3.3　部分中央银行货币政策执行报告发布时间

发布时间	标题
2010-05-10　17：30：05	2010 年第一季度中国货币政策执行报告
2010-08-05　18：45：48	2010 年第二季度中国货币政策执行报告
2010-11-02　18：21：02	2010 年第三季度中国货币政策执行报告
2011-01-30　19：23：48	2010 年第四季度中国货币政策执行报告

数据来源：中国人民银行。

关于中央银行货币政策公告的时间确定，已有相关数据库对中央银行货币政策的利率变更日期进行数据记录，但数据库记录的时间一般是货币

政策的生效时间，而非公告日期。如表 3.4 所示以法定存款准备金率公布
和生效时间为例，2020 年年初中央银行提出下调法定存款准备金率 0.5%，
数据库中记录的是该下调的生效时间 2020 年 1 月 6 日，而实际上中央银行
公告该调整的日期为 2020 年 1 月 1 日。因此，为了准确刻画货币政策的外
生冲击，应当选择中央银行的公告时间，而不是货币政策生效时间。

表 3.4 部分法定存款准备金率变化情况

公布时间	生效时间	大型金融机构/%			中小型金融机构/%		
		调整前	调整后	调整幅度	调整前	调整后	调整幅度
2020 年 01 月 01 日	2020 年 01 月 06 日	13.00	12.50	-0.50	11.00	10.50	-0.50
2019 年 09 月 06 日	2019 年 09 月 16 日	13.50	13.00	-0.50	11.50	11.00	-0.50
2019 年 01 月 04 日	2019 年 01 月 25 日	14.50	13.50	-1.00	12.50	11.50	-1.00
2018 年 10 月 07 日	2018 年 10 月 15 日	15.50	14.50	-1.00	13.50	12.50	-1.00
2018 年 06 月 24 日	2018 年 07 月 05 日	16.00	15.50	-0.50	14.00	13.50	-0.50
2018 年 04 月 17 日	2018 年 04 月 25 日	17.00	16.00	-1.00	15.00	14.00	-1.00
2016 年 02 月 29 日	2016 年 03 月 01 日	17.50	17.00	-0.50	15.50	15.00	-0.50
2015 年 10 月 23 日	2015 年 10 月 24 日	18.00	17.50	-0.50	16.00	15.50	-0.50
2015 年 08 月 25 日	2015 年 09 月 06 日	18.50	18.00	-0.50	16.50	16.00	-0.50
2015 年 04 月 19 日	2015 年 04 月 20 日	19.50	18.50	-1.00	17.50	16.50	-1.00
2015 年 02 月 04 日	2015 年 02 月 05 日	20.00	19.50	-0.50	18.50	17.50	-0.50
2012 年 05 月 12 日	2012 年 05 月 18 日	20.50	20.00	-0.50	18.50	18.00	-0.50
2012 年 02 月 18 日	2012 年 02 月 24 日	21.00	20.50	-0.50	19.00	18.50	-0.50

数据来源：Choice。

故本书拟直接使用 Python 爬虫技术对中央银行网站的公告信息进行爬
取，获取中央银行网站中的新闻动态及其对应的详细时间（使用分钟数
据，以便进行处理）以确定货币政策工具公告时间。以数量型货币政策法
定存款准备金率公告事件构建货币政策冲击为例，由于本书使用法定存款
准备金率公告后的 IRS 日度波动作为对货币政策冲击的识别，因此首先需
要获取中央银行颁布调整法定存款准备金率的准确时间信息，以确定受到
货币政策变动冲击的交易日。我们根据中国人民银行网站沟通交流新闻中
的相关新闻披露记录，筛选出与中国人民银行调整法定存款准备金率的相
关新闻公告，从而获得中国人民银行发布信息的具体时间，法定存款准备
金率的变动分为大型金融机构和中小型金融机构的变动，除了极少数情况

仅变动了大型金融机构的法定存款准备金率以外，其他时候两类金融机构的法定存款准备金率均有调整，因此只要有一类金融机构的法定存款准备金率发生变动，我们都纳入考虑范围。部分新闻公告的发布时间和标题如表 3.5 所示，限于篇幅我们选取了部分 2010 年的调整法定存款准备金率的货币政策公告和近几年的公告。

表 3.5　中央银行法定存款准备金率变动公告

发布时间	标题
2010-01-12　19：00：00	中国人民银行决定上调金融机构人民币法定存款准备金率 0.5 个百分点
2010-02-12　18：00：00	中国人民银行决定上调金融机构人民币法定存款准备金率 0.5 个百分点
2010-05-02　18：43：27	中国人民银行决定上调金融机构人民币法定存款准备金率 0.5 个百分点
2010-11-10　18：45：00	中国人民银行决定上调金融机构人民币法定存款准备金率 0.5 个百分点
2010-11-19　17：59：46	中国人民银行决定上调金融机构人民币法定存款准备金率 0.5 个百分点
2010-12-10　18：00：01	中国人民银行决定上调金融机构人民币法定存款准备金率 0.5 个百分点
2019-01-04　17：20：40	中国人民银行决定于 2019 年 1 月下调金融机构法定存款准备金率置换部分中期借贷便利
2019-05-06　09：29：27	中国人民银行决定从 2019 年 5 月 15 日开始对中小银行实行较低法定存款准备金率
2019-09-06　17：22：05	中国人民银行决定于 2019 年 9 月 16 日下调金融机构法定存款准备金率
2020-01-01　15：07：56	中国人民银行决定于 2020 年 1 月 6 日下调金融机构法定存款准备金率
2020-03-13　17：16：23	中国人民银行决定于 2020 年 3 月 16 日定向降准，释放长期资金 5 500 亿元
2020-04-03　16：57：32	中国人民银行决定于 2020 年 4 月对中小银行定向降准，并下调金融机构在中央银行超额存款准备金利率

数据来源：中国人民银行。

根据公告的发布时间，结合 IRS 利率互换的交易时间，分别按照表 3.6 的方式计算 IRS 市场利率受到货币政策冲击的时间，得到 IRS 利率变动值，以此获得货币政策公布后对 IRS 市场利率的冲击（IRS 的交易时间为交易日的北京时间 9：00—12：00，13：30—16：30），具体的冲击数值见下文。

表 3.6　货币政策公布后 IRS 变动计算方式

货币政策公告时间	ΔIRS 计算方式
工作日开盘时	本日收盘-上日收盘
工作日收盘后	次日收盘-当日收盘
非工作日	下一个工作日收盘-上一个工作日收盘

（四）各类型货币政策工具的 IRS 冲击

结合上文所述的货币政策冲击构建方法，本小节各类型货币政策公告事件发生后的 IRS 日度波动进行了计算，得到了相应的货币政策冲击结果（见图 3.1）。以 2011 年 6 月 14 日的调整法定存款准备金率为例，6 月 14 日下午收盘后，中央银行公告将于 6 月 20 日上调法定存款准备金率 0.5%，在中央银行宣布该调整前后数日，IRS 收盘利率的变动情况如图 3.1 所示。可以看到，6 月 14 日，IRS 收盘利率为 3.49%，而 6 月 15 日 IRS 收盘利率达到 3.79%，IRS 利率在中央银行公告后升高了 30bp，这一升高的幅度也就衡量了这次中央银行货币政策调整所带来的意外冲击程度。

图 3.1　货币政策发生前后 IRS 收盘价

我们使用 Python 爬虫技术得到的可用的法定存款准备金率变化的时间点共有 24 个，同理我们对法定存款准备金率发生调整的其他时点进行相同的处理，使用 IRS 的变动刻画货币政策的意外冲击部分，得到在中央银行法定存款准备金率的各个变化时点的 IRS 变动值。我们将法定存款准备金率的调整幅度和以 IRS 衡量的货币政策冲击放入同一个图中进行对比，结果如图 3.2 所示。

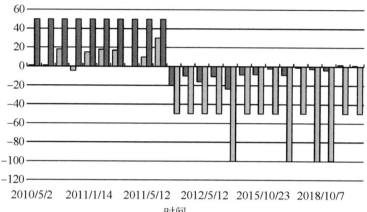

图 3.2 中央银行法定存款准备金率变化与 IRS 响应对比

从图中结果可以看到,使用 IRS 的变化作为货币政策冲击的代理变量具有较好的效果。在大部分情况下,IRS 的响应与中央银行法定存款准备金率的变化方向相同,即中央银行的紧缩性货币政策变动一般也会产生一个紧缩性的货币政策意外冲击,同时 IRS 响应的程度在每次政策变化时点不尽相同。较大的 IRS 变化程度表明了中央银行的货币政策变动不在预期之中,意外的成分较大;而较小甚至接近于 0 的 IRS 变动表明该次货币政策冲击已经在公告前被市场较好地预期。可以注意到,在 2011 年 5 月到 6 月之间,由于中央银行的法定存款准备金率变化方向发生转向,此时的货币政策调整意外程度较大,产生了较大的 IRS 冲击响应。图中有少量的 IRS 变动与中央银行货币政策变动方向相反,但对应的变动量很少,此时可能意味着中央银行的货币政策冲击程度被市场足额或超额预期。

对于其他各类型货币政策工具,我们根据整理后的各类货币政策利率发生变化的时点,使用与法定存款准备金率相同的处理方式,得到其他各类货币政策变动后对应的 IRS 变动,以此作为其他货币政策工具的冲击变量。具体如表 3.7 所示。从下表的结果中我们可以进一步看到,在各类货币政策工具的冲击中,存贷款基准利率(LR)的调整对于 IRS 的平均影响程度最大,法定存款准备金率的(RRR)变化次之。在我们选取的所有货币政策冲击中,除了中期借贷便利(MLF)、中央银行货币政策执行报告(Report)和中央银行货币政策委员会例会(Meeting)发布后 IRS 的平均变动幅度没有超过总体时间内的 IRS 平均变动幅度之外，其他各类货币政策公布后，IRS 的变动程度均高于平日的 IRS 变动幅度。

表 3.7 中央银行各类货币政策工具对 IRS 冲击

货币政策		样本数量/个	IRS 平均变动/bp	最大变动/bp
数量型工具	法定存款准备金率	24	10.3	30
	短期流动性调节工具	24	5.8	24
	常备借贷便利	10	5.2	19
	中期借贷便利	15	3.3	17
价格型工具	存贷款基准利率	13	10.4	24
	贷款市场报价利率	21	5.1	26
	逆回购利率	55	5.2	22
预期引导型工具	货币政策执行报告	42	3.1	13.5
	货币政策委员会例会	41	3.2	8.5
非货币政策公告日	—	2 274	3.6	132

表 3.7 中的 IRS 平均变动是我们对样本期内所有同类型货币政策工具公告后产生的 IRS 冲击的均值，具体计算如下。

$$\overline{\Delta \mathrm{IRS}} = \frac{\sum_{i=1}^{n} | \Delta \mathrm{IRS}_i |}{n} \tag{3.1}$$

为了衡量中央银行不同类型的货币政策工具造成的货币政策冲击的区别，本书也将数量型工具、价格型工具和预期引导型货币政策进行汇总考虑。单个货币政策冲击事件为 MP_{it}，则某一类货币政策冲击的汇总表示该分类中各个货币政策事件求并集，记为 $\mathrm{MP}_t = \{\mathrm{MP}_{1t}, \mathrm{MP}_{2t}, \cdots, \mathrm{MP}_{nt}\}$，其中 n 表示某一大类货币政策工具中包含的具体货币政策工具数量，由此计算得到三个不同类型货币政策工具的市场冲击，结果如表 3.8 所示。由于一日当中可能出现多种货币政策工具的冲击，因此某一类货币政策工具的样本数量并不一定等于各个子项货币政策的样本数量总和。从表中结果可以看到，三类中央银行货币政策工具分别汇总后，数量型和价格型工具均能够对 IRS 造成较大程度的冲击，两者的冲击程度相似；数量型工具冲击程度较价格型工具更高，但相比文中选择的两个预期引导型工具，其对

IRS 造成的冲击较小。

表 3.8　三大类货币政策事件对 IRS 冲击

货币政策	样本数量/个	IRS 平均变动/bp	最大变动/bp	变动标准差
数量型工具	76	6.6	30	9.5
价格型工具	87	5.8	26	7.7
沟通型工具	83	3.1	13.5	4.1
所有工具汇总	231	5	30	7.3

　　将文中选取的所有货币政策工具汇总来看，所选取的时间区间内共有 231 天存在货币政策冲击事件，所有货币政策事件造成的使用 IRS 变动衡量的冲击大小为 5bp，高于无货币政策日的 IRS 平均变动。

第三节　金融市场对货币政策冲击的即时响应

　　为了检验本书构建的货币政策冲击指标的有效性，我们拟使用各种中央银行货币政策冲击指标分析银行间市场、债券市场和股票市场等金融市场对货币政策冲击的即时响应情况。以货币政策冲击的 IRS 变化与 3 个月期限国债收益率变化的相关关系举例说明，如图 3.3 所示，国债收益率变化与 IRS 变化之间存在较强的正相关性。

图 3.3　IRS 冲击与国债收益率变化

为了刻画金融市场收益率对货币政策意外冲击的即时响应，我们参考 Kamber（2018）设定回归方程如下：

$$\Delta y_{t+h,\,t-1} = \alpha_h + \beta_h S_t + \varepsilon_{h,\,t} \qquad (3.2)$$

其中 S_t 是在 t 时刻货币政策突发事件的度量，即上一节中计算得到的 IRS 变化。$\Delta y_{t+h,\,t-1}$ 表示 $t+h$ 时刻的金融市场收益率减去 $t-1$ 时刻的金融市场收益率，$h=0$ 表示货币政策冲击当天的债券收益率变化。其中，y 分别使用银行间市场同业拆借利率、债券市场国债收益率和信用债收益率以及股票市场股票指数收益率代替。

以法定存款准备金率变动的货币政策冲击为例，得到的结果如表 3.9 所示。表 3.9 第二列 β_h 表示货币政策冲击对不同期限国债收益率的影响系数，β_h 的 P 值均小于 0.01，这表示法定存款准备金率变动产生的货币政策冲击对各个期限的国债收益率在 1% 的显著性水平上具有显著影响。为了更直观地看出法定存款准备金率冲击对不同期限国债收益率的影响，我们将 β_h 系数值绘制在图 3.4 中。可以清楚看到，该系数随着债券期限的增加而降低，即法定存款准备金率的冲击对于短期限国债收益率的影响高于对长期限国债收益率的影响，法定存款准备金率变动带来的货币政策冲击对 10 年期国债的影响系数仅为 1 年期及 1 年以内的国债利率影响系数的一半左右。

表 3.9　法定存款准备金率冲击对各期限国债利率影响

期限	β_h	t 值	P 值
3m	0.78	8.09	6.33E−09
6m	0.76	6.42	5.11E−07
1y	0.79	8.71	1.37E−09
3y	0.46	6.41	5.23E−07
5y	0.44	6.24	8.21E−07
10y	0.35	6.35	6.20E−07

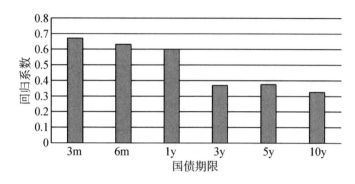

图3.4　法定存款准备金率冲击对各期限国债的影响系数

一、银行间市场对货币政策冲击的即时响应

我国的银行间市场主要是指银行间同业拆借市场,在该市场上银行等金融机构能够进行短期或临时性的资金融通行为。在我国利率市场化改革下,银行间同业拆借利率已经实现市场化波动,因此中央银行货币政策变动对银行间资金价格应当具有较大的影响,并且根据货币政策的传导机制,能够进一步对商业银行的业务开展产生影响。因此,我们首先检验中央银行的货币政策冲击对银行间市场的传导影响。一般来讲,上海银行间同业拆借利率能够较好地反映银行同业拆借市场的资金供需情况,因此我们使用上海银行间同业拆借利率(Shibor)作为银行间市场的代表利率,分别选择了1个月、3个月、6个月、9个月和1年期共五个期限的Shibor利率检验银行间市场对货币政策冲击的即时响应。从具体操作方法来讲,首先根据中央银行各种类型货币政策的公布时点,计算相应时点下不同期限Shibor利率的日度变化;然后将其与前文计算的各类型货币政策冲击进行回归分析。表3.10展现了不同类型货币政策冲击对不同期限Shibor利率的影响情况。

从回归结果分析,数量型货币政策工具中仅有法定存款准备金率变动的冲击能够对各种期限的Shibor利率产生显著影响,短期流动性调节工具对9个月和1年期的Shibor利率有显著影响,中期借贷便利利率变动的冲击能够对6个月期和9个月期的Shibor利率产生显著影响。上述所有系数均为正,表示紧缩性的货币政策冲击会提高Shibor利率。而常备借贷便利对同业拆借利率的影响在各个期限上都不显著。价格型货币政策工具和中央银行沟通性货币政策工具均能够在某些期限上对同业拆借利率产生显著影响，且影响系数均大于 0，这表示中央银行的紧缩性价格型货币政策工具和中央银行沟通型货币政策工具能够提高 Shibor 利率。

对比同一货币政策工具对不同期限 Shibor 利率的影响系数值，法定存款准备金率对 1 个月期的 Shibor 利率影响程度较大，对长期限的影响程度较小。价格型货币政策工具中的存贷款基准利率对 Shibor 利率影响较大的期限为 1 年期，而对短期限的 Shibor 利率影响系数较小，这一结论与对国债的影响规律相似。中央银行沟通型的货币政策工具对短期限（1 个月和 3 个月）的 Shibor 利率影响系数较大。

表 3.10 货币政策冲击对各期限同业拆借利率的影响

政策类型	变量名	1m	3m	6m	9m	1y
数量型 货币政策	RRR	2.5*** (5.56)	0.84*** (5.77)	0.3*** (8.35)	0.2*** (6.55)	0.17*** (5.19)
	SLO	0.7 (0.74)	0.15 (0.66)	0.08 (0.69)	0.12* (1.84)	0.12* (2.02)
	SLF	−0.32 (−0.36)	0.24 (1.19)	0.21 (0.91)	0.18 (0.71)	0.14 (0.59)
	MLF	0.49 (1.32)	0.21 (0.92)	0.33* (1.9)	0.28* (2.0)	0.23 (1.7)
价格型 货币政策	LR	−0.46 (−0.42)	0.49** (2.74)	0.57*** (4.7)	0.58*** (4.98)	0.63*** (5.26)
	LPR	−0.66 (−0.74)	0.16 (1.48)	0.13 (1.46)	0.22** (2.73)	0.23*** (3.08)
	Repo	2.8** (2.49)	0.21*** (3.57)	0.12*** (2.92)	0.12*** (2.86)	0.1** (2.61)
沟通型 货币政策	Report	2.66** (2.48)	0.21*** (2.82)	0.16*** (2.88)	0.08* (1.69)	0.05 (1.26)
	Meeting	2.0** (2.1)	0.35** (2.65)	0.14* (1.95)	0.1 (1.48)	0.09 (1.44)

注：*、**、***分别表示 10%、5%、1%的显著性水平，括号内为 t 检验值，下同。

为了进一步区分数量型、价格型和沟通型三类货币政策工具对 Shibor 利率的影响效果，我们也将汇总得到的货币各大类货币政策冲击与不同期限的 Shibor 利率进行回归分析，回归结果如表 3.11 所示。除价格型货币政策工具冲击对一个月期的同业拆借利率影响不显著外，其他各个系数均显著。整体来看，中央银行货币政策冲击对同业拆借利率的影响明显偏向于短期限，其对于 1 个月期的影响系数为 1.8，而对于 1 年期的影响系数仅为 0.2。这与中央银行货币政策冲击对国债和信用债市场的影响相比存在较大不同。

表 3.11　各大类货币政策冲击对不同期限同业拆借利率的影响

政策类型	1m	3m	6m	9m	1y
数量型货币政策	1.76*** (4.67)	0.62*** (5.68)	0.25*** (5.22)	0.18*** (5.35)	0.16*** (4.95)
价格型货币政策	1.11 (1.57)	0.29*** (5.27)	0.27*** (5.81)	0.28*** (6.3)	0.29*** (6.08)
沟通型货币政策	2.45*** (3.41)	0.28*** (3.8)	0.15*** (3.41)	0.08** (2.12)	0.06* (1.82)
所选货币政策工具汇总	1.8*** (5.08)	0.47*** (8.65)	0.25*** (8.74)	0.2*** (8.56)	0.2*** (7.97)

注：*、**、***分别表示 10%、5%、1%的显著性水平，括号内为 t 检验值，下同。

二、债券市场对货币政策冲击的即时响应

随着中央银行对于市场化基准利率的培育，基于市场化基准利率定价的债券收益率曲线日益完善，债券市场的市场化程度日益提高。我国债券市场主要包括以政府为主体发行的国债市场和以企业为主体发行的信用债市场，因此本小节主要检验国债收益率和信用债收益率对中央银行货币政策的即时响应情况。关于国债收益率主要使用中债估值的国债到期收益率数据作为国债利率的代表，期限上选择 3 个月、6 个月、1 年期、3 年期、5 年期和 10 年期六个期限的国债收益率。关于企业信用债主要选择中债企业债到期收益率曲线（AAA）作为信用债收益率代表，中债企业债到期收益率曲线的样本为当前市场上的各个企业债。之所以选择 AAA 最高信用评级是因为我们更加关注市场利率的变化，因此需要降低单个企业信用风险对利率的影响。除了企业债曲线外，中债中短期票据到期收益率曲线也是信用债市场的重要收益率曲线。我们观察到中债 10 年期中短期票据到期收益率曲线和中债 10 年期企业债到期收益率曲线的走势高度相似，如图 3.5 所示，因此仅选择企业债到期收益率曲线作为信用债市场的代表。在期限上选择了 3 个月、6 个月、1 年、3 年、5 年和 10 年共计 6 个期限的企业债到期收益率。

图 3.5　企业债和中短期票据收益率

从具体操作方法来讲，首先根据中央银行各种类型货币政策的公布时点，计算相应时点下不同期限债券收益率的日度变化；其次将其与前文计算的各类型货币政策冲击进行回归分析。表 3.12 展现了不同类型货币政策冲击对不同期限国债收益率的影响情况。

表 3.12　货币政策冲击对各期限国债利率的影响

政策类型	变量名	3m	6m	1y	3y	5y	10y
数量型货币政策	RRR	0.78 ***	0.76 ***	0.79 ***	0.46 ***	0.44 ***	0.35 ***
		(8.09)	(6.42)	(8.71)	(6.41)	(6.24)	(6.35)
	SLO	0.38 *	0.33 *	0.53 ***	0.38 ***	0.42 ***	0.47 ***
		(1.73)	(1.91)	(2.92)	(4.46)	(4.67)	(4.04)
	SLF	0.73 ***	0.57 ***	0.75 **	0.48 **	0.39 *	0.34
		(4.19)	(4.7)	(3.0)	(3.05)	(2.26)	(1.56)
	MLF	0.29	0.34	−0.01	0.17	0.17	0.09
		(0.45)	(0.84)	(−0.02)	(0.5)	(0.53)	(0.25)
价格型货币政策	LR	0.25	0.39 ***	0.57 ***	0.67 ***	0.7 ***	0.67 ***
		(1.49)	(3.55)	(6.37)	(4.44)	(4.21)	(6.04)
	LPR	0.32	0.57 ***	0.75 ***	0.4 **	0.47 ***	0.41 ***
		(1.16)	(3.01)	(4.13)	(2.51)	(3.59)	(3.87)
	Repo	0.5 ***	0.62 ***	0.54 ***	0.52 ***	0.46 ***	0.28 ***
		(3.73)	(4.54)	(5.41)	(5.3)	(4.95)	(2.91)

表3.12(续)

政策类型	变量名	3m	6m	1y	3y	5y	10y
沟通型 货币政策	Report	0.88 *** (4.46)	1.01 *** (5.57)	0.84 *** (6.18)	0.73 *** (6.79)	0.8 *** (5.47)	0.53 *** (4.65)
	Meeting	0.75 ** (2.22)	0.08 (0.36)	0.23 (1.29)	0.37 *** (2.89)	0.32 *** (2.87)	0.34 *** (3.44)

注:*、**、***分别表示10%、5%、1%的显著性水平,括号内为t检验值,下同。

从回归结果来看,我们发现大部分货币政策工具对于国债收益率的即期影响显著为正,除了部分货币政策冲击的 IRS 响应变量在部分期限不显著(如存贷款利率对 3 个月期的国债收益率影响、中期借贷便利利率变动所产生的冲击对国债收益率影响不显著)。这表示货币政策意外冲击能够显著影响到我国债券市场的波动。此外,我们还发现不同类型的货币政策冲击对不同期限的国债影响强弱不同,从该结果中我们发现如下几个结论:首先,对于法定存款准备金率,随着国债期限增加,其回归系数 β_h 逐渐降低,对于存贷款基准利率而言,随着国债期限增加,其回归系数 β_h 有逐渐增大的趋势;其次,中央银行两类沟通型货币政策工具对国债收益率均有显著影响,且对于短期限国债收益率的影响大于长期限国债收益率;最后,我们发现中期借贷便利操作利率改变带来的货币政策冲击对于国债收益率的影响在所选择的各个期限上均不显著。

与上文类似,我们也按照数量型、价格型和沟通型货币政策分类计算汇总货币政策冲击对不同期限债券收益率的影响,回归结果如表 3.13 所示。回归结果表明,不同类型的货币政策工具对各期限的国债收益率影响均显著,其中数量型货币政策冲击对于 1 年期国债的影响程度最大,系数达到了 0.7。

表 3.13　各类货币政策冲击对不同期限国债的影响

政策类型	3m	6m	1y	3y	5y	10y
数量型 货币政策	0.65 *** −6.8	0.62 *** (7.05)	0.7 *** (8.01)	0.43 *** (7.98)	0.43 *** (8.08)	0.37 *** (6.84)
价格型 货币政策	0.39 *** −3.97	0.53 *** (6.15)	0.59 *** (8.57)	0.54 *** (7.51)	0.53 *** (7.65)	0.43 *** (6.75)
沟通型 货币政策	0.85 *** −4.48	0.59 *** (3.92)	0.54 *** (4.68)	0.56 *** (6.69)	0.58 *** (6.09)	0.44 *** (5.68)

表3.13(续)

政策类型	3m	6m	1y	3y	5y	10y
所选货币 政策工具汇总	0.57 *** -8.3	0.58 *** (10.14)	0.64 *** (12.77)	0.49 *** (12.32)	0.48 *** (11.85)	0.38 *** (10.4)

注:*、**、***分别表示10%、5%、1%的显著性水平,括号内为t检验值,下同。

我们考察了国债市场对货币政策冲击的即时响应,发现货币政策冲击对国债市场收益率具有较为显著的影响,下文将进一步考察企业信用债市场对货币政策的即时响应情况。表3.14展示了货币政策冲击对不同期限企业债到底收益率的影响。从回归结果分析,大部分货币政策工具对于企业信用债利率的影响显著为正,中期借贷便利对企业信用债的影响在各个期限上均不显著。

表 3.14　货币政策冲击对各期限企业债利率的影响

政策类型	变量名	3m	6m	1y	3y	5y	10y
数量型 货币政策	RRR	0.85 *** (7.95)	0.8 *** (8.6)	0.76 *** (9.71)	0.52 *** (5.8)	0.52 *** (5.37)	0.38 *** (4.92)
	SLO	0.55 (1.47)	0.3 (1.1)	0.28 (1.34)	0.3 ** (2.37)	0.49 *** (3.18)	0.42 *** (3.18)
	SLF	1.01 ** (2.55)	0.7 ** (2.51)	0.65 ** (2.31)	0.37 (1.77)	0.34 (1.34)	0.18 (1.72)
	MLF	0.01 (0.01)	0.02 (0.04)	0.06 (0.11)	-0.01 (-0.01)	-0.02 (-0.04)	-0.06 (-0.14)
价格型 货币政策	LR	0.39 ** (2.53)	0.45 *** (3.64)	0.54 *** (3.73)	0.68 *** (6.59)	0.91 *** (6.74)	0.72 *** (9.4)
	LPR	0.79 ** (2.79)	0.48 * (1.87)	0.62 ** (2.66)	0.52 ** (2.67)	0.77 *** (4.0)	0.59 *** (5.74)
	Repo	1.4 *** (3.63)	0.62 *** (4.99)	0.54 *** (4.39)	0.41 *** (3.9)	0.38 *** (3.25)	0.28 *** (3.24)
沟通型 货币政策	Report	1.63 ** (2.68)	0.6 *** (3.38)	0.75 *** (4.02)	0.89 *** (5.41)	0.73 *** (4.78)	0.37 *** (3.36)
	Meeting	0.85 ** (2.19)	0.41 * (1.93)	0.09 (0.36)	0.2 (1.67)	0.02 (0.14)	0.12 * (1.72)

注:*、**、***分别表示10%、5%、1%的显著性水平,括号内为t检验值,下同。

与上文类似,我们将大类货币政策事件合并后,考察了不同类型的货币政策冲击对不同期限的企业债收益率影响,结果如表3.15所示,三大类货币政策事件对企业债收益率的影响均显著为正,并且从期限长短来看,货币政策对企业债的影响力度随着期限的增加呈现降低趋势，企业债收益率受影响系数最大的为 3 个月期企业债，系数达到 0.88。对比货币政策对国债收益率的影响，其对较短期限企业债收益率的影响更大。

表 3.15　各大类货币政策冲击对不同期限企业债的影响

政策类型	3m	6m	1y	3y	5y	10y
数量型 货币政策	0.76 *** (6.02)	0.66 *** (6.58)	0.63 *** (7.38)	0.45 *** (6.14)	0.5 *** (6.42)	0.37 *** (5.73)
价格型 货币政策	0.95 *** (4.2)	0.54 *** (6.03)	0.55 *** (6.35)	0.52 *** (7.12)	0.64 *** (7.67)	0.49 *** (8.37)
沟通型 货币政策	1.3 *** (3.56)	0.54 *** (3.9)	0.45 *** (2.99)	0.57 *** (5.28)	0.4 *** (3.71)	0.25 *** (3.74)
所选货币 政策工具汇总	0.88 *** (6.91)	0.58 *** (9.82)	0.57 *** (10.04)	0.49 *** (10.38)	0.53 *** (10.34)	0.38 *** (9.9)

注：*、**、*** 分别表示 10%、5%、1% 的显著性水平，括号内为 t 检验值，下同。

三、股票市场对货币政策冲击的即时响应

虽然利率传导渠道不直接考察货币政策冲击对股票市场表现的影响，但因为投资者的资金会在股市和债券市场之间进行配置，我们认为了解股票市场对货币冲击的即时反应有助于全面理解货币政策冲击对债券市场利率的影响。随着我国资本市场制度改革，股票市场越来越成为我国企业直接融资的重要市场。股票市场一定程度上是我国宏观经济波动的晴雨表，其波动也可能会受到国内宏观政策的影响。前文研究中发现货币政策意外冲击对货币市场和中长期债券市场具有较为显著的影响，本小节将进一步探讨股票市场对于货币政策冲击的即时响应。对于股票市场收益率我们使用上证综指和深证成指作为股票市场收益率的代表，研究方法与前文方法类似，首先根据中央银行的各种类型货币政策的公布时点，计算中央银行货币政策公布后上证综指和深证成指的日度涨跌幅数，其次将其与货币政策冲击进行回归，得到各类货币政策工具冲击对股票指数收益率的影响，表 3.16 展示了货币政策冲击分别与上证综指和深证成指的回归结果。

对回归结果进行分析，我们发现货币政策冲击对于股票市场收益率的影响几乎不显著。除了法定存款准备金率对于深证成指收益率在 10% 的显著性水平下有负向影响外，其他各类货币政策工具的冲击对当日股指收益率的影响均不显著。我们认为货币政策对股票市场的影响不显著的原因可

能与当前我国股票市场的市场化制度建设不够完善有关。样本期内我国股票市场正在从审核制向注册制转型，但股票市场目前仍主要以国有企业和大规模民营企业为主，这些企业融资可能存在一定的预算软约束问题，对利率的敏感性较差。此外，我国股票市场尚未完全实行市场化退出机制，这有效影响了股票市场的市场化定价效率，导致货币政策对股票市场收益率的影响效果较差。

表 3.16　货币政策冲击对股票指数收益率的影响

政策类型	变量名	上证综指	深证成指
数量型 货币政策	RRR	-6.94 (-1.43)	-9.38* (-1.78)
	SLO	-10.0 (-1.08)	-9.65 (-1.03)
	SLF	4.44 (0.58)	3.41 (0.31)
	MLF	2.92 (0.34)	5.86 (0.55)
价格型 货币政策	LR	-8.87 (-0.94)	-7.27 (-0.89)
	LPR	-16.61 (-1.23)	-13.24 (-0.97)
	Repo	-4.16 (-0.87)	-8.7 (-1.52)
沟通型 货币政策	Report	1.68 (0.34)	-0.26 (-0.04)
	Meeting	-10.39 (-1.65)	-10.85 (-1.29)

注：*、**、*** 分别表示 10%、5%、1% 的显著性水平，括号内为 t 检验值，下同。

进一步地，我们汇总各大类货币政策冲击，研究每一类以及综合的货币政策冲击对股票指数收益率的影响。回归结果如表 3.17 所示。总体来讲数量型货币政策工具和价格型货币政策工具对股票收益率具有较为显著的负向影响，而中央银行沟通型货币政策工具对股票市场的影响不显著。从影响系数来看，中央银行货币政策工具对深圳股票市场的影响较上海股票市场更大，这表现为汇总后的货币政策冲击对深证成指的影响系数高于对上证综指的影响系数。

表 3.17 各大类货币政策冲击对股票指数收益率的影响

政策类型	上证综指	深证成指
数量型货币政策	-6.73^* (-1.83)	-8.18^{**} (-2.09)
价格型货币政策	-7.05^* (-1.79)	-8.35^* (-1.95)
沟通型货币政策	-3.15 (-0.79)	-4.62 (-0.9)
汇总货币政策	-5.16^{**} (-2.38)	-6.71^{***} (-2.74)

注: *、**、***分别表示 10%、5%、1%的显著性水平,括号内为 t 检验值,下同。

第四节 金融市场对货币政策冲击的多日响应

上一小节讨论了货币政策冲击对不同类型金融市场的即时影响,为了观察金融市场是否能够对中央银行的货币政策进行充分响应,本小节将进一步讨论货币政策对银行间市场、债券市场和股票市场的持续性影响。我们在本小节中将上一节中的单日响应模型扩展到多日响应模型,考虑从货币政策冲击发生后的 1 天到 7 天的累计收益率变化,此处使用的公式与上一节相似。

$$\Delta y_{t+h,\ t-1} = \alpha_h + \beta_h S_t + \varepsilon_{h,\ t} \tag{3.3}$$

其中 S_t 是我们在 t 时刻货币政策公告事件发生后的 IRS 收益率变化。$\Delta y_{t+h,\ t-1}$ 表示 $t+h$ 时刻的债券收益率减去 $t-1$ 时刻的债券收益率,此处由于考虑多日响应,h 取值依次为 0,1,2…6。考虑到多日响应下不同类型货币政策工具和不同持续时间区间的组合较多,为了便于回归结果展示和节省篇幅,下文主要以国债市场对货币政策冲击的多日响应为例,呈现一部分货币政策冲击下 β_h 在不同 h 取值下的大小可视化图。

以来自法定存款准备金率变动的货币政策冲击对各期限国债收益率的影响为例,我们使用货币政策冲击与冲击后 1 至 7 日国债收益率变动依次进行回归,将回归结果中的系数 β_h 进行可视化。横坐标表示受到国债收益率受到货币政策冲击后天数,纵坐标表示 β_h 系数取值,不同类型的线段表示不同期限的国债收益率影响。结果如图 3.6 所示。

从图 3.6 中线条走势来看，货币政策冲击对国债利率的 1~7 日的影响均为正，且整体来说随着时间的增加逐渐上升。期限较短（3 月、6 月和 1年期）的国债利率上升趋势较为稳定，期限较长（3 年、5 年和 10 年期）的国债整体上升幅度较小，且趋势相较于短期限的国债更加不稳定。此外3 年、5 年和 10 年期国债在冲击发生的第 4 天利率响应出现较小幅度的回落。与调整法定存款准备金率的冲击类似，我们也考虑其他货币政策变化对国债收益率的持续性影响。大部分货币政策工具冲击对国债收益率的多日影响与法定存款准备金率相似，在货币政策意外发生后的 7 日内，国债收益率的累计响应逐渐增加，政策冲击能够在 7 日内对国债收益率产生持续的影响。

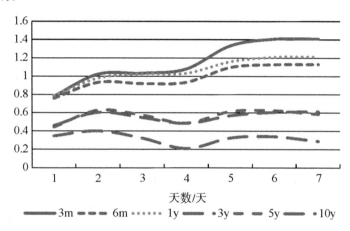

图 3.6　国债收益率对法定存款准备金率冲击的多日响应

除了数量型货币政策，我们也考虑了以存贷款基准利率为例的价格型货币政策对国债收益率的持续性影响。图 3.7 展示了不同期限国债收益率对存贷款基准利率冲击的多日响应。可以看到随着时间推移，价格型货币政策对国债收益率的影响效果逐渐衰退，这说明中央银行在调整存贷款基准利率后，债券市场利率特别是短期国债利率对其有一定程度的过度响应，这一过度响应在随后的几日中逐渐被修复。

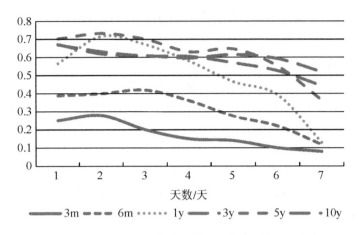

图 3.7　国债收益率对存贷款基准利率冲击的多日响应

除了数量型和价格型货币政策的持续影响外，我们进一步考虑了货币政策执行报告和货币政策委员会例会两种中央银行沟通型货币政策对国债收益率的持续性影响。图 3.8 将两个中央银行沟通型货币政策工具汇总以考虑其对国债收益率的累积影响，可以看到在 1~7 日内影响系数快速增加，其中中央银行沟通型货币政策对三个月期限的国债的影响系数从 0.8增加至 2.8。因此相较于数量型货币政策工具和价格型货币政策工具，中央银行沟通型货币政策工具的图形斜率更大，这表明中央银行沟通型货币政策在此后的几日对国债市场具有持续、较大的影响。

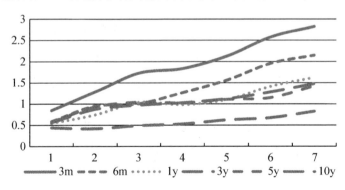

图 3.8　国债收益率对中央银行沟通型货币政策冲击的多日响应

我们使用同样的方法研究了其他金融市场利率对中央银行货币政策冲击的多日响应情况。从同业拆借市场的 Shibor 利率对货币政策的多日响应来看，货币政策对同业拆借市场利率有明显的持续性影响且不同类型货币政策工具之间差距较小，同时从同业拆借利率的多日响应结果中可以看到，中央银行货币政策工具对所选择的短期限的同业拆借利率（1个月期、3个月期）的影响系数明显大于其他期限，较长期限（6个月期、9个月期、1年期）的同业拆借利率受货币政策冲击的影响程度较为类似。从企业信用债收益率对中央银行货币政策的多日响应来看，大致影响与货币政策对国债的多日影响相同。除了价格型货币政策工具存贷款基准利率在1~7日时间窗内的响应有一定的缩小趋势外，其他各类货币政策工具在1~7日的持续影响有扩大趋势。同时多日响应的结果也印证了单日响应的结果，中央银行货币政策工具对三个月期的企业债的影响明显强于对其他期限企业债的影响，即相较于国债而言，中央银行的货币政策冲击对于企业债的影响主要集中在短期限。从两大股指收益率对货币政策的多日响应来看，股票市场的多日响应变化趋势不存在明显的上升规律。从系数的正负来看，数量型、价格型、沟通型货币政策工具对股票市场的累积影响系数均为负，即中央银行的紧缩性货币政策冲击会导致股票指数的下跌，冲击产生后的几日对于股票市场持续性影响规律性不强，但1~7日累积影响均下跌。

第五节　本章小结

本章研究了货币政策利率传导渠道中的重要通道，即货币政策对各金融市场利率传导的效果。我们基于利率互换（IRS）收益率对货币政策调整的日度变化来刻画货币政策的意外冲击，并且基于这一货币政策意外冲击指标的构建，综合考察了价格型、数量型和沟通型等多类型及综合的中央银行货币政策工具对金融市场的传导影响。为了全面研究货币政策对金融市场的影响，我们研究银行间市场、债券市场和股票市场等多样化金融市场利率对货币政策意外冲击的响应，发现货币政策对金融市场的利率传递有效性较高。主要有以下研究发现：

第一，从不同类型货币政策工具对金融市场利率的影响来看，数量型和价格型比中央银行沟通型货币政策工具对金融市场的影响力度更大。具体到各个货币政策工具来看，除了中央银行货币政策执行报告、中央银行货币政策委员会例会公告和中期借贷便利变化后利率冲击较小外，其他类型的中央银行货币政策工具公布后均能够产生较大的冲击。其中存贷款基准利率和法定存款准备金率的调整所带来的冲击最大，即存贷款基准利率和法定存款准备金率的调整一般来说不容易被市场完全预期，其调整会对市场产生较大的意外冲击。

第二，从不同金融市场利率对货币政策工具的单日响应来讲，股票市场对货币政策的响应程度弱于货币市场和债券市场。大部分货币政策工具能够对货币市场和债券市场收益率产生显著影响，而对股票市场收益率的影响并不显著。从不同期限的货币市场和债券市场的响应程度来看，中央银行货币政策冲击对同业拆借市场的影响主要集中于短期限，冲击对 1 个月期同业拆借利率的影响系数远大于对 1 年期债券的影响系数。而中央银行货币政策冲击对国债收益率影响最大的期限为 1 年期，对于企业债为 3 个月期。

第三，从货币政策对金融市场的多日响应来看，大部分货币政策冲击能够在公布后持续对金融市场产生影响。从多日响应结果来看，货币政策工具能够对债券市场和货币市场产生持续性的同向影响，但存贷款基准利率变动冲击对债券市场的累计影响逐渐降低，这可能意味着市场当日对存贷款基准利率变动的货币政策冲击存在一定的过度反应，并在后续几日中不断修复。三类货币政策工具冲击对债券市场的影响中，中央银行沟通型货币政策工具对债券市场的累计影响在观察期内持续快速增长，这表明中央银行沟通型货币政策工具能够对债券市场产生持续且较大程度的影响；而数量型和价格型货币政策工具对于债券市场的影响主要是当日影响，持续性影响较弱。

考虑到我国商业银行是货币市场和金融市场的重要参与主体，以上结果表明我国利率传导渠道的有效性在第一、二层级，即中央银行与商业银行、商业银行之间的效果是非常明显的。

第四章 利率传导渠道有效性：
来自金融机构的证据

利率传导渠道有效性评估的第二个环节是评估中央银行政策意图，尤其是评估政策利率能否有效传导到商业银行的零售利率即存贷款利率上。事实上，这一点在我国尤其重要，因为银行融资一直是中国企业最主要的资金来源。但值得注意的是，自2008年全球金融危机爆发以来，以资产证券化为代表的金融创新，尤其是由不受监管的金融实体和资产负债表外工具开展的类似银行的活动，已被公认为维持经济体金融稳定的关键角色，并影响货币政策传导的有效性。越来越多的文献探讨了正规银行和非正规金融之间的相互作用。传统银行在受到负面冲击后表现得像对冲基金，因为它们在传统资产负债表贷款和通过证券化出售贷款之间切换（Buchak et al.，2020；Boot & Thakor，2015）。中国近二十年来商业银行的创新也常被称为"银行的影子"（Ehlers et al.，2018；Sun，2019），因为它们中的大多数都是由传统银行运营的各种表外渠道演变而成的影子信贷，其本质是类银行信贷。一些学者考察了类信贷业务对货币政策银行贷款传导渠道有效性的影响（Chen et al.，2018；Yang et al.，2019）。然而，这些类信贷的金融创新活动对货币政策利率传导渠道的影响还鲜有人关注。鉴于此，我们在梳理中国商业银行零售利率决定因素的基础上，考察从政策利率到银行端零售利率的传导效果，并特别关注近年来规模已不可忽视的理财产品等金融创新在利率传导中的作用。

第一节 中国商业银行存贷款定价市场化改革

前文虽然梳理了中国利率市场化的历程，本章将进一步聚焦到商业银行的视角，考察其存贷款利率市场化定价的过程，以便更深入地理解中央银行政策利率对商业银行零售贷款利率定价的影响。

从 1993 年中国人民银行开始培育货币市场利率，到 2015 年放开对存贷款基准利率的管制，再到 2020 年年初将贷款市场报价利率设定为商业银行贷款市场的基准利率，中国利率市场化改革已基本完成。但利率市场化改革之所以是"基本完成"而不是"实质"完成，是因为一些银行仍然没有成熟的存款和贷款的定价能力。为了防止银行在存款方面的恶性竞争，银行业设立了基于行业联盟的存款利率浮动上限。不同地区、不同类型的银行已就其存款利率的浮动上限达成一致，这持续形成了一个隐性的存款利率上限。

此外，中国商业银行尚未建立从银行间市场到贷款市场的有效资金转移机制。资金转移定价（fund transfer pricing，FTP）是银行评估存款和贷款盈利能力的主要方法。然而，中国商业银行的利率决定具有双轨 FTP 的特点，即存贷款部门资金和银行间金融部门资金是分离的。银行间金融市场利率定价基于市场化的利率，包括银行间利率等，称为"市场轨道"；而存贷款部门的定价则基于中国人民银行设定的基准利率，通常称为"计划轨道"。贷款部门不能从银行或金融市场获得资金来源，只能从存款部门获得。

在双轨 FTP 框架下，市场化的利率几乎不会影响到零售贷款利率。然而，仍然有一些渠道可以将它们连接起来。一是来自银行的资产配置决策。当金融市场的投资收益率较高时，银行将资金更多分配给金融市场投资，并减少贷款供应，从而在贷款需求不变的情况下提高贷款利率。然而，这一渠道是影响贷款利率的慢变量，因为银行通常仅在每年年初确定资产组合，并在全年保持稳定。二是以理财为主要资金来源的各种商业银行的表内外业务的金融创新，它们在过去十年发展迅速。图 4.1 展示了商业银行的金融创新如何使传统的相互分割的"市场轨道"和"计划轨道"的各部门（资金）被打通。银行发行理财产品（wealth management products，WMPs）是为了吸收私人和机构投资者的资金，并通过投资货币和债务市场以及使用表外信用工具赚取利润。WMPs 在一定程度上成为存款的替代品，或存款的竞争产品。一段时间里，理财产品有时会通过银行内部资金转移成为存款，以满足贷存比监管（Acharyaet al., 2017）。随着针对银信合作、银基合作等影子信贷通道的理财产品的发行和运营的法规不断出台，银行开始将同业存单市场作为影子信贷的新资金来源甚至是投资标的。因此，理财产品或由银信合作通道产生的信托产品的更高收益率和规模也可能导致更高的贷款利率，因为贷款的融资成本更高或者作为表内信贷的替代品影子信贷的收益率更高，这些都可能使银行要求表内信贷有更高的收益作为补偿。

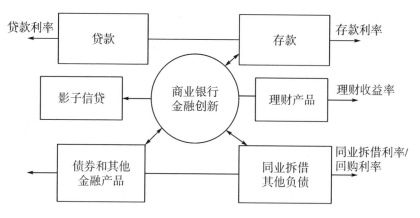

图 4.1　银行的内部资金转移定价机制

值得注意的是，银行的监管套利模式在 2013 年后有所改变。在此之前，银行监管套利的主要模式是"理财产品—影子信贷"，这意味着银行通过向私人投资者发行 WMPs 来吸收资金，然后通过各种渠道发放表外信贷来盈利。随着中国经济的放缓以及针对影子信贷更多的监管，如资管新规明确限制了任何理财产品在非标准金融证券（主要是表外贷款）上的投资份额不得超过 30%，于是商业银行开始在银行间市场经营影子业务，从投资信贷市场产品和其他金融产品中获取利润。典型的套利模型是商业银行在银行间市场发行可转让存单（negotiable certificates of deposits，NCD）筹集资金，并开展投机性投资，如银行间 WMPs、货币市场基金等。

图 4.2 展示了自 2013 年以来理财产品的投资组合。显然，债务证券类投资占 WMPs 总额的比例从 2013 年的近 40%上升到 2019 年的 56%，而非标准信贷资产（主要是表外信贷）的投资比例从 2015 年的近 30%下降到 16%，且此后一直保持稳定。因此，2013 年后，银行的理财投资等影子业务相较 2013 年之前，还减少了银行间市场和贷款市场之间的联系，这也可能会降低短期政策利率对贷款利率的传递效应。

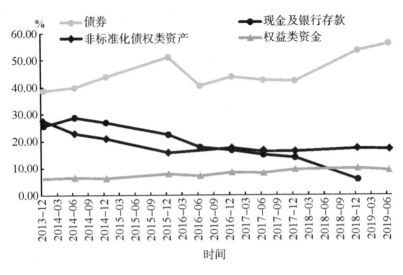

图 4.2　2013 年以来理财产品的投资组合

第二节　商业银行贷款定价的决定因素

在考察从政策利率到银行零售利率的传导是否有效之前，有必要先梳理中国商业银行零售利率定价本身的决定因素。这方面的研究还比较少，主要是因为中国的商业银行直到 2015 年才被赋予完全的零售利率定价的自主权。

一、贷款定价决定因素的文献综述

科学的利率定价，是商业银行形成可持续盈利能力的核心。前面提到的内部转移资金定价机制，主要是基于业界实践的总结。业界在财务因素和风险因素的基础上，使用成本加成、基准利率加点的形式形成最终贷款利率。在 TFP 定价机制之外，国内外学者也做了大量研究。国外研究（McShane & Sharpe，1985；Clair，1992；Angbazo，1997；Kwan & Eisenbeis，1997；Maudos & De Guevara，2004；Dell´Aricia & Marquez，2006；Ogura，2006，Lepetit et al.，2008；Foos et al.，2010）普遍发现成本、银行杠杆率、信用风险、利率风险、非利息收入占比等会影响到银行的贷款利率决定。国内研究有代表性的包括两类：基于客户关系的贷款定价研究（何韧绐，2010；邓超，2010）主要强调客户关系的加强或改善有利于贷款利率降低；基于借款人风险的贷款定价（金雪军等，2007；毛捷等，2009；宋磊，2012）研究则发现我国商业银行贷款的风险定价能力还较弱。

二、银行金融创新与贷款利率定价文献综述

我们认为，中国银行业近十五年以理财为主要资金来源的各种金融创新业务的发展也可能对商业银行的贷款利率产生直接影响，但这种影响的方向是不确定的。首先，随着理财业务尤其是非保本的表外理财产品的快速扩张，中国的银行越来越依赖批发融资，而不仅仅是存款市场的资金。作为中国金融体制的一个典型特征，我国货币市场利率（批发利率）通常高于同样期限的存款利率（零售利率），这使得批发融资的平均成本高于存款的资金成本，因此规模更大、成本更高的理财业务可能会因为提升银行资金的整体成本而给贷款利率带来上升压力。其次，银行通过发行理财产品募集的资金再通过银信、银基合作等通道向某些企业发放的类信贷，因为绕开了表内信贷所受到的各种监管，或许会对减小银企信息不对称有一定作用。由信息不对称下的贷款定价理论可知，下降的银企信息不对称程度会降低银行对企业贷款的风险溢价。但由于中国银行业以理财、同业等为主要表现形式的金融创新活动主要涉及受政策限制的表内信贷向表外的转移，或债务以及其他金融证券的投资，因此这种特定的非利息收入业务在缓解银行和企业之间的信息不对称方面的作用或将相当有限。相反，因为高风险高收益的表内贷款在信贷审慎监管政策实施后被转移成表外贷款，这可能会给表内贷款带来下降的压力。最后，理财等金融创新业务的收入作为银行非利息收入的重要来源之一，也可能通过利息和非利息业务之间的交叉补贴效应影响贷款利率。正如瓦尔韦德和费尔南德斯（Valverde & Fernández，2007）以及勒佩蒂特等（Lepetit et al.，2008）提出的利息和非利息业务之间的交叉补贴效应，也可能对贷款利率造成下行压力。部分现有研究（Valverde & Fernández，2007；Lepetit et al.，2008年）提供了交叉补贴效应的证据。如阿贝迪法尔等（Abedifar et al.，2018）发现，投资银行收入较高的银行平均设定了较低的商业和工业贷款利率。然而，经验研究也有反面的证据。例如，阮（Nguyen，2012）没有发现非利息收入与银行息差之间存在负相关性的明确证据。

综上，我们认为在考察政策利率对银行贷款利率的传递效果时，有必要控制以理财为主的创新业务对我国商业银行贷款利率的影响。

第三节　金融创新与利率传递

一、文献综述和研究假设的提出

在中国，关于从政策利率向零售利率的传导效果的研究还较少。以往关于中国货币政策利率传导的研究主要考察了政策利率向货币市场利率的传导是否有效。大多数研究结果表明，在过去十年中，政策利率向货币市场利率的传递效果有所改善。随着中国人民银行在 2013 年放弃对银行贷款利率的限制，一些研究开始通过关注利率自由化的作用来探索从政策利率到零售利率的传导（Liu et al.，2018；Liu，2019，郭豫媚等，2018）。近几年有一些研究基于 DSGE 模型讨论了影子信贷在中国货币传导机制中的作用，但重点关注了影子信贷对货币或信贷供应的影响，而不是利率传导的效果（Xiao，2019；Funke et al.，2015）。

虽然之前的研究侧重于利率自由化对中国零售利率的作用，但还没有文献研究理财等金融创新如何影响中国商业银行的贷款定价，以及从政策利率到零售利率的传导效果。中国银行业的大多数金融创新活动涉及各种形式的直接或间接的表外信贷，常被称为"影子信贷"，其主要的套利模式是商业银行通过向公众投资者发行资产负债表外产品（主要是财富管理产品）来经营资产负债表内的信贷和其他金融产品。理财等金融创新业务已经成为重要的非利息收入来源之一。许多文献，包括 Valverde 和 Fernández（2007）、Lepetit 等（2008）、Lin 等（2012）和 Nguyen（2012），都研究了银行非利息业务与净息差之间的关系。他们中的大多数人发现两者之间存在负相关关系，这表明非利息收入对银行贷款定价具有交叉替代效应。为了与这一系列文献进行比较，我们也研究了理财等金融创新业务对净利差的影响以便于与现有文献进行比较。

中国人民银行过去直接设定基准存款利率和贷款利率，同时还有一些基于公开市场操作的市场化政策利率，通常是 7 天到期的回购利率。传统上，中国商业银行采用双轨制的内部资金转移定价（FTP）系统，将存款贷款部门与银行间借贷市场和金融投资的资金分开。贷款利率和存款利率在很大程度上取决于基准存贷款利率，而不是市场化的政策利率。但正如伯南克（Bernanke，1988）、科塔雷利和库雷利斯（Cottarelli & Kourelis，1994）指出，政策利率向贷款利率的传递受到金融结构的影响。当竞争对手较少或没有其他融资来源的市场中的贷款需求弹性较小时，贷款利率可能会对货币市场利率的变化做出更大的反应，以支持贷款需求方面的观点。一方面，由于影子信贷提供了更多的表外信贷或表内信贷的可替代渠道，从基准政策利率到贷款利率的传递可能会被减弱。另一方面，由于WMPs或其他金融创新产品，如银行间市场的可转让存单，在银行间市场和贷款市场之间提供了更紧密的联系，因此从市场化政策利率到贷款利率的传递或被加强。值得注意的是，自2013年起，中国经济增长放缓以及针对影子信贷的监管陆续出台，中国银行业金融创新的典型套利模式，即WMPs-影子信贷模式，发生了一些变化。银行开始在银行间市场发行可转让存单（NCD），为其投机性投资提供资金，这些资金再被投资到银行间WMP、货币市场基金等，这又可能会阻碍从市场化政策利率到贷款利率的传递。但是到目前为止，还没有研究考察以下问题：监管套利模式的转变如何影响利率的传递？

理财等金融创新还可以通过影响从政策利率到零售贷款利率的利率传递效应，从而间接影响零售贷款利率。一方面，由于影子信贷为企业提供了更多的融资选择，预计从政策利率到贷款利率的传递效应将降低。另一方面，理财等金融创新可能会增加从基于市场的政策利率到贷款利率的传递效应，因为理财业务为银行间市场和贷款市场之间提供了更紧密的联系。因此，我们提出研究假设如下。

研究假设1：理财产品可能会降低基准利率到贷款利率的传递效应，但增加从市场化的政策利率到贷款利率的传递效应。

二、实证设计

利率传递的实证研究主要包括资金成本法（Bondt，2005；Hofmann，2006；Bernhofer & van Treeck，2013；Havranek et al.，2016）和货币政策法（Becker et al.，2012；Mojon，2000；Espinosa Vega & Rebucci，2004；Liu et al.，2009；Liu et al.，2011；Becker et al.，2012；Blot & Labondance，2013；Holton & d'Acri，2015）。主要依据政策利率的选择方式区分了这两种方法。资金成本法使用市场化的利率，考察对可比期限贷款利率的传递效果。货币政策法使用主要政策利率（通常由货币市场利率替代）作为参

考利率，估计贷款利率基于期限结构和风险结构对于政策利率的传递效应。本书中，我们遵循货币政策方法，因为我们的重点是考察中央银行价格型的货币政策工具对零售利率的传导效果。

由于我们还关注理财类金融创新活动对政策利率到贷款利率传递效应的作用，在实证模型中通过引入银行理财产品发行规模和货币政策利率的相互项以考察理财等银行金融创新对利率传递的影响。具体模型设定如式（4.1）。考虑到 2013 年贷款利率的所有限制都已逐步取消，我们还将整个样本（2012—2017 年）的结果与改革后时期（2014—2017 年）的估计结果分别列示，以了解在商业银行获得完全自主贷款定价权后，从政策利率到贷款利率的传递效果是否发生了变化。模型设定如下：

$$\mathrm{LR}_{it} = \alpha_i + c_1 \, \mathrm{mpr}_t + c_2 \mathrm{WMP}_{it} + c_3 \, \mathrm{mpr}_t * \mathrm{WMP}_{it} + \gamma \, X_{it} + \varepsilon_{it} \quad (4.1)$$

其中下标 i 和 t 分别表示银行和时间。LR 是根据贷款利息收入与平均贷款总额的比率计算的各银行的平均贷款利率。WMP 刻画各银行理财产品规模。mpr 为政策利率。考虑到中国特色的利率体系，我们首先使用基准利率作为参考利率，然后使用中央银行意图传递政策意图的短期市场利率作为政策利率来检验传递效果。借鉴 Liu 等（2018）和 Jin 等（2014）的做法，我们选择 1 年期基准存款利率作为基准利率。我们不选择 1 年期贷款利率的原因有两个：第一，中国人民银行每次同时调整基准存款利率和基准贷款利率，以保持银行有稳定的存贷差利润率。第二，零售存款利率更直接地受到基准存款利率的影响，因为我们还要考虑基准政策利率通过零售存款利率对贷款利率可能产生的中介效应。对于市场化的政策利率，借鉴郭豫媚等（2018），我们使用 7 天到期回购利率（Repo7d）作为参考利率，以检查批发利率到零售贷款利率的传递。虽然西方国家的文献通常选择 1 天期限的银行间利率作为参考利率，但中国人民银行对 7 天期限回购利率的依赖程度高于对其他期限短期利率的依赖。事实上，与其他期限的短期利率品种相比，Repo7d 的交易量在绝大多数时期都是最大的。

作为稳健性检验，我们还选择了 3 个月期的短期市场利率 Shibor（Shibor3m）作为参考利率。中国人民银行原本希望将 Shibor 培育成主要的反映政策意图的市场化利率，该利率基于 18 家大中型商业银行的报价而成，但没有得到实际交易的有效支持。然而，与其他期限品种相比，Shibor3m 仍是交易量最大的，之前的许多研究也曾将其视为政策利率的代理变量（Xie, 2013; Liu et al., 2018）。

X_{it} 是控制变量集，主要包括其他影响贷款利率的因素。以上各关键变量和控制变量的详细定义和介绍如下。

（一）关键变量

理财规模（WMP）是模型中的关键变量。各家银行的影子信贷或表外投资的数据很难直接从公开渠道获得，因为监管机构没有规定银行必须发布该数据。而且影子信贷或表外投资的资金来源也并不固定或单一，因为银行通过各种金融创新与监管博弈的方式不断变化其影子业务表现形式，以规避法规的持续变化（Wang et al.，2017）。银行业金融创新的主要投资目标随着时间的推移而有所不同，从 2013 年之前通过不同工具提供的表外信贷，到各种银行间资产，包括买入返售（2011—2012 年）、同业拆借（2013—2014 年），再到多链条的资管计划（2014—2016 年）等。事实上，主要的投资目标已经通过银行间 WMPs 和 NCDs 或通过委托给基金和信托公司转移到债务和其他标准金融证券。但理财产品作为银行表外影子信贷资金来源时间持续最久、量级最大的一种表现形式，可以在相当长的时间段里反映商业银行影子业务规模的变化。但各银行理财发行规模的数据非常有限，而且质量很差。此外，WMP 的规模也很难衡量，虽然有关 WMP 发行量的数据很少，但银行在其年度报告中公布了经营 WMP 的费用与收入。由于各家银行对 WMP 收取的管理费率几乎相同，我们使用各银行 WMP 的收入除以总资产作为单个银行 WMP 规模的代理变量。

（二）控制变量

控制变量（X_{it}）是根据有关贷款定价的文献选择的（例如，McShane & Sharpe，1985；Clair，1992；Angbazo，1997；Kwan & Eisenbeis，1997；Maudos & De Guevara，2004；Dell´Aricia & Marquez，2006；Ogura，2006，Lepetit et al.，2008；Foos et al.，2010；Liu，2017；Lio et al.，2018），包括银行特定控制和宏观控制。银行特征包括以下六个因素。

成本效率（OC）衡量为运营和管理费用之和，包括营业税和附加费，除以平均生息资产。阿尔顿巴斯等（Altunbas et al.，2001）指出，效率较低的银行预计会有更高的贷款利率来支付更高的成本。

银行杠杆率（RA）由银行权益资本相对于总资产的比率来衡量。较高的杠杆率与较低的道德风险问题相关（Berger et al.，1995，Keeley & Furlong，1990）。同时，更高的杠杆率可能会鼓励冒险行为（Kim & Santomero，1988；Blum，1999），并导致更高的贷款利率，以补偿与债务融资相比更高的股本成本。

通过贷款损失准备金率（LPR）衡量的信用风险反映了贷款质量以及贷款损失准备金和注销的调整（Kwan & Eisenbeis，1997；Gonzalez，2005；Valverde & Fernández，2007；Delis & Kouretas，2011；Fiordelisi et al.，2011；Abedifar et al.，2018）。预计银行将要求更高的贷款利率以应对更高的信用风险。

利率风险（IRisk）是通过生息资产与付息负债的比率来计算的。昂巴佐（Angbazo，1997）、瓦尔韦德和费尔南德斯（Valverde & Fernández，2007）、桑德斯和舒马歇尔（Saunders & Schumacher，2000）等认为，较高的流动性或利率风险通常会转化为较高的贷款利率。

非利息收入比率（NII）定义为不包括 WMP 费用（已计入 WMP）的非利息收入与总营业收入的比率。先前关于 NII 与银行贷款之间关系的文献（Barth et al.，2004；Berger，1999；Boot，2000；Valverde & Fernández，2007；Nguyen，2012；Lepetit et al.，2008）发现了好坏参半的结果。然而，大多数研究支持较高的 NII 通过交叉补贴效应降低贷款利率。

最后一个银行层面的控制变量是贷款组合的市场力量（MK）。市场力量的定义是银行系统中个人银行贷款与总贷款的比率。一方面，较高的市场力量可能与较低的贷款利率相关，因为较大的银行通常具有较低的融资成本和较好的缓解信息不对称从而降低风险溢价的能力。另一方面，更高的市场力量也可能提高贷款利率，因为银行在贷款市场上有更好的议价能力。

宏观调控变量包括贷款需求指数（LDI）和利率市场化改革虚拟变量，其中 D14（2013 年后等于 1，否则为零）反映贷款利率市场化改革的里程碑即取消了贷款利率下限的限制。

三、数据和描述性统计

基于数据可得性，本书使用了 2012—2017 年 35 家中国商业银行的数据，其中包括五大国有银行、12 家国有股份制银行、18 家城市或农村商业银行。样本银行的总资产和总贷款分别占全国商业银行的 71.78% 和70.22%，总体来说，本样本具有较好的代表性。

银行层面的数据，主要基于我们手动从年度财务报告中搜集的信息。宏观层面的数据，如基准利率、短期市场利率、贷款需求指数等，来自CEIC 数据库。理财产品年均回报率来自中国财富管理网。由于两个原因，我们没有使用 2012 年之前的数据：一是大多数银行很少披露 2012 年之前的财富管理业务数据；二是零售存款利率在 2012 年之前不能浮动，完全由中央银行的基准存款利率决定。

表 4.1 列出了五大国有银行和其他银行的描述性统计数据。面板 A 是基于整个样本的结果，面板 B 是基于 2013 年后中国人民银行取消贷款利率上限后子样本的结果。考虑到五大银行的市场力量（MK）对于所有其他银行来说都太大，我们将 12 家国有股份制银行和 18 家城市或农村商业银行归为一类，称为小型银行。从表中可以看出，五大银行的 MK 均值和标准差分别为 9.41% 和 3.06%，其他所有银行的 MK 均值和标准偏差分别为 0.8% 和 0.87。

五大银行的平均贷款利率从整个样本的 5.29% 降至 2013 年后子样本的 4.94%。其他银行的平均利率高于五大银行，但 2013 年后也从 6.25% 降至 5.89%。存款利率也观察到了相同的趋势。五大国有银行的存款利率平均值低于其他小型银行，在子样本中，这两个平均值都略有下降。

理财规模（由 WMP 的管理费占总资产的比率表示）在子样本中略有增加，而五大银行的 WMP 平均值低于其他小型银行。这与 Acharya 等（2017）的发现一致，即面临更多存款短缺的银行更青睐 WMP。

五大银行的非利息收入比率（NII）高于小型银行，但它们之间的差距从整个样本的约 4% 降至子样本的约 2.4%。就贷款占总资产的比例而言，五大银行的贷款占比平均为 78.66%，比小银行高约 10%。2013 年后，两组的 LS 平均值略有下降。另一方面，在两组的子样本期间，存款占总负债的比例略有增加。由于一些金融创新业务被各种非存款负债所掩盖，表 4.1 给出了 NDL 的平均值，即非存款负债与总负债的比率。在整个样本中，小银行的 NDL 平均值为 32.21%，比五大银行高 10%，二者在子样本中都增加了约 1%。

值得注意的是，不像人们普遍预期的那样，国有五大银行的运营效率和杠杆率并没有低于其他小型银行，至少统计数据没有显示它们之间有显著差异。五大国有银行的 LPR 衡量的信用风险平均值也仅略低于其他小型银行。

表 4.1　描述性统计

变量	小型银行					五大国有银行				
	样本量	均值	标准差	最小值	最大值	样本量	均值	标准差	最小值	最大值
面板 A：全样本（2012—2017 年）										
LR/%	174	6.25	1.03	4.35	9.58	30	5.29	0.82	3.91	6.56

表4.1(续)

变量	小型银行					五大国有银行				
	样本量	均值	标准差	最小值	最大值	样本量	均值	标准差	最小值	最大值
DR/%	174	2.24	0.43	1.27	3.55	30	1.83	0.27	1.33	2.35
WMP/%	174	0.10	0.07	0.00	0.40	30	0.07	0.04	0.02	0.17
OC/%	174	1.68	0.37	0.72	2.96	30	1.78	0.18	1.39	2.14
RA/%	174	6.16	0.95	4.09	8.78	30	7.34	0.76	5.67	8.96
LPR/%	174	2.84	0.70	1.56	7.04	30	2.83	0.76	2.22	4.53
Irisk/%	174	106.48	4.18	88.29	121.64	30	107.95	1.94	103.53	110.39
NII/%	174	12.34	7.74	0.89	49.56	30	16.29	1.65	12.15	18.40
MK/%	174	0.81	0.87	0.05	3.10	30	9.71	3.11	3.74	14.03
LS/%	174	67.79	9.21	47.02	90.60	30	78.66	6.78	58.96	87.10
NDL/%	174	32.21	9.21	9.40	52.98	30	21.34	6.78	12.90	41.04
面板B：子样本（2014—2017 年）										
LR/%	119	5.89	0.96	4.35	7.97	20	4.94	0.75	3.91	6.22
DR/%	119	2.20	0.48	1.27	3.55	20	1.77	0.29	1.33	2.35
WMP/%	119	0.11	0.08	0.00	0.40	20	0.08	0.04	0.03	0.17
OC/%	119	1.70	0.40	0.72	2.96	20	1.76	0.20	1.39	2.14
RA/%	119	6.29	0.95	4.37	8.78	20	7.60	0.54	6.46	8.21
LPR/%	119	2.99	0.61	1.77	6.13	20	2.81	0.75	2.22	4.53
Irisk/%	119	106.47	3.12	94.31	115.17	20	108.18	2.02	103.53	110.39
NII/%	119	13.51	8.38	1.30	49.56	20	15.90	1.52	12.15	18.25
MK/%	119	0.80	0.87	0.05	3.10	20	9.41	3.06	3.74	13.54
LS/%	119	66.14	8.73	47.02	88.49	20	77.05	7.19	58.96	83.88
NDL/%	119	33.86	8.73	11.51	52.98	20	22.95	7.19	16.12	41.04

注：本表为 2012—2017 年中国商业银行的一般描述性统计数据。LR 是由贷款利息收入除以平均贷款规模计算的贷款利率。存款利率由存款利息费用除以平均存款金额定义。WMP 是按总资产比例计算的 WMP 费用。OC 是运营成本，由运营和管理费用以及营业税和附加费之和除以生息资产的平均余额来衡量。RA 是由总资产的权益比率定义的杠杆比率。LPR 是通过贷款损失准备金除以贷款总额来衡量的信用风险。Irisk 是由生息资产除以付息负债计算的利率风险。NII 是非利息收入除以总营业收入计算的非利息收入比率，不包括 WMP 的费用。MK 是通过个人银行贷款占银行系统贷款总额的份额来衡量的市场力量。LS 是总资产中的贷款份额。NDL 是总负债中的非存款负债份额。

第四节　实证结果及分析

一、从基准利率到贷款利率的传递效果

表 4.2 给出了使用 1 年期存款基准利率（BDR）作为货币政策参考利率基于模型（4.1）的估计结果。列（1）～列（2）展示了没有 BDR 和理财产品（WMP）交互项的结果。从中可以看出 WMP 的系数不显著，意味着理财产品规模对零售贷款利率的总影响是不显著的。当然，我们更关心的是从基准利率到贷款利率的传递效果，即基准利率的系数，其对贷款利率的直接影响从整个样本期间的 1.201 降至 2013 年后的 0.784，均在 1% 水平上显著，这表明我国行政性基准利率对银行零售贷款利率的影响是非常大的，传递效果也很显著。虽然自 2013 年银行拥有完全的贷款利率定价权后，行政基准利率的传递效果有所下降，但其系数仍然高达 0.784 且在 1% 水平显著。

列（3）～列（4）展示了引入 BDR 和 WMP 交互项后的估计结果。第（3）列是基于 2012 年至 2017 年间全样本的结果，第四列是 2013 年贷款利率限制全放开后的结果。可以看到，BDR 的系数相比第（1）列和第（2）列，还是比较稳健的。第（3）列中基准利率系数为 1.191，表明基准利率上调 1 个百分点将导致贷款利率上调将近 1.2 个百分点。大于 1 的传递效应意味着银行的信贷供给在市场上处于供不应求的状态，中央银行基准利率提高 1%，银行不仅会全部传递基准利率提高带来的成本上升，还会要求一个更高的贷款利率的上调。在全样本期内，基准利率与理财产品规模之间的交互项不显著。

然后，基于 2013 年后的子样本估计模型（4.1），此时银行在贷款定价方面拥有完全自主权。结果如第（4）列所示。基准利率的直接影响为 0.814，与第（3）列相比下降了 31.7%。这表明利率自由化改革改变了银行的贷款定价行为。基准利率的传递低于 1，表明由于更具竞争力的贷款市场和市场导向的贷款定价因素（包括转换成本、信息不对称和市场不完善等）导致传递效果不完美。更重要的是，利率与 WMP 的交互项系数显著为负，如假设 1 所预期的，更多的影子信贷活动确实会降低从基准利率到贷款利率的传递效果，因为影子信贷为需要融资的企业提供了除银行表

内信贷之外的替代融资，更多的影子信贷活动也就导致银行贷款需求更高的弹性。2013 年后，WMP 规模增加一个标准差，基准存款利率对贷款利率的传递效应平均降低 8%。虽然样本中的贷款利率并没有表现出明显的持续性，但我们仍然建立了一个动态面板模型，用系统 GMM 方法重新进行了估计。结果发现 2013 年后 WMP 的一个标准差的增加使传导效应降低了 5%。这表明表 4.2 的结果是稳健的。

表 4.2　理财业务与基准政策利率的传递

	（1） 全样本	（2） 2013 之后	（3） 全样本	（4） 2013 之后
BDR	1.201 ***	0.784 ***	1.191 ***	0.814 ***
	(0.127)	(0.076)	(0.112)	(0.079 2)
WMP	−0.000 1	−0.000 04	−0.000 7	0.001 4
	(0.000 6)	(0.000 2)	(0.001 6)	(0.000 8)
BDR * WMP			0.027 8	−0.065 8 **
			(0.084 4)	(0.028 3)
Fixed effects	Yes	Yes	Yes	Yes
Bank Controls	Yes	Yes	Yes	Yes
Macro Controls	Yes	Yes	Yes	Yes
N	204	204	204	139
adj. R^2	0.918	0.979	0.912	0.978

注：本表报告了使用基准 1 年期存款利率作为货币政策利率模型（4.1）的估计。我们使用固定效应模型和银行层面聚集标准误差，对单个银行的贷款利率（LR）在利率变量上进行回归，包括参考利率（BDR）、理财规模（WMP）以及它们之间的相互作用（BDR * WMP）。银行层面的控制变量包括运营成本（OC）、杠杆率（RA）、信用风险（LPR）、利率风险（Irisk）、非利息收入比（NII）和市场力量（MK）。宏观控制变量包括贷款需求指数（LDI）和利率自由化虚拟变量 D14。第（1）列和第（2）列分别给出了整个样本期间以及 2013 年后不含相互作用项的模型（4.1）的结果。第（3）列和第（4）列分别说明了整个样本期间以及 2013 年后模型（4.1）的结果。*** 、** 和 * 分别表示 1%、5% 和 10% 的显著性水平。

二、从短期市场利率到贷款利率的传递效果

表 4.3 给出了以 7 天回购利率为代表的货币政策利率基于模型（4.1）的估计结果。与表 4.2 类似，第（1）列和第（2）列分别展示了基于整个样本和 2013 年后子样本的无交互项结果，第（3）列和第（4）列展示了有交互项的结果。

表 4.3　理财业务与七天回购利率的传递

	（1） 全样本	（2） 2013 之后	（3） 全样本	（4） 2013 之后
Repo	0.573 ***	1.465 ***	0.596 ***	1.453 ***
	(0.164)	(0.267)	(0.170)	(0.283)
WMP	0.000 03	0.000 07	0.000 1	0.000 1
	(0.000 6)	(0.000 2)	(0.000 6)	(0.000 2)
Repo * WMP			0.073 2 **	0.008 4
			(0.034 2)	(0.045 7)
Fixed Effects	Yes	Yes	Yes	Yes
Bank Controls	Yes	Yes	Yes	Yes
Macro Controls	Yes	Yes	Yes	Yes
N	204	139	204	139
adj. R^2	0.917	0.978	0.917	0.978

注：本表报告了使用 7 天到期回购利率作为货币政策利率对模型（4.1）的估计。我们使用固定效应模型和银行层面聚集标准误差，对单个银行的贷款利率（LR）在利率变量上进行回归，包括参考利率（Repo）、理财业务的规模（WMP）以及它们之间的相互作用（Repo * WMP）。银行层面的控制变量包括运营成本（OC）、杠杆率（RA）、信用风险（LPR）、利率风险（Irisk）、非利息收入比（NII）和市场力量（MK）。宏观控制变量包括贷款需求指数（LDI）和利率自由化虚拟变量 D14。第（1）列和第（2）列分别给出了整个样本期间以及 2013 年后不含相互作用项的模型（4.1）的结果。第（3）列和第（4）列分别说明了整个样本期间以及 2013 年后模型（4.1）的结果。*** 、** 和 * 分别表示 1%、5% 和 10% 的显著性水平。

与表 4.3 的结果相反，2013 年后，从市场化的短期政策利率（Repo，7 天）到银行零售贷款利率的传递效果从全样本的 0.573 大幅增加到 2013 后子样本的 1.465，如列（1）~列（4）所示，这表明中国的利率自由化进程确实促进了从市场化的政策利率到贷款利率的传递。如第（3）列所示，在 5% 显著性水平下，整个样本中的相互项系数为正。WMP 的一个标准差将使短期市场利率的传递效果增加 12.3%，支持了假设 1，即更多理财等影子业务活动可以促进市场利率向贷款利率的传递，因为理财等金融创新业务提供了银行间市场和存款之间的可行连接。然而，这种影响在 2013 年后并不显著。我们认为这种变化可能是由两个因素造成的。一是 2013 年以来理财等金融创新业务的监管模式的变化。随着中国实体经济的放缓和对影子信贷更严格的监管，银行影子业务开始通过投资债务和其他标准金融产品（包括股票，甚至是银行间 WMP）来寻求利润。因此，与

2013 年之前以理财为主要资金来源的影子信贷模式相比，银行间市场和贷款市场之间的联系变得松散。二是随着理财等金融创新的发展，银行更加依赖非存款融资。根据郭豫媚等（2018）的调查报告，2013 年后，中国一些银行开始使用包括存款和银行间负债在内的加权融资成本进行贷款定价。他们用三个案例研究来说明银行如何设定贷款利率。第一家大型银行将存款利率作为其唯一的融资成本；第二家银行使用了银行间利率和存款利率的加权平均成本，其中权重分别为 25% 和 75%；第三家银行则直接使用银行间利率作为其融资成本。

作为稳健性检验，我们还选择了另一个 3 个月到期的短期市场利率 Shibor 作为参考政策利率。Shibor 由中国人民银行于 2007 年推出，是基于 18 家大中型商业银行的报价利率而设定的，并且曾经被中央银行重点培育以传递政策意图的市场化利率。然而，它并没有得到真实交易的有效支持。无论如何，与其他 Shibor 产品相比，3 个月到期的 Shibor 拥有最大的交易量，仍然被中国人民银行和商业银行视为重要的参考利率之一。2013 年后在银行间市场交易的同业可转让存单（NCD）的收益率，也是主要的银行影子业务融资和投资工具，其仍使用 Shibor 作为参考利率。

因此，我们使用 Shibor 作为参考市场利率，重复表 4.3 中的回归，结果呈现在表 4.4 中。在整个样本中，Shibor 对贷款利率的直接影响不显著，但如假设 1 所预期的，关键变量 Shibor 和理财业务（WMPs）之间交互项系数显著为正，即理财业务提高了从市场化政策利率到贷款利率的传递效应。2013 年后，Shibor 系数显著为正。Shibor 上升一个百分点将使贷款利率提高约 0.46 个百分点。2013 年后，当理财产品的主要投资标的从表外信贷转向标准化金融产品后，Shibor 和 WMP 交互项系数变得很小并且不显著。这表明表 4.3 中从基于市场的参考利率到贷款利率的传递效果是稳健的。

表 4.4　理财业务与 Shibor 的利率传递

	（1） 全样本	（2） 2013 之后	（3） 全样本	（4） 2013 之后
Shibor	−0.077 9	0.466 ***	−0.151	0.461 ***
	(0.085 4)	(0.085 1)	(0.112)	(0.091 6)
WMP	−0.000 01	0.000 07	0.000 2	0.000 1
	(0.000 5)	(0.000 2)	(0.000 6)	(0.000 2)

表4.4(续)

	(1) 全样本	(2) 2013 之后	(3) 全样本	(4) 2013 之后
Shibor * WMP			0.119** (0.049 8)	0.006 3 (0.025 6)
Fixed Effects	Yes	Yes	Yes	Yes
Bank Controls	Yes	Yes	Yes	Yes
Macro Controls	Yes	Yes	Yes	Yes
N	204	139	204	139
adj. R^2	0.917	0.978	0.917	0.978

注：本表报告了使用 3 个月到期的 Shibor 作为货币政策利率对模型（4.1）的估计。我们使用固定效应模型和银行层面聚集标准误差，回归各银行在利率变量上的贷款利率（LR），包括参考利率（Shibor）、理财业务规模（WMP）以及它们之间的相互作用（Shibor * WMP）。银行层面的控制变量包括运营成本（OC）、杠杆率（RA）、信用风险（LPR）、利率风险（Irisk）、非利息收入比（NII）和市场力量（MK）。宏观控制变量包括贷款需求指数（LDI）和利率自由化虚拟变量 D14。第（1）列和第（2）列分别给出了整个样本期间以及 2013 年后不含相互作用项的模型（4.1）的结果。第（3）列和第（4）列分别说明了整个样本期间和 2013 年后模型（4.1）的结果。***、** 和 * 分别表示 1%、5% 和 10% 的显著性水平。

三、同业业务创新对利率传递的影响

随着中国银行业监管套利模式在 2013 年前后的转变，影子信贷等银行金融创新投资的资金来源从 WMP 扩展到各种银行间市场工具，典型的有同业间可转让存单（NCD）。事实上，随着利率市场化改革进程的不断推进，中国人民银行一直致力于推动银行间市场交易的发展。银行开始利用银行间市场主动扩大负债，2011 年以来通过银行间市场开展的金融创新业务极大地放大了这一趋势。NCD 成为银行金融创新业务除 WMP 的另一个资金来源。2014 年后，来自 NCD 的资金再投资于 WMPs 已成为中国银行业金融创新的主流套利模式之一。许多银行没有公布其 NCD 的规模。然而，NCD 被记录在资产负债表中的应付债券中，是该项目的主要组成部分。因此，我们使用以总资产标准化后的应付债券来代表 NCD，作为银行金融创新的另一个代理变量。为了研究基于同业市场的金融创新在新套利模式下对贷款利率和利率传递的影响，我们建立以下实证模型：

$$\text{LR}_{it} = \alpha_i + c_1 \text{mpr}_t + c_2 \text{NCD}_{it} + c_3 \text{mpr}_t * \text{NCD}_{it} + \gamma X_{it} + \varepsilon_{it} \quad (4.2)$$

关于以上变量的定义，除 NCD 之外的所有变量与等式（4.1）中定义相同。

表 4.5 展示了基于不同政策参考利率和样本区间的估计结果。第（1）列和第（2）列展示了基于整个样本和子样本期，使用 1 年期基准利率（BDR）作为政策利率的估计结果。与表 4.2 结果类似，2013 年后，基准利率对贷款利率的传递效应降低，但无论是基于整个样本还是子样本，相互项都不显著。我们认为这是合理的，因为 NCD 主要反映了银行间同业套利模型下的金融创新，涉及表外信贷较少，自然对基准利率到贷款利率的传递影响较轻。

第（3）列和第（4）列展示了基于 7 天回购利率作为政策利率在整个样本期间和 2013 年后的估计结果。与表 4.3 结果一致，市场化的政策利率在银行拥有完全的贷款定价权后对贷款利率的传递效果增加了近 2 倍。同业业务创新 NCD 在整个样本期间增加了从基于市场的短期政策利率到贷款利率的传递效应，因为 NCD 在银行间市场和贷款市场之间提供了更紧密的联系。2013 年后，影子业务主要通过投资债务和其他标准金融产品寻求利润，而不仅仅是表外信贷，因此同业业务创新无法显著影响从基于市场的政策利率到贷款利率的传递。第（5）列和第（6）列分别展示了在整个样本期间和 2013 年后使用 3 个月到期的 Shibor 作为政策参考利率的结果。与表 4.4 中的结果相比，无论是政策利率的直接影响结果还是 NCD 作为银行金融创新代理变量对利率传递影响的结果都是稳健的。

表 4.5　同业业务和利率传递

	（1）全样本	（2）2013 之后	（3）全样本	（4）2013 之后	（5）全样本	（6）2013 之后
mpr	1.085***	0.744***	0.558***	1.478***	-0.244	0.476***
	(0.119)	(0.078 4)	(0.228)	(0.291)	(0.158)	(0.093 2)
NCD	-0.057 9	-0.008 8	-0.047 2**	0.014 6	-0.074 9**	0.009 9
	(0.037 0)	(0.029 2)	(0.021 3)	(0.013 1)	(0.036 1)	(0.008 8)
mpr * NCD	1.957	0.230	1.374**	-0.517	1.563**	-0.262
	(1.719)	(1.462)	(0.638)	(0.507)	(0.673)	(0.246)
Fixed Effects	Yes	Yes	Yes	Yes	Yes	Yes
Bank Controls	Yes	Yes	Yes	Yes	Yes	Yes
Macro Controls	Yes	Yes	Yes	Yes	Yes	Yes

表4.5(续)

	(1) 全样本	(2) 2013 之后	(3) 全样本	(4) 2013 之后	(5) 全样本	(6) 2013 之后
N	204	139	204	139	204	139
adj. R^2	0.911	0.977	0.917	0.978	0.915	0.978

注：本表报告了模型（4.2）的估计值。我们使用固定效应模型和银行层面聚集标准误差，对单个银行的贷款利率（LR）在利率变量上进行回归，包括参考利率（mpr）、同业业务创新规模（NCD）以及它们之间的相互作用（mpr * NCD）。银行层面的控制变量包括运营成本（OC）、杠杆率（RA）、信用风险（LPR）、利率风险（Irisk）、非利息收入比（NII）和市场力量（MK）。宏观控制变量包括贷款需求指数（LDI）和利率自由化虚拟变量 D14。第（1）列和第（2）列展示了模型（4.2）的结果，分别使用基准利率（BDR）作为整个样本期间和 2013 年后的参考利率（mpr）。第（3）列和第（4）列分别说明了模型（4.2）的结果，其中使用 7 天到期的回购利率作为整个样本期间和 2013 年后的 mpr。第（5）列和第（6）列展示了模型（4.2）的结果，分别在整个样本期间和 2013 年后使用 3 个月到期的 Shibor 作为 mpr。***、** 和 * 分别表示 1%、5% 和 10% 的显著性水平。

第五节　理财业务和净息差

上一节中的实证分析支持 WMP 代理的银行金融创新不会直接对贷款利率产生显著影响，这侧面反映了影子信贷类金融创新对贷款利率正反两方面影响的力量或是相当的。与此同时，自 2013 年以来，理财等金融创新业务并未显著提高从基于市场的政策利率向贷款利率的传递效果。我们认为，这些发现在很大程度上与 2013 年以来我国商业银行金融创新活动的监管套利模式发生的变化有关。因为与监管的互动，银行理财为主的金融创新活动的主要投资目标从表外信贷转向了表内债务和其他金融产品，包括其他银行发行的 WMP，而银行这些金融创新投资活动的资金来源也从 WMP 扩展到 WMP 和各种银行间负债。因此，套利模式的转变可能会影响银行的投资组合和负债结构。进一步的，一个自然的问题是以理财为代表的银行业金融创新业务是否会影响银行的净息差。

事实上，许多文献（Valverde & Fernández，2007；Lepetit et al.，2008；Abedifar et al.，2018）使用净息差（NIM）或净利差（NIS）作为贷款定价的代理变量，特别是在考虑银行业务多元化的影响时（Allen，1998；Lin et al.，2012）。基于此，我们建立实证模型（4.3）如下，以检验理财业务对净息差的影响。

$$\text{NIM}_{it} = \alpha_i + c_1 \text{WMP}_{it} + \gamma X_{it} + \sum_{y=2013}^{2017} \beta_y \times \text{Year\_dummy} + \varepsilon_{it} \quad (4.3)$$

在模型（4.3）中，NIM 是净息差，定义为净利息收入除以生息资产。X_{it} 包括模型（4.1）中定义的银行层面控制变量。由于我们关注的是 WMPs 规模对 NIM 的直接影响，而不是利率传递，因此我们使用双向固定效应模型进行估计，如模型（4.3）所示。包含时间固定效应的另一个优势是可以控制其他所有的总体时变因素的影响，如各种宏观经济波动和监管措施等。为了更好地将其与理财业务对贷款利率的影响进行比较，我们还估计了模型（4.4）如下

$$\text{LR}_{it} = \alpha_i + c_1 \text{WMP}_{it} + \gamma X_{it} + \sum_{y=2013}^{2017} \beta_y \times \text{Year\_dummy} + \varepsilon_{it} \quad (4.4)$$

理财业务与净息差结果如表 4.6 所示。表 4.6 的第（1）列和第（2）列分别展示了模型（4.3）和模型（4.4）的估计结果。与之前的发现一致，WMP 对贷款利率没有显著影响。然而，它在 5% 的显著水平上对净息差产生负面影响。WMP 规模增加一个标准差将使 NIM 减少 6 个基点。

表 4.6　理财业务与净息差

	（1）	（2）	（3）	（4）	（5）	（6）
	NIM	LR	NIM	LR	NIM	LR
WMP	−0.000 6**	0.000 4	−0.000 6**	0.000 5	−0.000 6**	0.000 6
	(0.000 2)	(0.000 6)	(0.000 2)	(0.000 7)	(0.000 2)	(0.000 6)
Big5 * WMP		−0.001 3*	−0.001 4*	−0.003 0*	−0.002 9	
		(0.000 7)	(0.001 5)	(0.000 8)	(0.001 8)	
Bank controls	Yes	Yes	Yes	Yes	Yes	Yes
Loan controls	No	No	No	No	Yes	Yes
Bank fixed effect	Yes	Yes	Yes	Yes	Yes	Yes
Time fixed effect	Yes	Yes	Yes	Yes	Yes	Yes
N	204	204	204	204	204	204
adj. R^2	0.862	0.932	0.862	0.933	0.860	0.935

注：本表报告了模型（4.3）与模型（4.4）的估计值。我们使用双向固定效应模型和银行层面聚集标准误差，对单个银行的净息差（NIM）和贷款利率（LR）进行回归，该利率变量包括理财业务的规模（WMP）以及 WMP 和虚拟变量 Big5 之间的相互作用（Big5 * WMP），如果该银行是五大国有银行之一，则 Big5 等于 1。银行层面的控制变量包括运营成本（OC）、杠杆率（RA）、信用风险（LPR）、利率风险（Irisk）、非利息收入比（NII）和市场力量（MK）。宏观控制变量包括贷款需求指数（LDI）和利率自由化虚拟变量 D14。第（1）列和第（2）列给出了模型的估计

结果，分别使用 NIM 和 LR 作为因变量。列（3）和列（4）在列（1）和（2）的基础上，引入了 WMP 和五大国有银行虚拟变量交叉项；列（5）和列（6）在列（3）和列（4）的基础上再引入贷款组合作为额外的控制变量。***、** 和 * 分别表示 1%、5% 和 10% 的显著性水平。

我们认为，有两个主要原因，导致 WMP 可以显著减少 NIM 却不会显著影响贷款利率。首先是 2013 年以来银行金融创新的监管套利模式的转变，以及银行资产结构的相应变化。正如我们前面提到的，随着中国经济的放缓和对影子信贷更加严格的监管，银行的影子业务开始通过各种渠道投资债务、NCD、WMPs 和其他金融证券，其中一些被包括应收账款、可供出售金融资产、交易性金融资产在内的金融资产所掩盖，特别是由于银行金融创新活动对 NCD 和 WMPs 的投资使资金仅在金融系统内部流通，而与实体经济无关的情况，最终在 2017 年引起了政府的严格监管。随着监管套利模式的改变，贷款占总资产的比例相应下降。在样本期内，贷款占总资产的平均比例从 2012 年的 44% 逐渐下降到 2016 年的 40%，直到 2017 年发布了限制理财等影子业务对 NCD 和 WMP 投资的严格规定后，这一比例才又回升到了 43%。与此同时，贷款的平均回报率通常高于银行投资的金融证券的收益率。样本中的贷款利率平均值为 6.1%，而生息资产回报率平均值为 4.8%，NIM 平均值则为 4.0%。因此，2013 年后银行金融创新业务的投资标的从以影子信贷为主向影子信贷与金融证券并重转变，导致生息资产的总体回报率降低。

其次是银行间市场的发展和银行负债结构的变化，其特点是存款占总负债的比例下降。正如我们在上一节中提到的，自银行开始通过银行间市场进行监管套利以来，同业存单已成为影子信贷等银行表外金融创新业务除 WMP 外的另一个融资来源。然而，由于银行越来越依赖批发融资，而银行间市场的批发利率又大多高于存款利率，这反而增加了银行资金来源的综合成本。在样本期内，7 天同业拆借利率几乎总是高于 1 年期存款基准利率（见图 4.3）。SHIBOR7D 和 SHIBOR3M 分别是 7 天和 3 个月到期的 Shibor 的收益率。REPO7 是七天到期的回购利率。BDR1Y 和 BDR3M 分别是 1 年期和 3 个月期的存款基准利率。与此同时，银行确实更加依赖批发融资，如图 4.4 所示，其中实线是银行存款占其总负债比例的均值，上下两条虚线分别是样本在各时间段里的 25% 和 75% 分位数。从图 4.4 中清晰可见，样本期间商业银行的存款与总负债比率的平均值从 2012 年的 73% 迅速降至 2017 年的 63%。

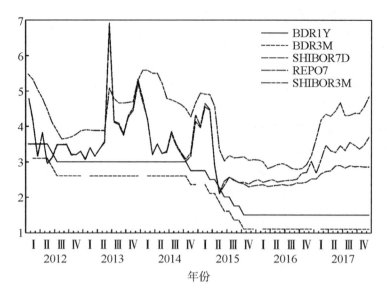

图 4.3　存款基准利率与市场短期利率

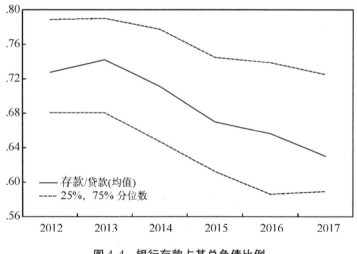

图 4.4　银行存款占其总负债比例

　　我国银行间市场批发利率通常大于同期限甚至更长期限的存款利率，可见我国银行业在样本期内确实因为同业、理财业务等金融创新的发展，其资金来源的综合成本被提高了。因此，我们预期因理财等金融创新导致资金来源综合成本上升越多的银行，其净息差受理财的影响也会越大。考虑到五大国有银行与其他银行的市场规模及对存款的依赖度有很大不同，五大国有银行原来可以更方便地以较低的成本从存款市场获得资金,而因为理财等金融创新产品的出现,五大国有银行的平均融资成本受到理财等的正向影响可能会更大。为了检验这一点,我们在模型(4.3)和模型(4.4)的基础上引入 WMP 和虚拟变量 Big5 之间的相互项,对模型(4.5)和模型(4.6)进行回归,其中 Big5 为表示五大国有银行的虚拟变量。

$$\mathrm{NIM}_{it} = \alpha_i + c_1 \mathrm{WMP}_{it} + c_2 \mathrm{Big5} \times \mathrm{WMP}_{it} + \gamma X_{it}$$
$$+ \sum_{y=2013}^{2017} \beta_y \times \mathrm{Year\_dummy} + \varepsilon_{it} \qquad (4.5)$$
$$\mathrm{LR}_{it} = \alpha_i + c_1 \mathrm{WMP}_{it} + c_2 \mathrm{Big5} \times \mathrm{WMP}_{it} + \gamma X_{it}$$
$$+ \sum_{y=2013}^{2017} \beta_y \times \mathrm{Year\_dummy} + \varepsilon_{it} \qquad (4.6)$$

表 4.6 的列(3)至列(4)是以上模型的估计结果。对于净息差的影响,WMP 的系数仍然为负,与第(1)列的结果一致。而交互项的系数在 10% 的显著水平上是负的。WMP 增加一个标准差,五大国有银行的净息差将比其他银行进一步减少 13 个基点。第(4)列展示了对贷款利率影响的估计结果,有趣的是,WMP 会使五大国有银行的贷款利率减少 14 个基点,而对小银行的贷款利率的影响不显著。尽管我们已经控制了各银行贷款的总体信用风险,但五大国有银行的贷款投资组合可能与小银行不同,从而使得估计结果受到影响。通常情况下,五大国有银行将更多的贷款分配给大公司和基础设施行业,而对地方政府平台相关实体和房地产行业的贷款较少。因此我们进一步增加了几个主要行业的贷款份额作为额外的控制变量,包括基础设施相关行业的贷款份额、房地产贷款份额和地方政府平台实体的贷款份额。结果显示在表 4.6 的第(5)列和第(6)列。我们发现,相比第 4 列,交互项对 LR 的影响变得不再显著,而 WMP 和 Big5 的交互项对 NIM 的影响却几乎翻倍了,这一定程度上表明理财等金融创新业务对 NIM 的异质性影响主要来自银行的负债方面,即如我们所预期的,相比其他中小银行,理财的发展对五大国有银行资金综合成本的上升起到了更大的作用。

作为稳健性分析,我们还使用净利差(NIS)而不是净息差(NIM)作为被解释变量对模型进行估计,其中 NIS 由生息资产的收益率和借款利率之间的差来定义。如表 4.7 所示,结果或发现是稳健的。

表 4.7　理财业务与净利差

	(1) NIS	(2) NIS	(3) NIS
WMP	$-0.000\,5^{**}$	$-0.000\,5^{**}$	$-0.000\,5^{**}$
	$(0.000\,2)$	$(0.000\,2)$	$(0.000\,2)$
Big5 * WMP	$-0.001\,3^{*}$	$-0.001\,6^{*}$	
		$(0.000\,7)$	$(0.000\,8)$
Bank controls	Yes	Yes	Yes
Loan structure controls	No	No	Yes
Bank Fixed effect	Yes	Yes	Yes
Time fixed effect	Yes	Yes	Yes
N	204	204	204
adj. R^2	0.862	0.862	0.860

注：本表以净息差（NIS）为自变量，对模型（4.3）和模型（4.5）进行了估计。我们使用双向固定效应模型和银行层面聚集标准误差，对单个银行的净息差（NIS）进行回归，该利率变量包括理财业务规模（WMP）以及 WMP 和虚拟变量 Big5 之间的相互作用（Big5 * WMP），如果该银行是五大国有银行之一，则 Big5 等于 1。银行层面的控制变量包括运营成本（OC）、杠杆率（RA）、信用风险（LPR）、利率风险（Irisk）、非利息收入比（NII）和市场力量（MK）。宏观控制变量包括贷款需求指数（LDI）和利率自由化虚拟变量 D14。列（3）还包括了银行贷款行业组合的控制变量。

第六节　本章小结

本章分析了中国利率传递最重要的一环，即从政策利率到银行贷款利率的传递，其中还特别关注了理财等商业银行金融创新对贷款定价和利率传递的影响。传统上，中国商业银行对贷款利率定价的特点是在存款利率上进行成本加成，其中零售存款利率主要由基准存款利率决定。随着利率自由化进程的推进，我国银行业从 2013 年开始对贷款定价拥有了完全自主权。与此同时，中国银行业以理财为主的各种金融创新业务在过去十年间也迅速扩张。考察中国商业银行的贷款利率是如何确定的，理财等商业银行金融创新又是如何影响贷款利率的以及货币政策利率的传递效应，是本章的主要目的。

理财产品作为中国影子信贷的主要资金来源，已成为存款的竞争产品，有时甚至会在银行内部临时转换为存款，以满足监管层曾经对存贷比的要求。WMP 的规模对贷款利率可能带来正反两方面的影响。一方面，更多的金融创新业务可能会给贷款利率带来上升压力，因为它们在银行间市场和贷款市场间提供了更紧密的联系；而中国的同业市场拆借利率大多高于同期限的存款利率，这使得银行的资金成本上升进而给贷款利率带来上行压力。另一方面，银行内部利息业务和非利息业务之间的交叉补贴效应也可能对贷款利率产生下行压力，或者因为影子信贷业务使得高收益高风险贷款出表，从而使得表内贷款的利率水平下降。

与此同时，理财等金融创新业务也可能影响从政策利率到零售贷款利率的传递效果，其影响机制至少有两种方式。首先，理财等金融创新会减少基准利率的传递效果，因为它提供了表内信贷的可替代选择即表外信贷，从而增加了企业除银行贷款以外的商业融资渠道。而贷款市场中，贷款需求的弹性越大，随着政策利率的上调，贷款利率的上调幅度就越小。所以理财等金融创新通过提供更多表内信贷的可替代融资选择，将减少从政策利率到贷款利率的传递效果。其次，理财等商业银行金融创新也可能通过将中国银行系统中的双轨 FTP 连接起来，从而加强短期市场利率的传递效果。然而，随着监管与银行创新业务的博弈，自 2013 年以来，我国商业银行金融创新的监管套利模式逐渐从"WMPs—影子信贷"向"同业—证券"进行转变，这又降低了贷款市场和银行间市场之间的联系，从而可能降低从市场化的政策利率到贷款利率的传递效应。

通过手动收集 2012—2017 年 35 家中国商业银行的年度数据，我们发现 WMP 规模并不直接显著影响贷款利率，这一定程度上说明理财业务对贷款利率两个相反方向的影响机制或具有相似的重要性。除此之外，运营成本是我国商业贷款利率的主要决定因素。其他银行层面的因素，如风险水平、市场力量、非利息收入比等，对贷款利率都没有显著影响。

此外，我们发现 2013 年利率市场化改革后，从存贷款基准利率到零售贷款利率的传递下降了，而从市场化政策利率到贷款利率的传递效果增强了。另外，我们还发现理财等金融创新业务在 2013 年商业银行拥有贷款定价的完全自主权后，降低了从基准政策利率到贷款利率的传递效应，因为它们为企业提供了银行表内贷款的替代融资选择，支持了贷款需求方的观点。相反，理财等商业银行金融活动增强了全样本期间从基于市场的短期政策利率到贷款利率的传递。然而，当 2013 年中国的商业银行金融创新业务的主要投资目标从表外信贷开始转向表内金融证券产品后，理财业务对从市场化政策利率到零售贷款利率传递效果的影响变得不再显著。虽然理财业务并不直接影响贷款利率，但却显著影响了银行的净息差（NIM）。这与理财业务在 2013 年更多投资到平均回报率低于贷款的金融资产上相关，并且这一影响对五大国有银行更为明显。这主要是因为理财业务的发展使得五大国有银行过去的资金成本优势变弱，进而对其净息差造成了更大的负向影响。

第五章　利率传导渠道有效性：
来自企业的证据

利率传导渠道有效性评估的第三层级，也是考察货币政策能否透过利率渠道实现"非中性"的最重要一步，即中央银行政策意图能否最终有效传导到实体企业的融资成本进而影响企业的投资。第四章从金融机构贷款利率的视角对此进行了考察，本章则使用上市公司的数据展开研究。企业微观层面数据的特性有助于我们了解利率传导效果在不同特点企业中可能存在的异质性，这也将有助于我们加深对利率传导理论的认知。

第一节　货币政策与企业投融资决策

关于货币政策与微观企业之间关系的研究由来已久，主要关注点在于货币政策对微观企业的投融资活动、投资效率、投资结构、研发活动以及并购活动等方面的影响。虽然现有文献已就"宏观调控政策主要是货币政策如何影响微观企业投融资行为"的话题进行了较为广泛的讨论，但仍存在局限性。一是现有文献关于影响机制的研究尚不够丰富和深入，而且在一些关键结论上尚未达成一致。二是现有文献较少将其与货币政策传导机制相结合进行考察，特别是在当前货币政策逐渐向以价格型为主的调控方式转型的背景下，仍然缺乏基于货币政策利率传导机制视角的探讨和研究。对于具体的研究现状，本章主要分为两方面进行阐述，一方面关于货币政策与企业融资，另一方面关于货币政策与企业投资。

一、货币政策对企业融资的影响

现有研究表明，宏观货币政策调控不仅会显著影响社会融资规模（盛松成，2012），还将对微观企业的融资缓解与融资行为产生深刻影响（陆正飞和杨德明，2011）。由于国内社会融资渠道以银行信贷等间接融资为主，货币政策收紧将通过减少银行信贷投放和提高贷款利率显著增加企业的债务融资成本，降低银行信贷可得性，从而收紧企业融资约束，特别是对于缺乏国家信用支持的非国有企业（靳庆鲁等，2012；郑军等，2013）。但反之，当货币政策由紧缩转为宽松时，民营企业融资约束缓解幅度也将超过国有企业（靳庆鲁等，2012）。显然，在我国现行经济所有制下，宏观货币政策调控的微观影响表现出鲜明的产权异质性。相较于国有企业，非国有企业融资成本和融资约束对于货币政策冲击更加敏感。虽然在货币政策紧缩时期，非国有企业在银行信贷可得性和债务融资成本方面将比国有企业遭受更大的冲击，但此时非国有企业能够通过扩大商业信用作为银行信贷的替代融资方案来弥补外部融资需求的资金缺口（陆正飞和杨德明，2011；饶品贵和姜国华，2013），从而实现银根收紧阶段下的外部融资"曲线救国"。然而，已有实证证据指出，货币政策调控也将对企业商业信用产生较大冲击，紧缩的货币政策将导致企业商业信用融资显著下降，进而使得企业商业信用对银行信贷的替代率大幅降低（郑军等，2013）。因此，对于面临融资约束的民营企业而言，商业信用对银行信贷的替代是相当有限的。一旦货币政策趋于收紧，民营企业可能不得不承受银行信贷融资减少与商业信用融资减少的双重压力，并陷入融资约束大幅恶化的窘境。

此外，宏观货币政策调控对微观企业融资行为的影响还表现出某些显著的截面特征。例如，叶康涛和祝继高（2009）使用 2004 至 2007 年中国 A 股上市公司的季度数据，实证研究了宏观货币政策调控如何影响企业层面的信贷资源配置结构和效率，结果发现，虽然在货币政策宽松阶段，高成长性行业企业更有可能获得银行信贷融资，但在货币政策紧缩阶段，高成长性行业企业的银行信贷融资额度也将大幅下降。韩东平和张鹏（2015）基于企业契约理论，通过引入内外部管理要素的概念，分析了货币政策对不同企业融资约束影响的差异，结果发现，企业之间的管理能力差异使得外部管理能力较强的企业的融资约束在货币政策宽松时降低得更多，而内部管理能力较强的企业融资约束反而上升。钟凯等（2017）的实证研究也表明，货币政策紧缩下，创新型企业面临的融资约束加剧更为严重，这将迫使创新型投资更多地依赖于企业内部资金。与此同时，创新相关的财政补贴往往随着货币政策收紧而同步下降，因此难以作为货币政策冲击下融资渠道的有效替代。

总的来说，货币政策冲击对于企业融资的影响和异质性效应是重要且显著的。主要表现为：货币政策收紧往往意味着企业将同时面临银行信贷减少、商业信用减少等多重融资约束压力。并且从异质性视角来看，民营企业、高成长性企业和创新型企业，其融资环境和融资行为对于货币政策冲击将更加敏感。

二、货币政策对企业投资的影响

根据公司金融理论，企业管理者在进行资本预算和投资决策时所考虑的重要因素之一便是融资的成本与规模。由于企业融资成本和融资行为与宏观货币政策调控密切相关，因此企业投资决策也预期受到货币政策冲击的影响。宽松的货币政策减少了企业金融抑制并改善了企业金融生态环境，此时企业能够以较低的融资成本获得更多的外部融资用于投资项目，从而减少资本预算对于内部资金的依赖。实证研究发现，宽松的货币政策通过降低企业投资对内部现金流的敏感性，确实显著促进了企业投资扩张（黄志忠和谢军，2013；谢军和黄志忠，2014）。此外，宽松货币态势下的融资成本下降将使得更多的投资项目净现值为正（因为投资项目的净现值同时取决于项目预期现金流和筹资成本），从而扩大企业可投资范围和企业投资规模。

现有研究还表明，除资本性支出以外，宏观货币政策调控还会显著影响微观企业的资产配置行为。例如，祝继高和陆正飞（2009）的研究指出，出于预防性需求，当货币政策收紧时，企业将持有更高水平的现金资产，以应对潜在的外部融资需求资金缺口；反之，当货币政策放松时，通过持币机会成本的权衡，企业将更加倾向于持有较低水平的现金资产。与此同时，杨筝等（2017）的实证研究也表明，企业交易性金融资产配置行为具有显著的顺货币政策调控周期特征，且该效应在民营企业中表现更为明显。他们还认为该现象与企业的预防性动机和资金储备需求相关，且可能是导致国内货币政策调控效果不佳的潜在原因之一。但值得注意的是，祝继高和陆正飞（2009）与杨筝等（2017）的结论并不一致。

除了投资规模和资产配置行为以外，学者们还探讨了宏观货币政策调控如何影响微观企业的投资效率。靳庆鲁等（2012）较早从民营企业的视角研究了这一课题，然而得到的结论是，货币政策对民营企业投资效率的影响是非线性的。此后，喻坤等（2014）发现，虽然理论上非国有企业的投资效率应该高于国有企业，但是由于前者面临的融资约束通常远大于后者，导致非国有企业的投资效率反而低于国有企业。当货币政策收紧时，这一差距将会显著扩大；而当货币政策放松时，这一差距将会缩小。韩东平和张鹏（2015）则借助"哈耶克三角"从理论上分析了货币政策对企业投资效率的影响，他们认为，由于宽松的货币政策非常容易导致利率价格信号扭曲，从而引导（对于货币政策调控过度乐观的）企业将金融资源从短期投资项目错误地转移至长期投资项目，因此银行信贷的扩张反而将使企业投资效率下降。钟凯等（2016）也同样指出，"短贷长投"这种激进型的投融资策略在我国企业经营实践中的确普遍和客观存在，且主要表现为企业应对金融抑制的替代性机制，而非结合自身特征的自主决策结果。他们的研究表明，货币政策适度水平的提高不仅能够对"短贷长投"产生直接的抑制效应，而且能够通过降低"短贷长投"对公司绩效的不良影响发挥间接的积极作用。

总的来说，微观企业投资行为与宏观货币政策调控密切相关，主要表现在三个方面。一是紧缩的货币政策通过收紧企业融资约束和提高企业融资成本来抑制企业投资规模的扩张；二是企业将根据对货币政策调控方向的预期来决定增加或减少现金资产和交易性金融资产配置；三是宽松的货币政策虽然有利于通过缓解民营企业融资约束来增加其投资效率，但也可能使得利率信号扭曲，从而导致企业"短贷长投"和投资效率下降。

第二节　利率传递与企业投融资的理论分析

一、不同学派观点下的利率传递有效性

利率传递是货币政策传导机制中最经典的一类，强调了从中央银行政策利率到市场基准利率最后到实体融资利率的传导过程。而关于利率是否能够在货币政策传导过程中发挥作用，从理论上还存在不同学派之间的争议。具体来讲，以凯恩斯为代表的凯恩斯学派认为货币政策利率传递具有有效性，而以弗里德曼为代表的货币主义学派则认为这一利率传递没有有效性，两大货币理论对于实践中的中央银行货币政策工具使用具有重要的指导意义。

（一）凯恩斯学派利率传递理论

凯恩斯学派重视利率对于货币政策传导的重要意义，认为在有效需求不足的前提下，货币需求对于利率的敏感性使得利率能够作为货币政策中间目标进行传递。人们对货币的流动性偏好决定了货币需求，这种需求取决于交易性、预防性以及投机性三个方面。在投机性动机下，货币需求与利率水平具有负相关关系，如当货币供应量增加超过流动性需求时，人们对债券的需求增加导致债券价格上升，利率下降。基于投资对利率的敏感性，当利率下降到资本边际回报率以下时，人们就会加大投资，从而促进经济增长和收入增加。在凯恩斯流动性偏好理论中，利率水平主要与货币的投机需求有关，而与收入无关，这一定程度上并不能完全决定一个均衡利率，因此希克斯和汉森在凯恩斯利率理论的基础上构建了 IS-LM 模型，进一步引入了收入因素，通过一般均衡的分析方法得到了产品市场与货币市场共同决定的均衡利率。基于凯恩斯学派理论，利率传递有效性主要取决于货币供给的利率弹性和投资的利率弹性，在此基础上中央银行货币政策能够通过改变货币供应量或者直接调整政策利率对市场利率产生影响。

总的来说，凯恩斯学派理论的政策含义是货币政策的调控应当依据宏观经济状态进行相机抉择，如经济过热时实施从紧的货币政策，反之亦然。但他们其实并不看重货币政策的宏观调控能力，相反更看重财政政策对经济的调节作用，因为凯恩斯学派也指出货币供应量对于利率的影响并不一定是稳定的负相关关系。这是因为当货币供应量增加时，一方面流动性效应会导致人们对金融资产的需求增加而使得利率下降，但是另一方面利率下降使得投资和消费增加，促进经济增长并使人们的收入增加，基于收入效应、物价水平效应和通货膨胀预期下货币需求增加会再次推动利率水平上升，因此最终中央银行货币供应量变化对利率的影响是不确定的。

（二）货币主义学派利率传递理论

货币主义学派认为利率在货币政策的传导中并无较大作用。以弗里德曼为代表的货币主义学派认为货币需求函数是稳定的，利率作为货币的价格，仅仅是影响货币需求函数众多资产价格中的一种，中央银行政策利率变动虽然会导致所有资产的收益率跟着发生变化，但货币这种资产的收益率相对其他可替代资产如债券、股票等的收益率差额却比较稳定，因此，弗里德曼的现代货币数量论认为利率虽然对货币需求有影响，但影响程度非常有限。因而货币主义学派认为货币政策无法有效通过利率传递渠道对实体经济产生显著影响,即对企业投融资的影响会很有限。事实上,货币主义学派的观点与古典货币数量论更相近,他们都强调货币供给的增加更多带来的是物价的变化。因此,相应的货币政策含义也是所谓的"单一规则",即一国中央银行主要应保持一个能使通货膨胀达到目标水平的单一货币增长率。

二、理论分析和研究假设的提出

(一)利率传递对企业融资成本的影响

如果货币政策的利率传导渠道有效,那么预期政策利率对企业的融资成本具有正向影响。中央银行的货币政策通过流动性效应等机制能够对金融市场利率产生影响,例如,中央银行向市场投放流动性会引导金融市场降低利率,最终使得实体企业的融资成本降低。此外,由于我国直接融资市场不发达,企业更多通过银行等金融中介进行间接融资,因此货币政策对于银行信贷供给和资金价格的影响也会影响企业的融资成本。当中央银行开始收紧银根,银行的信贷资金供给减少,而在外部融资需求不发生变化的情况下,由于信贷资金供给少于需求,企业的贷款资源可获得性难度会增大,企业的融资成本也随之提高。市场资金供需暂时性失衡,企业面临的贷款资源竞争更加激烈,企业获取信贷资源的难度增加,从而缩小融资规模,进而减少投资支出。综上所述,本章提出如下研究假设。

研究假设1:政策利率上升会增加企业平均融资成本。

(二)企业融资成本对企业投资决策的影响

在经典公司金融理论中,企业的融资成本增加会导致企业投资支出减少。在完美金融市场上,企业的投资决策仅受到项目的盈利性如预期投资净现金值的影响,当一个项目的预期投资净现金值为正,企业便会进行投资。企业融资成本是企业投资的主要成本支出,对企业的净现金流具有重要影响,当一个项目的融资成本提高会随之降低其净现金流,最后会降低企业的投资支出。如果企业融资成本增加最后导致企业的投资回报率无法覆盖融资成本,那么企业会直接放弃该投资项目而选择保守经营。在不完美的金融市场上,由于金融摩擦的存在,企业的外源融资成本会显著高于内源融资成本,因此企业投资的净现金流可能会进一步被压缩,最终使得企业的投资支出下降更快。综上所述,本章提出研究假设如下。

研究假设2:企业融资成本增加会降低企业的投资支出。

（三）利率市场化改革对利率传递有效性的影响

中央银行货币政策利率传导主要分为两步。第一步，中央银行通过公开市场操作引导市场基准利率围绕政策利率波动；第二步，市场基准利率基于微观金融机构的资产配置行为进一步向中长期市场利率传递。在这一货币政策利率传递的过程中，中央银行的市场化利率调控和市场利率的传递效果都受到利率市场化改革的影响。已有研究表明我国利率传导效果较差的原因主要集中在四方面：一是行政管制较多，资金价格并不能完全由市场所形成；二是大量政府背书的国企和地方政府投资平台在信贷资源方面占据优势，且体量通常较大，而其对信贷利率的敏感性不高，因此阻碍了市场利率向企业融资成本的传递；三是债券市场建设不够完善，流动性不足；四是金融产品较少，资产证券化发展不成熟。而随着利率市场化改革的深入，导致利率传递不畅的利率管制等多种因素被逐渐消除，市场资金交易双方决定的利率形成机制日益成熟。在利率市场化改革背景下，中央银行的政策利率调控更为市场化，并且以中央银行的政策利率为基础，货币市场、债券市场等市场对利率的传递效率越来越高，货币政策利率传递对资金的配置有效性提高。

从具体的利率市场化改革标志性事件来讲，自2013年人民银行取消金融机构贷款利率0.7倍的下限后，我国贷款利率彻底放开。随着贷款利率市场化程度加深，商业银行与企业之间的贷款利率波动范围进一步扩大，银行负债端的成本更容易以市场化方式向贷款端利率传递，利率传导的市场化程度进一步提高。2013年贷款利率市场化改革后，我国贷款利率仍存在所谓的"双轨制"问题，银行的风险定价机制仍然受到贷款基准利率而非市场化利率的影响。为了实现贷款利率并轨，2019年中央银行进一步对LPR形成机制进行改革，以期加强市场利率对银行贷款定价的引导作用。中央银行对于银行贷款利率的深化改革是为了消除行政手段对于利率的潜在影响，让利率市场化的程度显著提高。随着利率市场化程度的完善，货币政策利率传导有效性预期也会提高。综上所述，本章提出研究假设如下。

研究假设3：利率市场化改革有利于提高利率传导的有效性。

第三节 利率传导渠道的实证分析——企业的视角

一、模型设定和变量说明

（一）模型设定

本小节主要从企业融资成本和投资决策的视角检验货币政策利率传导渠道在我国企业中是否存在，因此首先构建如下固定效应模型对假设 1 和假设 2 分别进行实证检验。

$$\text{debtrate}_{i,t} = \alpha_0 + \alpha_1 r_t + \alpha_2 X_{i,t} + \sum \delta_i + \mu_{i,t} \qquad (5.1)$$

$$\text{invest}_{i,t} = \beta_0 + \beta_1 \text{debtrate}_{i,t} + \beta_2 X_{i,t} + \sum \delta_i + \sum \tau_t + \varepsilon_{i,t} \quad (5.2)$$

模型（5.1）中的 $\text{debtrate}_{i,t}$ 为企业 i 在 t 时期的综合融资成本，r_t 为 t 时的政策利率，$X_{i,t}$ 为相关控制变量，包括企业层面控制变量和宏观层面的控制变量，具体变量说明详见表 5.1，此外为了防止不同个体不可观测因素对实证结果的干扰，模型（5.1）中加入了个体固定效应 $\sum \delta_i$。模型（5.2）中的 $\text{invest}_{i,t}$ 为 i 企业在 t 时的投资支出，$\text{debtrate}_{i,t}$ 为 i 企业在 t 时的融资成本，为了避免不可观测个体和宏观周期等因素对实证结果的影响，模型（5.2）中也相应加入了个体固定效应 $\sum \delta_i$ 和时间固定效应 $\sum \tau_t$。

本章主要关注模型（5.1）中 α_1 系数大小和显著性水平以检验假设 1。根据假设 1 中市场利率上升会增加企业平均融资成本预测，实证回归结果中的 α_1 应当显著为正。本章关注模型（5.2）中的 β_1 系数大小和显著性水平以检验假设 2，根据假设 2 中企业融资成本增加会降低企业的投资支出预测，β_1 应当显著为负。同时本章与其他文献的不同之处在于，本章的着重点并非政策利率到市场利率的传导是否有效，而是观察政策利率是否能够通过市场化利率传导至企业综合融资成本，进而影响到企业投资支出。

（二）变量选择说明

（1）被解释变量。模型（5.1）中的被解释变量企业融资成本（$\text{debtrate}_{i,t}$），由于企业的融资方式多种多样，有银行贷款、企业债、民间借贷等，而且部分债务融资有成本，部分债务融资没有成本，因此，为研究有息债务的资金成本，并考虑到企业的长短期债务，本章参考韩乾、袁宇菲和吴博强（2007）使用"净利息支出/短期借款+应付票据+长期借款+应付债券+长期应付款"来表示。对于模型（5.2）中的被解释变量企业投资支出（$invest_{i,t}$），本章使用"购建固定资产、无形资产和其他长期资产支付的现金/总资产"来表示。

（2）核心解释变量。模型（5.1）中的核心解释变量是政策利率（r_t），为了检验我国价格型货币政策调控方式下政策利率传递的有效性，本章分别选取了市场化的政策利率和传统的政策利率进行考察。传统的政策利率主要是指由中央银行直接指定的政策利率，我们用短期贷款基准利率（shortloan）代表，市场化的政策利率分别使用了银行间市场质押式回购利率（R）、存款类机构质押式回购利率（DR）、1年期贷款市场报价利率（LPR）来表示，其中R和DR分别使用隔夜、7天以及1月期限的年度平均值计算。模型（5.2）中的核心解释变量是企业融资成本（$debtrate_{i,t}$），变量设定与模型（5.1）中的企业融资成本（$debtrate_{i,t}$）相同。

（3）控制变量。本章在模型（5.1）和模型（5.2）中加入了企业层面的控制变量，这些变量主要来自现有文献对公司融资成本影响因素的研究，主要包括以下变量。

公司规模（asset）。公司规模是银行向企业投放信贷的重要参考因素，因此本章纳入公司规模这一控制变量，该指标用公司总资产的自然对数来表示。一般来讲，规模越大的公司越容易得到银行的便宜和大规模的信贷。

托宾Q（q）。托宾Q刻画了公司的成长性，该指标用公司股票市值与公司总资产之比表示，一般来讲，托宾Q越大的公司成长性越高，当Q大于1时，企业倾向于增加固定资产投资，这同时也会增加公司的信贷需求。

资产负债率（lev）。资产负债率刻画了企业的杠杆率，用总负债与总资产之比表示。其一定程度上也会影响企业的投融资决策，同时银行在向企业放贷时也会将其财务杠杆作为重要的考虑因素之一。

资产收益率（roa）。公司的资产收益率刻画了公司的盈利水平，用净利润与总资产之比表示。一般来讲，企业的盈利水平是银行放贷的重要参考因素，企业的盈利水平越高，其获得融资以及开展投资的规模也会越大。

固定资产比率（fix）。公司的固定资产比率刻画了公司目前的资本流动性水平以及资产结构，用固定资产净值与总资产表示。

营收增长率（growth）。营收增长率刻画了公司经营状况的相对变化，用公司当年的营业总收入的增量与去年营业总收入之比表示。

内部现金流（cashflow）。公司的内部现金流刻画了公司内部财务状况，用经营活动产生的现金流与总资产之比表示。

以上所有变量的详细定义和说明总结在表 5.1 中。

表 5.1　主要变量说明

变量类别	变量名	变量代码	变量定义
被解释变量	投资支出	invest	（购建固定资产、无形资产和其他长期资产支付的现金）/总资产
	企业融资成本	debtrate	财务费用/（短期借款+应付票据+长期借款+应付债券+长期应付款）
解释变量	银行间市场质押式回购利率(年度)	rd1	同年银行间市场隔夜质押式回购利率平均值
		rw1	同年银行间市场七天质押式回购利率平均值
		rm1	同年银行间市场一月质押式回购利率平均值
	存款类机构间利率债质押回购利率（年度）	drd1	同年存款类机构间利率债质押隔夜回购利率平均值
		drw1	同年存款类机构间利率债质押七天回购利率平均值
		drm1	同年存款类机构间利率债质押一月回购利率平均值
	1年期贷款市场报价利率	LPR	同年 1 年期 LPR 平均值
	短期贷款基准利率	shortloan	同年短期贷款基准利率（6 个月至 1 年）平均值

表5.1(续)

变量类别	变量名	变量代码	变量定义
控制变量	企业规模	asset	采用企业总资产对数表示
	托宾Q	q	总市值/总资产
	资产负债率	lev	总负债/总资产
	资产收益率	roa	净利润/总资产
	固定资产比率	fix	固定资产/总资产
	营收增长率	growth	营业总收入增加额/上期营业总收入
	内部现金流	cashflow	经营活动产生的现金流/总资产
	现金持有	cash	公司持有现金及现金等价物/总资产
	经济增长率	gdp	真实GDP增长率

二、数据来源

本章使用的企业微观数据来源于万得数据库，宏观层面利率数据来源于中国人民银行和万得数据库。企业样本数据为2007—2020年的A股上市公司的年度财务数据，并按照如下顺序对原始数据做以下处理：①考虑到金融类企业的生产经营模式与传统工商类企业差异较大，因此本章首先剔除了样本内的银行以及非银等金融类公司。②考虑到ST企业由于自身经营能力恶化，其财务数据可能存在较大异常，为了避免ST企业对研究结果的干扰，本章剔除ST企业。③为了确保数据的连续性，本章仅保留具有连续财务数据的公司。④为了消除极端值对研究结果的影响，本章对连续变量进行上下1%的缩尾处理。此外，为了避免主要被解释变量平均融资成本（debtrate）中异常值对回归结果的影响，本章在剔除了融资成本小于0或者大于1的样本后，才对其进行缩尾处理。经过以上处理，最后本章得到了259家公司共计3 626个样本数据。

三、描述性统计和相关性分析

（一）描述性统计

表5.2呈现了主要变量的描述性统计结果。从被解释变量的描述性统计结果来看，平均融资成本的均值为0.050 4，标准差为0.026 3，最大值

为 0.165 9，最小值为 0.004，企业投资支出的均值为 0.051 8，标准差为 0.049 3，最大值为 0.236 6，最小值为 0.000 2。可以看到不同企业的融资成本和投资支出之间仍存在一定差异。

从公司层面控制变量的描述性统计结果来看，公司总资产（asset）的均值为 1.193 1，标准差为 1.088，从标准差来看企业规模之间的差异仍然非常大。托宾 Q（q）的均值为 1.193 1，均值大于 1 说明样本公司整体倾向于增加投资，托宾 Q 的标准差为 0.153 3，说明不同样本公司之间的投资意向差距较大。资产负债率（lev）的均值为 0.025 9，中位数为 0.025，中位数与平均值相当，说明样本内公司的杠杆率情况大致呈对称分布。资产收益率（roa）的均值为 0.295 5，中位数为 0.273 8，最大值为 0.796 5，最小值为 0.002 6，可以看到上市公司的盈利状况差距较大。固定资产比率（fix）的均值为 0.117 8，最大值为 1.474 7，最小值为 -0.520 7，标准差达到 0.291 8，由此可见不同的公司之间固定资产占比有很大的不同。

表 5.2　主要变量的描述性统计

指标类型	指标名称	样本数/个	平均值	中位数	最大值	最小值	标准差
被解释变量	invest	3 626	0.051 8	0.038 0	0.236 6	0.000 2	0.049 3
	debtrate	3 626	0.050 4	0.047 9	0.165 9	0.004 0	0.026 3
解释变量	rd1	3 626	0.023 3	0.022 7	0.033 4	0.010 3	0.006 2
	rw1	3 626	0.029 3	0.029 2	0.041 2	0.012 4	0.007 5
	rm1	3 626	0.036 0	0.035 7	0.050 6	0.013 6	0.010 0
	drd1	1 813	0.023 2	0.021 8	0.033 9	0.015 8	0.005 3
	drw1	1 813	0.028 8	0.027 1	0.048 2	0.020 2	0.008 4
	drm1	1 813	0.036 8	0.034 6	0.065 1	0.023 1	0.012 9
	LPR	2 072	0.046 9	0.043 1	0.057 3	0.039 1	0.006 5
	shortloan	3 626	0.054 1	0.053 5	0.070 4	0.043 5	0.009 5
控制变量	asset	3 626	1.193 1	0.849 4	6.235 1	0.112 8	1.088 0
	q	3 626	0.584 9	0.589 4	0.941 1	0.241 3	0.153 3
	lev	3 626	0.025 9	0.025 0	0.154 4	-0.174 0	0.045 3
	roa	3 626	0.295 5	0.273 8	0.796 5	0.002 6	0.197 6
	fix	3 626	0.117 8	0.082 1	1.474 7	-0.520 7	0.291 8
	growth	3 626	0.045 4	0.046 5	0.235 8	-0.161 2	0.066 9
	cashflow	3 626	0.128 6	0.115 0	0.405 9	0.011 0	0.077 2
	cash	3 626	22.804 4	22.683 6	26.662 4	20.194 2	1.305 2

注：数据来源于 Wind。

从解释变量市场化政策利率的描述性统计来看，从 2007—2020 年银行间市场隔夜质押式回购利率年度均值（rd1）的样本平均值 0.023 3，银行间市场 7 天质押式回购利率年度均值（rw1）的样本平均值 0.029 3，银行间市场 1 月质押式回购利率年度均值（rm1）的样本平均值 0.036。其标准差分别为 0.006 2、0.007 5、0.01，整体波动性不大，具体走势见图 5.1。而存款类机构质押式回购加权利率从 2014 年开始，隔夜（drd1）、7 天（drw1）以及月度（drm1）的平均值分别为 0.023 2、0.028 8、0.036 8，标准差分别为 0.005 3、0.008 4、0.012 9，波动性也不大，具体走势见图 5.2。1 年期贷款市场报价利率（LPR）和短期贷款基准利率的平均值分别为 0.046 9、0.054 1，标准差分别为 0.006 5、0.009 5，与其他利率种类波动性类似，具体走势可见图 5.3。

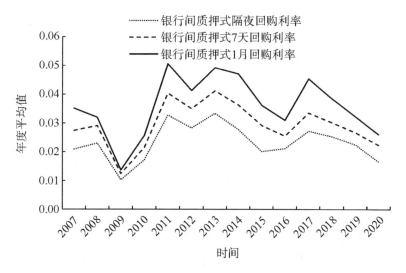

图 5.1　银行间质押式回购加权利率趋势图

注：数据来源于 Wind，图中纵轴是银行间质押式回购加权利率的年度平均值，横轴是时间，圆点线代表银行间质押式隔夜回购利率，短划线代表银行间质押式 7 天回购利率，实线代表银行间质押式 1 月回购利率

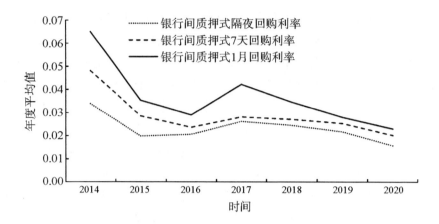

图 5.2　存款类机构质押式回购加权利率趋势图

注：数据来源于 Wind，图中纵轴是存款类机构质押式回归加权利率的年度平均值，横轴是时间，圆点线代表银行间质押式隔夜回购利率，短划线代表银行间质押式 7 天回购利率，实线代表银行间质押式 1 月回购利率

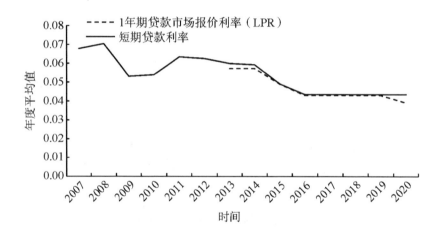

图 5.3　1 年期贷款市场报价利率及短期贷款基准利率趋势图

注：数据来源于 Wind，图中纵轴是 1 年期贷款市场报价利率与短期贷款基准利率的年度平均值，横轴是时间，短划线代表 1 年期贷款市场报价利率，实线代表短期贷款利率

（二）相关性分析

本章在实证分析前，通过相关性分析检验本章的变量之间是否存在多重共线性。表 5.3 展示了主要变量之间的两两相关性程度。关于市场利率，

本章主要使用了较为常见的银行间市场 7 天质押式回购利率（rw1）。可以看到，主要使用变量之间的相关程度均低于 0.5，这说明在本章使用的样本数据中不存在多重共线性的问题。另外通过相关性分析可以看到企业的投资（invest）与企业融资成本（debtrate）、市场利率（r）、资产负债率（lev）、现金流（cashflow）、现金持有（cash）和企业规模（asset）呈负相关关系；而与企业的托宾 Q 值（q）、企业资产收益率（roa）、固定资产比率（fix）以及营业收入增长率（growth）呈正相关关系。

表 5.3　相关性分析

	invest	debtrate	rw1	q	lev	roa	fix	growth	cashflow	cash	Asset
invest	1										
debtrate	−0.100***	1									
rw1	−0.023	0.095***	1								
q	0.093***	0.136***	−0.189***	1							
lev	−0.096***	−0.074***	0.046***	−0.398***	1						
roa	0.139***	−0.071***	−0.043***	0.257***	−0.408***	1					
fix	0.319***	0.193***	−0.012	−0.052***	−0.007	−0.054***	1				
growth	0.114***	−0.072***	0.008	0.058***	−0.02	0.261***	−0.045***	1			
cashflow	0.207***	0.167***	−0.095***	0.058***	−0.150***	0.302***	0.341***	0.050***	1		
cash	−0.102***	−0.156***	−0.058***	0.074***	−0.131***	0.112***	−0.349***	0.016	0.026	1	
asset	−0.069***	−0.283***	0.059***	−0.532***	0.295***	0.042**	0.031*	0.013	0.039**	−0.082***	1

注：*** 代表 p 值<0.01，** 代表 p 值<0.05，* 代表 p 值<0.1。

四、实证结果分析

本小节内容呈现了模型（5.1）和模型（5.2）的实证结果和分析。为了充分检验利率传导渠道是否在我国企业中体现，即政策利率是否最终对实体企业融资成本和投资决策产生影响，本节分别检验了银行间质押式回购利率（R）、存款类机构间利率债质押式回购利率（DR）和贷款市场报价利率（LPR）与贷款基准利率（shortloan）的传导效果，具体回归结果如下文所示。

（一）银行间质押式回购利率（R）的传导效果

表 5.4 展示了隔夜、周度、月度不同频率的银行间质押式回购利率（R）的传递效果。其中第（1）、第（2）、第（3）列展示了模型（5.1）的回归结果，也即是隔夜、周度、月度频率的 R 利率对企业平均融资成本的影响。模型（5.2）的回归结果展示在第（4）、第（5）列，也即是企业平均融资成本对企业投资决策的影响，其中第（4）列为控制组。

从第（1）、第（2）、第（3）列回归结果分析来看，不同频率的价格型货币政策下的银行间质押式回购利率对企业平均融资成本的影响均在1%的水平上显著为正。以银行7天质押式回购利率的回购结果为例，当货币政策处于紧缩时期，银行间市场7天质押式回购利率每上升1个百分点会导致企业的平均融资成本上升0.4376个百分点。这说明市场利率上升会向企业的融资利率传递，最终使得企业平均融资成本上升，因此假设1成立。对比隔夜、周度、月度不同频率的银行间质押式回购利率的传递效果来看，隔夜回购利率对企业平均融资成本的影响最大。

从第（4）、第（5）列回归结果分析来看，企业融资成本对企业投资决策也具有影响，如第（5）列所示两者的系数在1%的显著性水平上显著为-0.3915，这表明企业平均融资成本每上升1个百分点，则企业投资支出会下降约0.39个百分点。这证明了研究假设2的成立，也即企业平均融资成本的上升确实会显著地导致企业投资支出的下降，再结合假设1来看，说明市场利率变化最终能够通过影响企业的融资成本对企业投资决策产生影响。此外，从第（4）列控制组的结果来看，在不考虑企业融资成本的影响下，托宾Q、固定资产比率、企业营收增长率、现金持有以及企业总资产对企业投资决策的影响在1%的水平上显著，而资产收益率则没有显著影响，而在考虑企业平均融资成本之后，资产收益率的影响仍然不显著，同时资产负债率的显著性水平也明显降低。

表5.4　银行间质押式回购利率的传导效果

指标名称	(1) debtrate	(2) debtrate	(3) debtrate	(4) invest	(5) invest
debtrate					-0.391 5 *** (-13.01)
rd1	0.519 1 *** (8.91)				
rw1		0.437 6 *** (9.26)			
rm1			0.310 3 *** (8.79)		
q	0.000 3 (0.51)	0.000 1 (0.18)	-0.000 2 (-0.47)	0.003 4 *** (3.15)	0.003 7 *** (3.54)
lev	-0.000 6 (-0.15)	-0.000 8 (-0.19)	-0.000 7 (-0.16)	-0.012 8 * (-1.70)	-0.011 3 (-1.53)

表5.4(续)

指标名称	(1) debtrate	(2) debtrate	(3) debtrate	(4) invest	(5) invest
roa	−0.033 8***	−0.032 6***	−0.031 4***	−0.008 5	−0.017 4
	(−3.13)	(−3.02)	(−2.91)	(−0.44)	(−0.91)
fix	0.043 6***	0.043 4***	0.043 3***	−0.092 4***	−0.074 8***
	(9.46)	(9.41)	(9.39)	(−11.25)	(−9.19)
growth	−0.003 4***	−0.003 2***	−0.003 3***	0.006 6***	0.005 9***
	(−2.67)	(−2.55)	(−2.62)	(2.80)	(2.58)
cashflow	0.077 4***	0.077 7***	0.077 7***	0.029 1**	0.056 8***
	(12.12)	(12.18)	(12.16)	(2.52)	(4.95)
cash	−0.036 6***	−0.036 4***	−0.036 5***	−0.040 1***	−0.053 3***
	(−5.7)	(−5.68)	(−5.68)	(−3.50)	(−4.75)
asset	−0.005 0***	−0.005 1***	−0.005 4***	0.006 0***	0.003 2**
	(−8.36)	(−8.48)	(−9.04)	(3.99)	(2.18)
R−squared	0.144 2	0.145 8	0.143 7	0.199 3	0.237 9
个体固定效应	是	是	是	是	是
年度固定效应	否	否	否	是	是
N/个	3 626	3 626	3 626	3 626	3 626

注:括号中为 t 值,*** 代表 p 值<0.01,** 代表 p 值<0.05,* 代表 p 值<0.1。

(二)存款类机构间利率债质押式回购利率(DR)的传导效果

表 5.5 展示了隔夜、周度、月度频率存款类机构间利率债质押式回购利率(DR)的传递效果。表 5 列(1)、列(2)、列(3)展示了 DR 利率对企业平均融资成本影响的回归结果,列(4)和列(5)展示了模型(5.2)的回归结果。由于我国 2013 年年末才开始推出 DR 利率,因此回归的样本区间是 2014—2020 年。主要解释变量为存款类机构间利率债质押式回购利率,此处选择的是其隔夜、周度、月度频率的年度平均值。

从第(1)、第(2)、第(3)列回归结果可以看到,存款类机构间利率债质押式隔夜、周度、月度频率的利率回归系数均在 5%水平上显著,其系数值分别为 0.174 6、0.129 8 以及 0.076 1。从表中可以看到,相比于银行间质押式回购利率影响系数的区间范围在 0.310 3 到 0.519 1 之间,存款类机构间利率债质押式回购利率的影响系数显著更低,这也说明尽管人民银行在加大培育存款类机构间利率债质押式回购利率,以便其成为未来市场观察货币市场流动性的重要窗口,但其在利率传导效果中的作用相比银行间质押式回购利率仍然较低,这是因为 DR 仅仅代表了利率债的利率变化,而企业的融资方式是多种多样的,一方面有银行信贷、公司债融资,另一方面还有表外的影子信贷体系为企业提供借贷支持。而银行间质押式回购利率包括的质押品类众多且参与机构众多,因此存款类机构间利率债质押式回购利率与企业平均融资成本之间的相关性低于银行间质押式回购利率。

从列 (4) 及列 (5) 的回归结果可以看到,企业平均融资成本对企业投资支出的影响系数在 1% 的水平上显著为负,但与表 5.4 列 (5) 回归系数 -0.391 5 相比较,即相较于 2007—2020 年整体回归数据而言,自 2014 年开始,企业投资支出对企业平均融资成本的敏感性降低。我们认为这可能源于我国企业融资结构方式更趋多样化,如股权融资或受部分产业政策等影响,因此企业平均融资成本在投资决策中的影响有所下降。

表 5.5　存款类机构间利率债质押式回购利率 (DR) 的传导效果

指标名称	(1) debtrate	(2) debtrate	(3) debtrate	(3) invest	(4) invest
debtrate					-0.270 1 *** (-8.30)
drd1	0.174 6 ** (1.97)				
drw1		0.129 8 ** (2.24)			
drm1			0.076 1 ** (2.02)		
q	-0.001 3 (-1.38)	-0.001 6 (-1.64)	-0.001 6 (-1.64)	0.000 3 (0.24)	-0.000 1 (-0.08)
lev	-0.000 3 (-0.04)	-0.001 0 (-0.14)	-0.000 8 (-0.11)	-0.001 3 (-0.14)	-0.001 5 (-0.16)
roa	-0.024 7 * (-1.74)	-0.024 6 * (-1.74)	-0.024 7 * (-1.74)	-0.003 3 (-0.18)	-0.009 2 (-0.50)
fix	0.048 9 *** (5.9)	0.048 7 ** (5.88)	0.048 7 *** (5.88)	-0.039 9 *** (-3.69)	-0.026 8 ** (-2.50)
growth	0.000 8 (0.5)	0.001 1 (0.66)	0.001 0 (0.58)	0.003 4 (1.52)	0.003 8 * (1.72)
cashflow	0.069 1 *** (7.65)	0.069 1 *** (7.66)	0.069 3 *** (7.66)	0.014 8 (1.25)	0.033 3 *** (2.81)

表5.5(续)

指标名称	（1） debtrate	（2） debtrate	（3） debtrate	（3） invest	（4） invest
cash	0.004 5 (0.43)	0.004 5 (0.43)	0.004 4 (0.41)	−0.051 1*** (−3.70)	−0.049 9*** (−3.70)
asset	−0.009 2*** (−6.38)	−0.009 0*** (−6.16)	−0.009 1*** (−6.26)	0.002 4 (1.23)	−0.000 1 (−0.04)
R−squared	0.127 4	0.128 0	0.127 5	0.032 1	0.073 6
个体固定效应	是	是	是	是	是
年度固定效应	否	否	否	是	是
N/个	1 813	1 813	1 813	1 813	1 813

注：括号中为 t 值，*** 代表 p 值<0.01，** 代表 p 值<0.05，* 代表 p 值<0.1。

（三）贷款市场报价利率（LPR）与贷款基准利率（shortloan）的传导效果

表5.6 展示了 LPR 以及贷款基准利率的回归结果。从列（1）中可以看到，LPR 对企业平均融资成本的影响在 5% 的水平上显著，融资成本与 LPR 呈现正相关关系，随着 LPR 报价利率上调 1 个百分点，企业平均融资成本也会增加 0.157 4 个百分点，与存款类机构间利率债质押式回购利率以及贷款基准利率的影响力度相似，但显著低于银行间质押式回购利率的影响力度。列（3）则展示了短期贷款基准利率对企业平均融资成本的回归系数在 1% 的显著性水平上显著，而系数值为 0.139 5，意味着短期贷款基准利率每变动 1 个百分点，会导致企业平均融资成本变动 0.139 5 个百分点。相较于银行间质押式回购 7 天利率每变动 1 个百分点，会导致企业平均融资成本变动 0.519 1 个百分点而言，其影响力相对较小，与存款类机构间利率债质押式回购利率的影响力相当。列（2）与列（4）的回归结果与表5.4、表5.5 大致相同，在此不再赘述。由此，假设 1 和假设 2 得到证明。

表5.6 LPR 以及贷款基准利率的传导效果

指标名称	LPR		shortloan	
	（1） debtrate	（2） invest	（3） debtrate	（4） invest
debtrate		−0.247 3*** (−8.01)		−0.391 5*** (−13.01)

表5.6(续)

指标名称	LPR		shortloan	
	（1）	（2）	（3）	（4）
	debtrate	invest	debtrate	invest
LPR	0.157 4 **			
	(2.03)			
shortloan			0.139 5 ***	
			(2.9)	
q	−0.001 2	0.001 7	−0.000 7	0.003 7 ***
	(−1.34)	(1.23)	(−1.34)	(3.54)
lev	−0.002 1	−0.010 4	−0.001 7	−0.011 3
	(−0.33)	(−1.19)	(−0.4)	(−1.53)
roa	−0.016 2	−0.017 2	−0.032 3 ***	−0.017 4
	(−1.16)	(−0.93)	(−2.94)	(−0.91)
fix	0.045 6 ***	−0.036 3 ***	0.042 3 ***	−0.074 8 ***
	(6.1)	(−3.65)	(9.07)	(−9.19)
growth	−0.001 7	0.001 7	−0.003 2 ***	0.005 9 **
	(−1.05)	(0.75)	(−2.5)	(2.58)
cashflow	0.080 9 ***	0.035 8 ***	0.074 5 ***	0.056 8 ***
	(9.23)	(3.02)	(11.52)	(4.95)
cash	−0.000 7	−0.058 7 ***	−0.040 4 ***	−0.053 3 ***
	(−0.07)	(−4.48)	(−6.23)	(−4.75)
asset	−0.008 7 ***	−0.000 3	−0.003 7 ***	0.003 2 **
	(−6.75)	(−0.19)	(−4.87)	(2.18)
R−squared	0.138 1	0.099 9	0.126 2	0.237 9
个体固定效应	是	是	是	是
年度固定效应	否	是	否	是
N/个	2 072	2 072	3 626	3 626

注：括号中为 t 值，*** 代表 p 值<0.01，** 代表 p 值<0.05，* 代表 p 值<0.1。

总的来说，以上基于不同政策利率传导效果的实证结果表明，不同的政策利率传导效果不同，银行间质押式回购利率的传导效果最佳，而贷款基准利率的传导效果最差。我们认为这可能是因为银行间质押式回购利率所涉及的抵押品种类众多，一方面它能及时反映货币市场流动性状况，另一方面它也能较为完整地反映企业多种融资方式所对应的综合融资成本水平，因此其传导效果表现最佳。而 DR 虽能更为精确地反映银行体系的流动性松紧状况，但其抵押物种类有限，与企业融资方式有所出入，导致其传导效果相对不佳。贷款基准利率则具有一定的行政性色彩，市场化程度不够，间接也导致了贷款市场报价利率的市场化程度不高，使得其传导效果不如银行间质押式回购利率。但值得注意的是，贷款市场报价利率的影响不及预期，也与中央银行自2019年才改革完善贷款市场报价利率形成机制，并着重将其打造为传递政策意图的贷款基准利率有关。

第四节　利率市场化改革与利率传导渠道的有效性

以上回归结果表明我国货币政策的利率传递的第三层，即从政策利率到企业的融资成本进而到企业投资的影响是存在的，并且不同的市场化利率对企业的平均融资成本和投资决策的影响程度不同。在整个样本期内，银行间质押式回购利率的传导效果表现比中央银行着重培育的贷款基准报价利率更强。考虑到我国利率市场化改革的渐进性特点，这一利率传递的效果可能因我国利率市场化程度不同而具有差异，因此本小节进一步从我国利率市场化改革出发，研究利率市场化改革对于利率传导渠道有效性的影响。为了检验假设3，即利率市场化改革是否有利于提高利率传导的有效性，本章选择了2013年全面取消对贷款利率限制的贷款利率市场化改革以及2019年LPR形成机制改革两个标志性事件进行研究。其中2013年我国中央银行决定取消金融机构贷款利率0.7倍的下限，由金融机构根据商业原则自主确定贷款利率水平，这标志着我国贷款利率基本实现市场化。虽然2013年中央银行就建立了贷款市场报价利率，但直到2019年中央银行再次对贷款市场报价利率形成机制进行改革，贷款市场报价利率才开始真正进入大众视野。中央银行在报价原则、形成方式、期限品种、报价行、报价频率和运用要求六个方面对贷款市场报价利率进行改革，由此增加贷款利率的市场化程度，加强市场化的贷款基准利率对整个银行系统贷款定价的引导作用。在这一改革下我国双轨制贷款利率逐渐并轨，提高政策利率向信贷利率的传导效率，有助于中央银行价格型货币政策的有效实施，是我国利率市场化改革的重要标志事件。

基于以上分析，本章分别以2013年和2019年为界对模型（5.1）和模型（5.2）进行分组检验以观察利率市场化改革对价格型货币政策利率传递效果的影响。模型设定仍然参考上文的模型（5.1）和模型（5.2），其中特别注意的是本章在检验 2013 年贷款利率市场化改革成效时，模型（5.1）中市场利率 r_t 的代理变量使用银行间市场 7 天质押式回购利率（rw1）。而在检验 2019 年 LPR 形成机制改革成效时，模型（5.1）中市场利率 r_t 的代理变量使用贷款市场报价利率（lpr）。

一、贷款利率市场化改革对利率传导渠道的影响

首先检验我国 2013 年贷款利率市场化改革的成效。本章以 2013 年为界将样本划分为 2013 年之前（$y_1 = 0$）和 2013 年及之后（$y_1 = 1$）两组分别进行回归分析。表 5.7 展示了以 2013 年利率市场化改革前后为界，银行间市场 7 天质押式回购利率对企业融资成本和企业投资支出的影响。

表 5.7 中列（1）和列（3）的结果呈现了贷款利率市场化改革前后市场利率对企业融资成本的影响。可以看到贷款利率市场化改革前后，银行间市场质押式 7 天回购利率对企业平均融资成本的影响均在 1% 的显著性水平上显著为正，但是影响程度之间存在一定差异。2013 年前，企业平均融资成本对银行间市场 7 天回购利率的敏感性系数为 0.568 3，而在 2013 年后，这一敏感性系数下降为 0.222 2，并且组间系数差异性检验结果显著。表 5.7 中列（2）和列（4）的回归结果呈现了贷款利率市场化改革前后，企业平均融资成本对其投资决策的影响。对比来看，企业投资支出对平均融资成本的敏感性系数均在 1% 显著性水平上显著，且均为负数。然而在 2013 年后，企业投资支出对企业平均融资成本的敏感性系数从 2013 年以前的 0.407 7 降低到 0.278 6。这一结果说明本章的假设 3 并不成立，也即表明随着贷款利率市场化改革后，市场利率对于企业融资成本和企业投资的影响并未如预期增强。

2013 年贷款利率市场化改革后，我国利率传导的有效性下降的原因是多方面的。一方面围绕银行表外影子信贷的各种金融创新的发展使得中国企业融资结构发生了重大变化。高然、陈忱、曾辉和龚六堂（2018）研究发现，我国商业银行影子业务的发展降低了货币政策传导的有效性。徐文舸（2015）研究也发现银行表外"类信贷"的各种金融创新通过影响贷款创造进而影响市场利率变动的敏感性，从而使得利率传导机制的有效性受阻。另一方面商业银行之间的竞争、中央银行采取的货币政策倾向等也在一定程度上解释了该现象。孙国峰（2019）的研究发现由于贷款基准利率的存在以及银行的定价合谋使得银行贷款利率并不参照市场利率进行定价。同时也有部分学者从银行竞争层面进行研究，发现银行间的竞争加剧也会使银行主动降低贷款利率（郭豫媚，2016），从而使银行在银行间市场获得的资金成本无法及时反映到银行的贷款利率上。同时本章的研究结果在伍戈的最新研究中也得到了相应支持，伍戈（2022）发现中国经济对利率的弹性在近几年不断下降，下降的原因包括中央银行更多地使用如降低准备金率、加大信贷投放以及出台产业政策等措施，同时受到政策利率的牵制，市场利率对企业投融资的影响也较为有限。

表 5.7　贷款利率市场化改革对利率传导效果的影响

指标名称	2013 年以前		2013 年及以后	
	（1）	（2）	（3）	（4）
	debtrate	invest	debtrate	invest
debtrate		−0.407 7 *** （−7.16）		−0.278 6 *** （−8.23）
rw1	0.568 3 *** （9.71）		0.222 2 ** （2.06）	
q	0.000 5 （−0.72）	0.002 8 （1.58）	−0.002 0 ** （−2.19）	−0.000 6 （−0.39）
lev	0.015 3 ** （−1.99）	0.002 7 （0.17）	0.000 5 （0.06）	−0.001 4 （−0.15）
roa	0.017 8 （−1）	−0.023 3 （−0.65）	−0.017 9 （−1.19）	−0.009 2 （−0.45）
fix	0.051 2 *** （6.74）	−0.167 6 *** （−10.75）	0.048 1 *** （5.72）	−0.027 0 ** （−2.39）
growth	0.001 9 （−1.04）	0.006 3 * （1.65）	0.000 5 （0.31）	0.004 0 * （1.68）
cashflow	0.071 0 *** （7.67）	0.055 7 *** （2.89）	0.068 4 *** （7.51）	0.035 1 *** （2.83）
cash	−0.042 8 *** （−4.06）	−0.103 4 *** （−4.85）	0.004 4 （0.41）	−0.055 4 *** （−3.89）
asset	0.010 0 *** （−6.47）	0.013 4 *** （3.19）	−0.010 0 *** （−6.68）	−0.000 2 （−0.08）
R-squared	0.187 3	0.188 3	0.126 5	0.098 9
个体固定效应	是	是	是	是

表5.7(续)

指标名称	2013 年以前		2013 年及以后	
	（1）	（2）	（3）	（4）
	debtrate	invest	debtrate	invest
年度固定效应	否	是	否	是
N/个	1 554	1 554	1 813	1 813

注：括号中为 t 值，*** 代表 p 值<0.01，** 代表 p 值<0.05，* 代表 p 值<0.1。

为此，本章进一步检验商业银行以表外或同业理财业务为主的创新是否是导致我国利率传导效率下降的因素。图 5.4 展示了 2014—2016 年我国商业银行表外理财规模，到 2016 年年底，商业银行表内各项投资总计 23 万亿元，理财产品共计 29 万亿元，委托贷款合计 13 万亿元，而资金通过信托和证券化方式进入贷款市场的共计 51 万亿元，影子信贷体量的增速远超同期新增贷款的增速（中国银行保险监督管理委员会政策研究局统计信息与风险监测部，2020）。影子信贷在此期间成为主要的信贷资产增量，绕过了监管并在边际上影响了企业融资成本。从银行理财产品收益率与货币市场金融工具收益率的相关性来看，如表 5.8 所示，理财收益率和信托产品收益率与 R007 的相关性分别为 0.56 和 0.52，可以看到市场利率与理财和信托产品收益率的相关性较高。为了实证检验商业银行的高风险表外业务是否是导致我国利率传导效率下降的因素，我们在回归模型（5.1）中分别加入银行理财产品规模及其与市场基准利率（R007）的交乘项进行回归分析，从表 5.9 的实证结果中可以看到，理财产品规模与 R007 的交乘项系数在 5%水平上显著为负，说明影子理财产品确实在一定程度上降低了从市场化的基准利率到企业平均融资成本传导的有效性，因为企业除银行贷款以外有更多可替代的非正规金融渠道为其获得新增融资，从而使货币政策的利率传导性显著下降。

**表 5.8　R007 与温州民间借贷综合利率、
信托产品年收益率、理财产品年收益率相关性**

指标名称	R007
wzrate	0.759 2
trustreturn	0.561 7
fmreturn	0.528 0

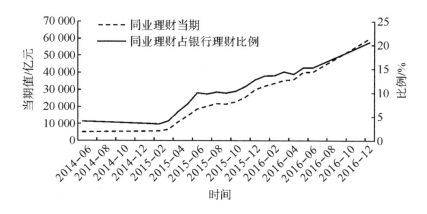

图 5.4　2014 年—2016 年同业理财余额及其占比

注：数据来源于 Wind，图中左纵轴是同业理财当期值，单位为亿元，右纵轴是同业理财占银行理财比例，单位为%，横轴是时间，短划线代表同业理财当期，实线代表同业理财占银行理财比例

表 5.9　理财业务对利率传导的影响

指标名称	debtrate
rw1	0.245 8 ***
	(3.21)
wmp	0.005 2 ***
	(3.51)
rw1 * wmp	−0.140 0 ***
	(−2.68)
其他控制变量	控制
R-squared	0.151 0
个体固定效应	是
时间固定效应	否
N/个	3 626

注：括号中为 t 值 *** 代表 p 值<0.01，** 代表 p 值<0.05，* 代表 p 值<0.1。

二、LPR 形成机制改革对利率传导渠道的影响

本章进一步分析 LPR 形成机制改革对利率传导渠道有效性的影响。由于我国 LPR 形成机制改革时间为 2019 年，如果按照样本分组可能会导致一组样本数量较少，因此本部分暂时不使用分组回归，而在模型（5.1）和模型（5.2）中分别加入时间虚拟变量与贷款市场报价利率的交互项（

y_2_lpr），以及时间虚拟变量与企业平均融资成本的交互项（y_2_debtrate），得到模型（5.3）和模型（5.4），由此观察 2019 年 LPR 形成机制改革是否有利于提高我国利率传导的有效性。模型设定如下所示，其中时间虚拟变量 y_2 的取值规则是，2013 年至 2018 年取 0，2019 年和 2020 年取 1。

$$\text{debtrate}_{i,\,t} = \alpha_0 + \alpha_1\,\text{lpr}_t + \alpha_2\,y2\_\text{lpr}_t + \alpha_3\,X_{i,\,t} + \sum \delta_i + \mu_{i,\,t} \quad (5.3)$$

$$\text{invest}_{i,\,t} = \beta_0 + \beta_1\,\text{debtrate}_{i,\,t} + \beta_2\,y2\_\text{debtrate}_{i,\,t} +$$
$$\beta_3\,X_{i,\,t} + \sum \delta_i + \sum \tau_t + \varepsilon_{i,\,t} \quad (5.4)$$

表 5.10 展示了 LPR 形成机制改革对企业平均融资成本及投资支出的影响。列（1）及列（2）展现对企业平均融资成本的影响，从时间虚拟变量和贷款市场报价利率交互项系数来看，两者交互性系数并不显著为负，而 LPR 系数显著为正，这说明 LPR 形成机制改革到 2020 年为止还未取得明显成效，并没有提高该政策利率的传导有效性，LPR 对于企业融资成本的影响显著性有所下降。列（3）和列（4）则展现了对企业投资的影响，企业融资成本对企业投资具有显著的负相关影响，但是企业融资成本和 LPR 形成机制改革的时间虚拟变量交互性系数不显著为正，这也说明了 LPR 形成机制改革对于货币政策利率传导有效性的成效尚未完全体现，假设 3 目前尚不成立。当然这可能与改革后样本数量较少有一定关系，LPR 形成机制改革的效果或许在未来可以进一步凸显。

表 5.10　LPR 形成机制改革对企业平均融资成本及投资支出的影响

指标名称	（1）debtrate	（2）debtrate	（3）invest	（4）invest
debtrate			−0.257 9 *** (−7.83)	−0.263 2 *** (−7.66)
$y_2\_$ debtrate			0.045 8 (0.91)	0.053 3 (1.06)
LPR	0.430 2 *** (5.38)	0.149 9 * (1.78)		
$y_2\_$ LPR	−0.001 0 (−0.03)	−0.006 7 (−0.23)		
q		−0.001 2 (−1.36)		0.001 8 (1.29)
lev		−0.002 3 (−0.35)		−0.010 1 (−1.16)

指标名称	（1） debtrate	（2） debtrate	（3） invest	（4） invest
roa		-0.016 2 (-1.17)		-0.016 9 (-0.92)
fix		0.045 6*** (6.09)		-0.036 1*** (-3.64)
growth		-0.001 8 (-1.07)		0.001 6 (0.72)
cashflow		0.081 1*** (9.2)		0.036 7*** (3.09)
cash		-0.000 7 (-0.07)		-0.058 8*** (-4.49)
asset		-0.008 7*** (-6.72)		-0.000 1 (-0.06)
R-squared	0.021	0.138 1	0.081 3	0.100 5
个体固定效应	是	是	是	是
年度固定效应	否	否	是	是
N/个	2 072	2 072	2 072	2 072

注：括号中为 t 值，*** 代表 p 值<0.01，** 代表 p 值<0.05，* 代表 p 值<0.1。

第五节　利率传导渠道在企业间的异质性影响

基于前文对利率传导渠道有效性的检验，本小节进一步从微观企业异质性视角分析利率传递对不同类型企业融资成本和投资的影响。由于利率传递主要依靠企业债权融资的需求发挥作用，我们预期利率传导对债权融资依赖度越高的企业效果会明显。以下，我们从企业所有制、成长性和固定资产占比三种企业特征展开论证。

一、企业所有制与利率传递异质性

我国企业之间最大的差异莫过于所有制产权的差异，这种差异也会一定程度上影响利率传递对企业投融资行为。与民营企业相比，国有企业具备更多以国家信用为基础的隐性担保，银行基于自身的收益和风险管理有动机向国有企业倾斜更多的贷款资源，因此国有企业获得的信贷利率预期更低，贷款条件也更优惠。此外，国有企业基于自身定位，还承担了大量非经济性的社会投资，这可能使国有企业的融资和投资对于利率传递的敏感性较差。相比国有企业，非国有企业的经营活动较少受到行政指令的影响，因此对于利率市场化变动应当更加敏感。但是，因为国有企业相比民营企业可以更方便地从银行获得贷款，而使得其债券融资依赖度相比民营企业更高，这又可能使利率传递对国有企业的效果更强。基于以上分析，本章提出研究假设4。

研究假设4a：货币政策利率传导在非国有企业中效果更好。

研究假设4b：货币政策利率传导在国有企业中效果更好。

为了检验假设4，本章按照企业的国有和非国有产权属性分组对模型（5.1）和模型（5.2）进行回归分析，表5.11展示了按照企业产权性质分组的回归结果。从列（1）和列（3）结果对比来看，国有企业和非国有企业平均融资成本对银行间市场7天回购利率均在1%的水平上显著，但非国有企业平均融资成本对7天回购利率的敏感系数高于国有企业。由于系数间差异不大，因此进行组间系数差异性检验，发现以产权分类的平均融资成本对银行间7天回购利率的组间系数差异性并不显著，由此认为产权差异并未使国有企业和非国有企业的平均融资成本对利率变化的敏感性有显著差异。值得注意的是与认为国有企业投资对融资成本不敏感的传统研究文献有所不同，我们发现其是敏感的。这表明自1981年开始进行的国有企业和国有商业银行治理的改革是具有一定成效的。随着国有企业以及国有银行的治理更加现代化，经营机制更加市场化，虽然在信贷获取上仍然存在一定的所有制歧视，但在融资成本上，国有企业对利率的敏感性正逐渐提高，并且已经与非国有企业相当。

表 5.11　企业产权性质对利率传导效果的影响

指标名称	国有企业		非国有企业	
	（1）	（2）	（3）	（4）
	debtrate	invest	debtrate	invest
debtrate		−0.469 9*** (−11.71)		−0.297 3*** (−6.49)
rw1	0.425 1*** (7.98)		0.478 4*** (5.09)	

表5.11(续)

指标名称	国有企业		非国有企业	
	（1）	（2）	（3）	（4）
	debtrate	invest	debtrate	invest
q	−0.000 02	0.002 1	0.000 2	0.005 6 ***
	（−0.02）	（1.44）	（0.19）	（3.81）
lev	0.002 6	−0.004 7	−0.009 9	−0.021 6 *
	（0.53）	（−0.50）	（−1.29）	（−1.84）
roa	−0.031 5 **	0.027 5	−0.032 4 *	−0.069 4 **
	（−2.46）	（1.11）	（−1.66）	（−2.31）
fix	0.039 1 ***	−0.075 6 ***	0.059 3 ***	−0.066 3 ***
	（7.81）	（−7.87）	（5.84）	（−4.25）
growth	−0.002 0	0.007 8 **	−0.004 8 **	0.002 6
	（−1.3）	（2.59）	（−2.11）	（0.76）
cashflow	0.067 6 ***	0.041 4 ***	0.100 0 ***	0.081 7 ***
	（9.41）	（2.95）	（7.82）	（4.07）
cash	−0.020 2 ***	−0.067 4 ***	−0.063 7 ***	−0.021 9
	（−2.68）	（−4.69）	（−5.37）	（−1.21）
asset	−0.004 3 ***	0.001 3	−0.006 2 ***	0.006 2 **
	（−5.98）	（0.66）	（−5.63）	（2.55）
R-squared	0.130 1	0.268 1	0.185 8	0.198 9
个体固定效应	是	是	是	是
年度固定效应	否	是	否	是
N/个	2 436	2 436	1 190	1 190

注：括号中为 t 值，*** 代表 p 值<0.01，** 代表 p 值<0.05，* 代表 p 值<0.1。

从表5.11 的列（2）、列（4）的对比中可以看到，国有企业和非国有企业的企业平均融资成本对投资支出的影响均在1%水平上显著，且系数为负，但国有企业投资支出对平均融资成本变动的敏感性高于非国有企业，这说明国有企业的投资支出受到融资成本的影响显著大于非国有企业投资受到融资成本的影响。同时考虑到其他财务指标对企业投资的影响，本章发现相比于国有企业，非国有企业投资更加倚重企业自身的投资机会和财务水平，其投资对托宾 Q 值、资产收益率以及资产负债率等指标分别在1%、5%以及10%水平上更为显著。

总的来说，虽然国有企业和民营企业在融资成本上对政策利率的敏感度不存在显著差异，但是国有企业投资对其融资成本的敏感度高于民营企业，这表明利率传递效果对国有企业更强。我们认为这主要源于我国国有企业的融资更加依赖信贷等债权类融资，而非国有企业因在信贷获取上弱于国有企业，所以更加依赖股权融资。事实上，在样本期内国有企业和民营企业的债权融资（除以企业的资产以进行标准化处理）平均占比分别为21%和17%；而国有企业股权融资（除以企业的资产以进行标准化处理）平均占比仅为8.8%，民营企业这一比例达到33.5%（见图5.5）。

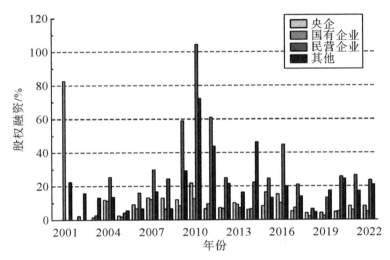

图 5.5　按企业性质划分的股权融资占比

二、企业成长性与利率传递异质性

企业除了所有制产权差异外，不同企业由于所处的行业和周期不同，其自身的成长性差异也较大。成长性不同的企业在其经营发展过程中所需要的融资和投资也是不同的，因此本章认为企业成长性差异会使利率变动对企业融资成本的影响，以及投资支出对融资成本的影响呈现异质性特征。结合相关文献，本章拟使用托宾 Q 刻画企业的成长性，托宾 Q 越大，企业的成长性越高。这是因为托宾 Q 等于企业市场价值与重置资产之比，当托宾 Q 越大，即是企业的市场价值越大于其资产的重置成本时，企业通常会倾向于卖掉股权资产而去购买新的实物资产以实现产能扩张，这样其成长性就越大。因此可以看到，托宾 Q 比率越大、成长性越高的企业越倾向于对外投资扩张，也需要越多的额外融资，因此这些公司的融资成本和投资受到利率传递的影响就应当越大，我们称之为"债权融资—扩张效应"。同时，企业的成长性越好，越有可能通过股权融资获得资金支持，反而使得利率的传导性减弱，我们称之为"股权融资—削弱效应"。基于以上分析，本章提出假设5。

研究假设5a：利率传导对成长性越大的企业效果越好。

研究假设5b：利率传导对成长性越大的企业效果越弱。

本节按照企业托宾Q的25分位数和75分位数将企业分为低成长性组（托宾Q≤0.837）和高成长性组（托宾Q≥1.526 2）两个子样本，并分别对模型（5.1）和模型（5.2）进行回归以观察银行间市场利率对企业平均融资成本和企业投资支出在企业成长性上的异质性影响。

表5.12展示了按照企业成长性（托宾Q值）分组后的回归结果，其中列（2）和列（5）作为控制组。从列（1）和列（4）的回归结果对比来看，高成长性的企业平均融资成本对银行间市场利率的敏感性高于低成长性企业，这证明了假设5a的成立。从列（2）、列（3）以及列（5）、列（6）的对比来看，相比低成长性企业，高成长性企业融资成本对企业投资支出的影响在1%的水平上更为显著，从而证明了假设5a的成立，即利率传导对成长性越大的企业效果越好，这表明"债权融资—扩张效应"强于"股权融资—削弱效应"。我们认为这一结论可能与我们使用的样本是已经上市的公司相关。事实上，在样本期内，上市公司贷款融资规模占资产比例的均值为31.7%，而股权融资规模占资产比例的均值仅为17%。

表5.12　托宾Q分组后银行间市场利率的传导效果

指标名称	低			高		
	（1）	（2）	（3）	（4）	（5）	（6）
	debtrate	invest	invest	debtrate	invest	invest
debtrate			-0.280 9***			-0.346 8***
			（-4.13）			（-6.08）
rw1	0.308 9***			0.501 7***		
	（3.37）			（4.33）		
q	0.005 8	0.079 5***	0.079 7***	-0.000 7	0.002 0	0.001 9
	（0.75）	（4.47）	（4.53）	（-0.67）	（1.19）	（1.14）
lev	0.003 3	-0.021 8	-0.021 7	-0.018 8*	-0.005 3	-0.010 0
	（0.32）	（-1.08）	（-1.08）	（-1.82）	（-0.33）	（-0.65）

表5.12(续)

指标名称	低			高		
	(1)	(2)	(3)	(4)	(5)	(6)
	debtrate	invest	invest	debtrate	invest	invest
roa	-0.010 8	-0.032 8	-0.033 3	-0.070 4 ***	0.023 3	0.005 3
	(-0.46)	(-0.74)	(-0.76)	(-2.7)	(0.57)	(0.13)
fix	0.059 9 ***	-0.165 8 ***	-0.149 6 ***	0.047 1 ***	-0.061 2 ***	-0.043 6 **
	(6.96)	(-10.30)	(-9.12)	(3.57)	(-3.04)	(-2.20)
growth	-0.001 5	0.000 1	-0.000 2	0.003 6	0.000 2	0.002 0
	(-0.65)	(0.03)	(-0.04)	(1.13)	(0.03)	(0.42)
cashflow	0.049 0 ***	0.007 5	0.020 6	0.123 9 ***	0.037 3	0.077 3 ***
	(4.38)	(0.35)	(0.97)	(7.64)	(1.50)	(3.07)
cash	-0.003 3	-0.097 2 ***	-0.098 9 ***	-0.046 3 ***	-0.008 8	-0.022 1
	(-0.25)	(-3.95)	(-4.06)	(-3.07)	(-0.38)	(-0.97)
asset	0.001 4	0.016 8 ***	0.017 1 ***	-0.009 2 ***	0.009 8 **	0.005 2
	(1.04)	(4.79)	(4.93)	(-5.34)	(2.56)	(1.37)
R-squared	0.115 2	0.366 2	0.380 8	0.186 5	0.141 3	0.186 1
个体固定效应	是	是	是	是	是	是
年度固定效应	否	是	是	否	是	是
N/个	906	906	906	907	907	907

注：括号中为 t 值，*** 代表 p 值<0.01，** 代表 p 值<0.05，* 代表 p 值<0.1。

三、企业固定资产占比与利率传递异质性

由于金融摩擦的存在，企业往往需要基于抵押物从金融机构获得贷款。我国商业银行在发放信贷时尤其看重企业是否有抵押品及其资产价值，并且更加倾向于价值清晰的固定资产。因此，固定资产持有越多的企业，应当越容易从商业银行获得较为便宜的信贷资源，即企业的债券融资依赖度更高，当然其融资成本受到利率传递的影响也应当越大。基于以上分析，本章提出研究假设6。

研究假设6：利率传导对固定资产比率越高的企业效果越好。

本节按照固定资产比率的25分位数和75分位数将企业分为低固定资产组（固定资产比率≤0.135 1）和高固定资产组（固定资产比率≥0.436 3）两个子样本，并分别对模型（5.1）和模型（5.2）进行回归以观察银行间

市场利率对企业平均融资成本和企业投资支出在企业固定资产上的异质性影响。

表 5.13 展示按照固定资产比率分组回归的结果。从列（1）和列（4）的对比来看，高固定资产占比的企业比低固定资产占比的企业，其融资成本受到银行间市场利率的影响更大，证明了假设 6 成立。从列（2）、列（3）以及列（5）、列（6）的对比来看，高固定资产的企业平均融资成本对企业投资支出的影响在 1%的水平上显著为 0.629 4，该影响系数远大于低固定资产企业，这表明假设 6 成立。

表 5.13　固定资产比率分组后银行间市场利率的传导效果

指标名称	低			高		
	（1）	（2）	（3）	（4）	（5）	（6）
	debtrate	invest	invest	debtrate	invest	invest
debtrate			-0. 120 2 *** (-3. 77)			-0. 629 4 *** (-8. 50)
rw1	0. 329 9 *** (2. 93)			0. 546 4 *** (6. 42)		
q	0. 001 4 (1. 05)	-0. 001 2 (-0. 85)	-0. 000 8 (-0. 56)	0. 002 6 ** (2. 33)	0. 003 7 (1. 38)	0. 005 6 ** (2. 16)
lev	-0. 022 2 ** (-2. 27)	0. 001 2 (0. 13)	0. 000 1 (0. 02)	0. 006 7 (0. 77)	-0. 059 7 *** (-3. 20)	-0. 051 2 *** (-2. 87)
roa	-0. 088 9 *** (-3. 2)	0. 048 3 * (1. 91)	0. 040 0 (1. 59)	-0. 074 7 *** (-3. 71)	-0. 018 0 (-0. 42)	-0. 055 6 (-1. 35)
fix	-0. 063 7 (-1. 58)	0. 111 4 *** (3. 09)	0. 106 8 *** (2. 98)	0. 021 9 ** (2. 05)	-0. 144 9 *** (-6. 49)	-0. 132 2 *** (-6. 18)
growth	-0. 002 0 (-0. 86)	0. 003 0 (1. 43)	0. 003 0 (1. 45)	-0. 002 4 (-0. 91)	0. 008 5 (1. 37)	0. 010 0 * (1. 69)
cashflow	0. 072 3 *** (6. 46)	-0. 004 4 (-0. 44)	0. 002 6 (0. 26)	0. 067 7 *** (4. 31)	-0. 033 5 (-0. 99)	-0. 002 8 (-0. 09)
cash	-0. 051 6 *** (-3. 93)	-0. 004 3 (-0. 37)	-0. 009 5 (-0. 82)	-0. 068 5 *** (-3. 95)	-0. 086 0 ** (-2. 36)	-0. 127 1 *** (-3. 61)
asset	-0. 003 3 ** (-2. 35)	0. 003 0 * (1. 75)	0. 001 9 (1. 10)	0. 056 2 (-1. 03)	0. 002 8 (0. 73)	-0. 001 0 (-0. 26)
R-squared	0. 089	0. 106 9	0. 123 1	0. 139 1	0. 181 5	0. 357 4
个体固定效应	是	是	是	是	是	是

表5.13(续)

指标名称	低			高		
	（1）	（2）	（3）	（4）	（5）	（6）
	debtrate	invest	invest	debtrate	invest	invest
年度固定效应	否	是	是	否	是	是
N/个	906	906	906	907	907	907

注：括号中为 t 值，*** 代表 p 值<0.01，** 代表 p 值<0.05，* 代表 p 值<0.1。

第六节 稳健性检验

一、政策利率的替代变量

前文回归中使用的刻画价格型货币政策利率传递的市场化政策利率之一是银行间市场质押式回购利率（R 利率），而银行间市场另一种常见的市场化政策利率指标是上海银行间同业拆借利率（Shibor），这一利率是由一批信用等级较高的银行根据市场和自身状况自主报出的人民币拆出利率的平均值。图 5.6 展示了 2007—2020 年我国不同频率的 Shibor 利率走势，可以看到这一市场化利率的走势呈现了较好的市场化波动，因此能够较好衡量银行持有现金的机会成本，在一定程度上可反映银行资金的充足情况。事实上 Shibor 利率也是中央银行早期利率市场化改革重点培育的市场化政策利率的代表，后面才转向 R 和 DR 利率。因此，本章也使用上海银行间拆借利率来进行稳健性检验，选取了隔夜、周度、月度频率的上海银行间拆借利率对模型（5.1）和模型（5.2）进行回归。

表 5.14 展示了上海银行间拆借利率（Shibor）对企业平均融资成本和投资支出的回归结果。根据列（1）～列（3）可以看到，不同频率的 Shibor 利率对企业平均融资成本的影响均在 1% 的水平上显著为正。这进一步说明了我国利率传递效应存在，从而验证了假设 1，市场利率上升会增加企业平均融资成本。列（5）的回归中企业平均融资成本对投资支出的影响在 1% 的水平上显著为-0.391 5，这说明企业投资支出与企业平均融资成本具有负相关的关系，从而验证了假设 2，企业融资成本增加会降低企业的投资支出，表明前文结果是稳健的。

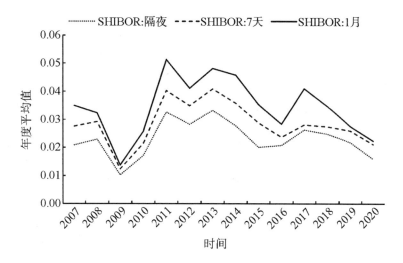

图 5.6 Shibor 利率走势

注：数据来源于 Wind，图中纵轴是上海银行间同业拆借利率的年度平均值，横轴是时间，圆点线代表上海银行间同业隔夜拆借利率，短划线代表上海银行间同业 7 天拆借利率，实线代表上海银行间同业 1 月拆借利率。

表 5.14　Shibor 对企业融资成本和投资的影响

指标名称	(1) debtrate	(2) debtrate	(3) debtrate	(4) invest	(5) invest
debtrate				-0.3915^{***} (-13.01)	
shibord1	0.5154^{***} (8.86)				
shiborw1		0.4241^{***} (9.00)			
shiborm1			0.2894^{***} (8.36)		
q	0.0002 (0.47)	0.0001 (0.12)	-0.0003 (-0.55)	0.0034^{***} (3.15)	0.0037^{***} (3.54)
lev	-0.0009 (-0.21)	-0.0014 (-0.33)	-0.0016 (-0.39)	-0.0128^{*} (-1.70)	-0.0113 (-1.53)
roa	-0.0340^{***} (-3.15)	-0.0334^{***} (-3.09)	-0.0328^{***} (-3.04)	-0.0085 (-0.44)	-0.0174 (-0.91)

表5.14(续)

指标名称	(1) debtrate	(2) debtrate	(3) debtrate	(4) invest	(5) invest
fix	0.043 5 *** (9.43)	0.043 1 *** (9.35)	0.043 0 *** (9.31)	−0.092 4 *** (−11.25)	−0.074 8 *** (−9.19)
growth	−0.003 4 *** (−2.66)	−0.003 1 *** (−2.45)	−0.003 4 *** (−2.66)	0.006 6 *** (2.80)	0.005 9 ** (2.58)
cashflow	0.077 6 *** (12.14)	0.077 8 *** (12.18)	0.078 4 *** (12.23)	0.029 1 ** (2.52)	0.056 8 *** (4.95)
cash	−0.036 7 *** (−5.71)	−0.037 0 *** (−5.75)	−0.037 2 *** (−5.78)	−0.040 1 *** (−3.50)	−0.053 3 *** (−4.75)
asset	−0.004 9 *** (−8.15)	−0.004 6 *** (−7.71)	−0.004 9 *** (−8.14)	0.006 0 *** (3.99)	0.003 2 ** (2.18)
R-squared	0.144 0	0.144 6	0.141 9	0.199 3	0.237 9
个体固定效应	是	是	是	是	是
年度固定效应	否	否	否	是	是
N/个	3 626	3 626	3 626	3 626	3 626

注：括号中为 t 值，*** 代表 p 值<0.01，** 代表 p 值<0.05，* 代表 p 值<0.1。

二、使用子样本数据回归进行检验

前文通过对利率市场化改革前后分时间区间样本，检验了利率市场化改革对于利率传递有效性的影响，为了检验实证结果的稳健性，本部分按照时间阶段再次划分子样本进行回归分析。由于我国货币政策的重点在2013年从数量型货币政策转向价格型货币政策，因此在此节中所选取子样本的时间阶段为2009—2018年，涵盖了改革前后各约五年的时间，同时避开了2008年金融危机爆发高峰期的影响，子样本时间段占样本全时间段的71.43%。

表5.15展示了子样本的回归结果，对照前文表5.4可以发现，子样本与全样本得出的结果相似，即银行间市场利率可以通过影响企业的融资成本从而影响企业的投资支出。其中，从列（1）、列（2）、列（3）可以看到在子样本中无论是隔夜、7天还是月度频率的银行间市场利率年度平均值，对企业平均融资成本的影响均在1%的水平上显著，从列（5）可以看到，企业融资成本对企业投资支出的影响在1%的显著性水平上显著，并且两者间为负相关关系，这意味着当企业平均融资成本增加时，企业的投

资支出会下降。从而也可以说明模型（5.1）、模型（5.2）的检验结果是
稳健的。

表 5.15   子样本回归结果

指标名称	(1) debtrate	(2) debtrate	(3) debtrate	(4) invest	(5) invest
debtrate					−0.370 9*** (−11.02)
rd1	0.587 5*** (9.36)				
rw1		0.483 7*** (9.68)			
rm1			0.364 6*** (9.51)		
q	0.001 5** (2.11)	0.001 2* (1.69)	0.001 0 (1.45)	0.001 7 (1.37)	0.002 2* (1.75)
lev	−0.003 3 (−0.62)	−0.003 5 (−0.66)	−0.002 7 (−0.51)	−0.012 5 (−1.40)	−0.012 8 (−1.47)
roa	−0.051 2*** (−3.93)	−0.048 6*** (−3.74)	−0.047 2*** (−3.64)	−0.003 0 (−0.14)	−0.017 5 (−0.81)
fix	0.047 4*** (8.32)	0.047 1*** (8.26)	0.047 2*** (8.27)	−0.127 8*** (−13.53)	−0.110 0*** (−11.77)
growth	−0.005 2*** (−3.59)	−0.004 9*** (−3.37)	−0.005 0*** (−3.44)	0.002 0 (0.80)	0.000 6 (0.25)
cashflow	0.080 7*** (10.78)	0.080 9*** (10.81)	0.080 8*** (10.79)	0.033 4*** (2.63)	0.061 4*** (4.86)
cash	−0.032 9*** (−4.22)	−0.032 5*** (−4.17)	−0.032 3*** (−4.15)	−0.058 1*** (−4.47)	−0.069 0*** (−5.43)
asset	−0.003 8*** (−4.57)	−0.004 1*** (−4.92)	−0.004 5*** (−5.45)	0.004 0** (2.18)	0.001 8 (0.97)
R-squared	0.147 7	0.149 9	0.148 7	0.202 2	0.242 1
个体固定效应	是	是	是	是	是
年度固定效应	否	否	否	是	是
N/个	2 590	2 590	2 590	2 590	2 590

注：括号中为 t 值，*** 代表 p 值<0.01，** 代表 p 值<0.05，* 代表 p 值<0.1。

三、工具变量法

前述模型的估计仍然面临内生性挑战。我们首先在基准模型的回归中，尽可能地纳入更多的控制变量消除遗漏变量的影响，同时采用固定效应消除不随时间变化的因素影响，但仍然可能存在反向因果带来的内生性问题，如中央银行的目标利率可能受到企业融资和经营状况的影响。因此，本章通过引入工具变量法进行内生性检验，本章借鉴刘莉亚等（2019），选择市场利率和企业融资成本的一阶滞后项分别作为该变量的工具变量。

表 5.16 展示利用工具变量进行检验的回归结果，从列（1）和列（3）可以看到，一阶段检验结果均为显著，并通过弱工具变量检验，同时从列（2）和列（4）可以看到，二阶段检验结果也均为显著，说明本章模型的回归结果具有一定的稳健性。

表 5.16 利率传导效应的工具变量回归结果

指标名称	一阶段 （1） $rw1_t$	二阶段 （2） $debtrate_{i,t}$	一阶段 （3） $debtrate_{i,t}$	二阶段 （4） $invest_{i,t}$
$rw1_{t-1}$	0.379 8*** （50.26）			
$rw1_t$		0.774 5*** （6.48）		
$debtrate_{i,t-1}$			0.486 6*** （13.83）	
$debtrate_{i,t}$				−0.547 7*** （−5.98）
$q_{i,t}$	−0.001 8*** （−20.25）	0.001 7** （2.14）	−0.000 9** （−2.18）	−0.000 2 （−0.25）
$lev_{i,t}$	−0.001 1*** （−3.05）	−0.002 5 （−1.34）	−0.003 6** （−2.27）	−0.007 2** （−2.10）
$roa_{i,t}$	0.012 4*** （8.51）	−0.064 6*** （−13.52）	−0.059 7*** （−10.48）	0.059 6** （2.56）
$fix_{i,t}$	0.000 8*** （4.17）	0.010 9*** （3.50）	0.004 3 （1.41）	0.074 2*** （8.24）

表5.16(续)

指标名称	一阶段 （1） rw1$_t$	二阶段 （2） debtrate$_{i,t}$	一阶段 （3） debtrate$_{i,t}$	二阶段 （4） invest$_{i,t}$
growth$_{i,t}$	0.002 5 *** （2.93）	−0.004 5 *** （−3.11）	0.000 2 （0.10）	0.012 6 *** （6.71）
cashflow$_{i,t}$	−0.015 5 *** （−12.62）	0.076 3 *** （10.62）	0.051 7 *** （7.06）	0.091 7 *** （5.23）
cash$_{i,t}$	−0.004 1 *** （−4.36）	−0.042 7 *** （−4.52）	−0.031 7 *** （−6.95）	−0.041 3 （−1.61）
asset$_{i,t}$	−0.000 6 *** （−12.78）	−0.005 4 *** （−10.87）	−0.003 2 *** （−7.70）	−0.006 3 *** （−9.12）
R-squared	0.180 9	0.175 8	0.373 3	0.185 0
个体固定效应	是	是	是	是
年度固定效应	否	否	否	是
N/个	3 367	3 367	3 367	3 367

注：括号中为 t 值，*** 代表 p 值<0.01，** 代表 p 值<0.05，* 代表 p 值<0.1。

第七节　本章小结

本章基于企业微观层面数据研究了货币政策利率传递的重要一环——市场利率传递对企业综合融资成本和投资支出的影响。基于 2007—2020 年我国 A 股上市公司的年度数据对我国不同政策利率对企业融资成本和投资支出的影响进行分析，研究发现不同的货币政策利率可以通过影响企业融资成本并进一步影响企业投资支出的水平，证实了货币政策的利率传导渠道在我国确实是发挥作用的。具体研究结论如下。

第一，从不同类型市场利率对企业融资成本的影响来看，银行间质押式回购利率对我国上市公司平均融资成本的影响最大。这可能因为银行间质押式回购利率的市场参与主体更为广泛，对抵押物要求更低，更能反映我国上市企业融资方式和渠道的多样性。银行间市场质押式回购的市场化程度相对较高，可以更有效地反映货币市场流动性的松紧情况，从而指导商业银行贷款决策。

第二，从利率市场化程度对于利率传递有效性的影响来看，我国针对贷款利率进行的两次重要的利率市场化改革效果目前尚未完全显现。2013年我国完全放开贷款利率管制，金融机构可以根据市场和自身经营情况确定贷款利率后，企业平均融资成本对银行间市场利率的敏感性并没有显著提高。究其原因，可能受到此期间理财业务等金融创新的大规模发展、贷款管制放松导致的银行竞争以及产业政策等的影响。2019年中央银行对LPR形成机制进行改革，以期增强贷款利率与市场利率的联动性，但是这一改革之后至2020年年末，贷款市场报价利率对企业融资成本的影响在统计上还不显著，这或因改革后样本数量还不够多，LPR形成机制改革对利率传递的有效性尚未完全发挥。我们预期今后贷款市场报价利率对贷款利率乃至企业融资成本的影响将会更加显著。

第三，利率传导在不同企业间存在异质性效果，对债权融资依赖度越高的企业，货币政策利率传递的效果越强。本章通过对企业层面控制变量进行分组，研究货币政策利率传导机制对不同企业的影响，结果发现：①政策利率对企业平均融资成本的影响在国有企业和非国有企业间不具有明显差异。但从融资成本再到对投资支出的影响，相比于非国有企业，国有企业投资支出对其融资成本的反应更为敏感。这表明虽然在信贷获取上仍然存在一定的所有制歧视，但在融资成本上，国有企业对利率的敏感性正逐渐提高，并且已经与非国有企业相当。但是国有企业对债券融资的依赖度高于民营企业，其投资对融资成本的敏感度高于民营企业，因此结合政策利率到企业融资成本再到企业投资的总影响来说，利率传递对国有企业的效果更强。②相较于低成长性企业，高成长性企业平均融资成本对银行间市场利率的敏感性及其投资对融资成本的敏感性更高。这表明"债权融资—扩张效应"强于"股权融资—削弱效应"，当然这一结论可能与我们使用的样本是已经上市的公司相关。③相较于固定资产比率更低的企业，固定资产比率越高的企业，平均融资成本对基准利率变化的敏感性越高，同样其投资支出对融资成本的敏感性也高于低固定资产比率公司。这些结果从侧面表明利率传递对传统型企业（重资产型）、更依赖债务融资的企业的效果更明显，而对轻资产型企业、民营企业的传递效果要弱一些。

第六章　基本结论和政策建议

　　党的十九大报告明确提出了要"创新和完善宏观调控"，实现经济的高质量发展。货币政策作为频繁使用和最具灵活性的宏观调控政策，如何提高其有效性备受关注。理论上，研究货币政策传导机制是提高货币政策有效性的关键前提。中央银行在 2018 年的货币政策执行报告中就明确提出了要改善货币政策传导的微观基础以实现精准调控。但货币政策传导的有效性是受到经济和金融体系发展水平影响的。事实上，基于我国当前的金融结构和金融体系的发展阶段，我国的货币政策正从数量型调控为主向价格型调控为主转型，本书内容即是基于中国特色的利率体系与金融制度安排，对我国货币政策利率传导机制的微观机理与有效性展开的系统性研究。本书主要发现如下：

　　（1）货币政策调控框架的演变内生于经济和金融发展阶段。无论是发达国家所经历的从价格型到数量型再回到价格型的货币政策调控转型，还是我国当前的从数量型为主到价格型为主的转型，都说明了货币政策调控框架从来不是固定不变的，而是内生于一国的经济发展水平、金融体系发育程度和货币政策传导的微观基础等因素的。当前我国货币政策调控框架之所以从数量型调控为主向价格型调控为主转型，主要原因有两方面：一方面是传统的数量型货币政策调控有效性逐渐下降，另一方面是随着利率和汇率市场化改革推进，价格型货币政策调控的条件日益成熟。1993 年我国正式确立 M2 作为货币政策中间目标，开启了我国货币政策的数量型调控之路。在我国以银行融资为绝对主导的金融结构下，在我国金融市场发展不健全、利率市场化水平较低以及金融创新程度较低的时期发挥了较好的调控效果。但是，随着金融市场化水平提高，金融创新和金融脱媒加速发展，传统的数量型货币政策对于产出和通货膨胀的调控的有效性日益降低，但更加市场化的利率决定和利率传导方式给中央银行将政策意图通过目标政策利率的方式向社会传递创造了可能。但在转型的过程中，也造成了我国利率传导渠道的特殊背景，如仍然存在的利率双轨制、金融市场深度不够、微观主体风险态度敏感性较低。微观主体既包括了金融机构的风险定价能力的不足，也包括经济主体如投资者的投资风险意识的缺乏，如错将理财产品当类存款产品等。对这些不足的改善，是增强我国利率传导渠道有效性的重要基础和前提。

（2）我国货币政策利率传导渠道有效性的微观基础在于金融体系对风险的定价能力和实现资源有效配置能力的深度发展。利率市场化和金融市场的成熟是利率传导渠道有效运行的前提。虽然利率市场化改革已推进了几十年，取得了长足的进步，但目前仍然存在着隐性的利率双轨制。基准利率和市场化的政策利率同时作用于经济主体，经济主体尤其是银行的存贷款定价能力还有待提高。商业银行在我国利率传导渠道中具有核心作用。利率会经由"中央银行与商业银行、商业银行之间、商业银行与居民和企业之间"三个层级进行传导。其中，第一、二个层级的利率传导主要受反映短期利率的货币市场或同业市场的影响；第三个层级的利率传导主要受反映中长期利率的贷款市场和债券市场的影响。货币政策利率传导渠道的有效性在于要让中央银行的利率调控工具实现"非中性"。其次，由于我国货币政策调控框架的多目标和多工具特色，使得利率传递的效果可能受到其他货币政策工具的干扰。因此，理顺中央银行各种货币政策工具的关系，加强其协调性，也对提高利率传导渠道有效性十分重要。最后，在金融市场和金融机构的定价和资源配置更加市场化的基础上，经济主体（企业和个人）投资消费决策对利率的敏感性更强，也会让利率传导到经济终端上的效果更加明显。

（3）货币政策对金融市场利率的传导效果已经比较明显，但不同类别的货币政策工具的传导效果存在显著差异。为了反映我国货币政策多工具并用的特色，我们基于利率互换收益率对货币政策调整的日度变化来构建货币政策意外冲击的指标，并且将中央银行现阶段使用的九种主要货币政策工具划分为价格型、数量型和沟通型三类，从政策的综合冲击和各类冲击的维度对金融市场收益率的影响进行了考察。主要发现如下。第一，货币政策冲击总体对金融市场收益率具有较强的传递效果，但其中数量型和价格型比沟通型货币政策工具对金融市场的即时影响更大。具体到不同类别的货币政策工具来看，除了中央银行货币政策执行报告、中央银行货币政策委员会例会公告和中期借贷便利变化的利率冲击较小外，其他类型的中央银行货币政策工具公布后均能够对金融市场收益率产生较大的冲击，而存贷款基准利率和法定存款准备金率的调整所带来的冲击最大。第二，从不同金融市场利率对货币政策工具的单日响应来讲，股票市场对货币政策的响应程度弱于货币市场和债券市场。从不同期限的货币市场和债券市场的响应程度来看，中央银行货币政策冲击对同业拆借市场的影响主要集中在更短期限的金融产品上，冲击对1个月期同业拆借利率的影响系数远大于对1年期债券的影响系数。而中央银行货币政策冲击对国债收益率影响最大的期限为1年期，对于企业债为3个月期。第三，大部分货币政策冲击能够在公布后持续对金融市场产生影响。货币政策工具能够对债券市场和货币市场产生持续性的同向影响，但存贷款基准利率变动冲击对债券市场的累计影响逐渐降低。三类货币政策工具冲击对债券市场的影响对比中，中央银行沟通型的货币政策工具对债券市场的累计影响在观察期内持续快速增长，表明中央银行沟通型货币政策工具能够对债券市场产生持续且较大程度的影响，而数量型和价格型货币政策工具对于债券市场的影响主要是当日影响，持续性影响较弱。考虑到我国商业银行是货币市场和金融市场的重要参与主体，以上结果表明我国利率传导渠道的有效性在第一、二层级，即在中央银行与商业银行、商业银行之间的效果还是非常明显的。

（4）政策利率到银行贷款利率的传递效果还需进一步加强。虽然我们已经发现政策利率到货币市场利率（如同业拆借利率）的传递已经非常明显，但商业银行因为存在着内部双轨制的定价机制，利率传导的第三层级即从政策利率到最终银行存贷款利率的传递效果还有进一步提高的空间。在这一分析过程中本书特别考虑了商业银行近十多年以理财为主要表现形式的金融创新带来的影响。首先，金融创新可能减少了基准利率的传递效果，因为它提供了表内信贷的可替代选择即表外信贷，从而增加了银行贷款的替代商业融资。在中国的贷款市场，贷款需求的弹性越大，随着政策利率的上调，贷款利率的上调幅度就越小。其次，金融创新可能通过将中国银行系统中的双轨FTP连接起来，增加短期市场政策利率的传递。然而，自2013年以来，我国商业银行的金融创新的主流模式从"WMPs—影子信贷"的套利模式转变为"同业—证券"的套利模式，这一监管套利模式的改变削弱了贷款市场和银行间市场之间的联系，从而也降低了从市场化的政策利率到银行零售贷款利率的传递效率。通过手动收集2012年至

2017 年间 35 家中国商业银行的年度数据，本书发现 2013 年贷款利率市场化改革后，从存贷款基准利率到零售贷款利率的传递程度确实下降了，而从市场化政策利率到贷款利率的传递效果增强了。但以理财为主要表现形式的商业银行的表外业务创新在 2013 年之后降低了从政策利率到贷款利率的传递效应，因为它提供了银行表内贷款的替代融资选择，支持了贷款需求方面的观点。相反，理财为主的商业银行表外业务创新增加了全样本期里从市场化的短期基准利率到贷款利率的传递效应。然而，2013 年后，当商业银行表外理财产品的主要投资目标从表外信贷开始转向表内金融产品时，这种影响变得不再显著。因此，规范理财等银行表外业务创新的发展、减少表外信贷或非标投资风险的同时，还需进一步理顺银行内部资金转移机制，从制度保障和技术运用多方面加强金融机构风险定价的能力，这对金融资源实现更有效的配置，提高利率传导渠道的有效性至关重要。

（5）企业的融资成本对政策利率有明显的反应，这表明我国利率传导的第三层级即从政策利率到企业行为的影响已经有了理论预期的表现，但传递的效果或企业融资成本和投资对利率的敏感性还有待提高。基于上市公司微观数据的实证研究，本书还发现了利率传递的异质性。第一，从不同类型市场利率对企业融资成本的影响来看，银行间质押式回购利率对我国上市公司平均融资成本的影响最大。这可能因为银行间质押式回购利率的市场参与主体更为广泛，对抵押物要求更低，更能反映我国上市企业融资方式和渠道的多样性。第二，我国针对贷款利率进行的两次重要利率市场化改革效果目前尚未完全显现。2013 年，我国完全放开贷款利率管制，企业平均融资成本对银行间市场利率的敏感性并没有显著提高，究其原因，可能受到此期间以理财产品为主要表现形式的银行表外业务创新的大规模发展、贷款管制放松导致的银行竞争以及产业政策等原因的影响。同样，2019 年中央银行对贷款市场报价利率形成机制进行改革，以增强贷款利率与市场利率的联动性，但是这一改革后，贷款市场报价利率对企业融资成本的影响也并不显著，这或许是改革对利率传递的有效性尚未完全发挥。第三，对债权融资依赖度越高的企业，利率传递的效果越强。这具体表现为以下三个方面：①政策利率对企业平均融资成本的影响在国有企业和非国有企业间不具有明显差异。但从融资成本再到对投资支出的影响，国有企业投资支出对平均融资成本相比于非国有企业更加敏感。这表明虽然在信贷获取上仍然存在一定的所有制歧视，但在融资成本上，国有企业对利率的敏感性正逐渐提高，并且已经与非国有企业相当。但是国有企业对债券融资的依赖度高于民营企业，其投资对融资成本的敏感度要高于民营企业，总的来说利率传递效果对国有企业更强。②相较于低成长性企业，高成长性企业平均融资成本对银行间市场利率的敏感性以及投资对融资成本的敏感性更高。这表明"债权融资—扩张效应"强于"股权融资—削弱效应"。③相较于固定资产比率更低的企业，固定资产比率越高的企业平均融资成本对基准利率变化的敏感性越强，同样其投资支出对融资成本的敏感性也高于低固定资产比率公司。这些结果从侧面表明利率传递对传统型企业（重资产型）、更依赖债务融资的企业的效果更明显，而对轻资产型企业、民营企业的传递效果要弱一些。这表明我国企业的融资成本和投资确实已经受到了利率传导渠道的影响，但因为金融结构仍然以银行为主导，导致利率传递对民营企业、轻资产型企业的效果没有国有企业和重资产型企业强。进一步完善多层次的资本市场，包括风险投资市场的发展，拓宽民营和创新性企业的融资来源，同时完善国有银行的治理和考核方式，提高银行和投资者对风险的定价能力，解决民营企业、中小企业、轻资产型企业的融资难尤其是表内信贷融资难的问题，对我国当前经济向高质量发展过程中提高货币政策精准调控能力至关重要。

参考文献

陈忱，2018. 货币调控方式与中国货币政策冲击的有效识别：基于符号约束 SVAR 模型的研究 [J]. 经济经纬，35（6）：143-149.

陈岱孙，厉以宁，1991. 国际金融学说史 [M]. 北京：中国金融出版社.

陈涤非，2005. 中国金融创新的货币政策效应研究 [D]. 南京：南京农业大学.

陈浪南，田磊，2015. 基于政策工具视角的我国货币政策冲击效应研究 [J]. 经济学（季刊），14（1）：285-304.

陈涛，韩思达，2021. 国债市场与利率传导有效性：基于中美两国的比较研究 [J]. 北京工商大学学报（社会科学版），36（4）：114-126.

陈雨露，2015. 重建宏观经济学的"金融支柱" [J]. 国际金融研究，6：3-11.

崔秀丽，2020. 中国利率传导机制研究 [D]. 北京：中央财经大学.

戴相龙，等，1998. 中国人民银行五十年：中央银行制度的发展历程 [M]. 北京：中国金融出版社.

董华平，干杏娣，2015. 我国货币政策银行贷款渠道传导效率研究：基于银行业结构的古诺模型 [J]. 金融研究，10：48-63.

冯科，何理，2011. 我国银行上市融资、信贷扩张对货币政策传导机制的影响 [J]. 经济研究，46（S2）：51-62.

菲利普·莫利纽克斯，尼达尔·沙姆洛克，2003. 金融创新 [M]. 北京：中国人民大学出版社.

高山，黄杨，王超，2011. 货币政策传导机制有效性的实证研究：基于我国利率传导渠道的 VAR 模型分析 [J]. 财经问题研究，7：50-58.

高铁梅，王金明，2001. 我国货币政策传导机制的动态分析 [J]. 金融研究，3：50-58.

郭豫媚，陈伟泽，陈彦斌，2016. 中国货币政策有效性下降与预期管理

研究 [J]. 经济研究, 51 (1): 28-41.

郭豫媚, 戴赜, 彭俞超, 2018. 中国货币政策利率向银行体系传导效率研究: 2008—2017 [J]. 金融研究, 12: 37-54.

韩东平, 张鹏, 2015. 货币政策、融资约束与投资效率: 来自中国民营上市公司的经验证据 [J]. 南开管理评论, 18 (4): 121-129: 150.

胡庆康, 2018. 现代货币银行学教程 [M]. 上海: 复旦大学出版社.

胡维熊, 2001. 利率与政策 [M]. 上海: 上海财经大学出版社.

胡小文, 2017. 汇率市场化对货币政策有效性与独立性的影响研究: 基于 NOEM—DSGE 模型的模拟 [J]. 国际贸易问题, 5: 153-165.

黄正新, 舒芳, 2012. 中国货币政策利率传导机制及其效应的实证 [J]. 统计与决策, 22: 146-149.

黄志忠, 谢军, 2013. 宏观货币政策、区域金融发展和企业融资约束: 货币政策传导机制的微观证据 [J]. 会计研究, 1: 63-69, 96.

冀志斌, 周先平, 2011. 中央银行沟通可以作为货币政策工具吗: 基于中国数据的分析 [J]. 国际金融研究, 2: 25-34.

姜再勇, 钟正生, 2010. 我国货币政策利率传导渠道的体制转换特征: 利率市场化改革进程中的考察 [J]. 数量经济技术经济研究, 27: 62-77.

姜再勇, 2012. 商业银行的内部资金转移定价机制 [J]. 中国金融, 15: 47-48.

靳庆鲁, 孔祥, 侯青川, 2012. 货币政策、民营企业投资效率与公司期权价值 [J]. 经济研究, 47 (5): 96-106.

凯恩斯, 1999. 就业、利息和货币通论 [M]. 高鸿业, 译. 北京: 商务印书馆.

李宏瑾, 苏乃芳, 2021. 货币数量调控还是利率价格调控 [J]. 经济社会体制比较, 5: 54-63.

李宏瑾, 项卫星, 2010. 中央银行基准利率、公开市场操作与间接货币调控: 对央票操作及其基准利率作用的实证分析 [J]. 财贸经济, 4: 13-19.

林建浩, 陈良源, 宋登辉, 2019. 如何测度中央银行行长的口头沟通信息: 一种基于监督学习的文本分析方法 [J]. 统计研究, 36 (8): 3-18.

刘斌, 2001. 货币政策冲击的识别及我国货币政策有效性的实证分析 [J]. 金融研究, 7: 1-9.

刘锡良, 1998. 中国经济转型时期的货币政策研究 [M]. 成都: 西南财经大学出版社.

刘增印，徐晓伟，2015. 中国银行业市场竞争度对货币政策传导效应的影响分析 [J]. 武汉金融，7：15-18.

卢倩倩，许坤，2019. 短期利率向长期利率传导的有效性分析 [J]. 价格理论与实践，7：82-86.

陆军，黄嘉，2021. 利率市场化改革与货币政策银行利率传导 [J]. 金融研究，4：1-18.

陆正飞，杨德明，2011. 商业信用：替代性融资，还是买方市场？[J]. 管理世界，4：6-14，45.

马骏，管涛，等，2018. 利率市场化与货币政策框架转型 [M]. 北京：中国金融出版社.

马骏，纪敏，2016. 新货币政策框架下的利率传导机制 [M]. 北京：中国金融出版社.

马骏，王红林，2014. 政策利率传导机制的理论模型 [J]. 金融研究，12：1-22.

牛慕鸿，张黎娜，张翔，2017. 利率走廊、利率稳定性和调控成本 [J]. 金融研究，7：16-28.

潘敏，刘姗，2018. 中央银行借贷便利货币政策工具操作与货币市场利率 [J]. 经济学动态，3：48-62.

钱雪松，杜立，马文涛，2015. 中国货币政策利率传导机制有效性研究：中介效应和体制内外差异 [J]. 管理世界，11：11-28.

饶品贵，姜国华，2013. 货币政策对银行信贷与商业信用互动关系影响研究 [J]. 经济研究，48（1）：68-82，150.

盛朝晖，2006. 中国货币政策传导渠道效应分析：1994—2004 [J]. 金融研究，7：22-29.

盛松成，2012. 社会融资规模与货币政策传导 [J]. 金融研究，10：1-14.

孙国峰，段志明，2017. 中期政策利率传导机制研究：基于商业银行两部门决策模型的分析 [J]. 国际货币评论，合辑：146-167.

孙国峰，2017. 后危机时代的全球货币政策新框架 [J]. 国际金融研究，12：47-52.

谭政勋，王聪，2015. 房价波动、货币政策立场识别及其反应研究 [J]. 经济研究，50（1）：67-83.

汪川，2015. "新常态"下我国货币政策转型的理论及政策分析［J］. 经济学家，5：35-42.

王博，高青青，2022. 中央银行沟通语义的金融市场响应［J］. 经济学动态，3：35-55.

王博，刘珅，2016. 中央银行沟通的金融市场效应：来自中国的证据［J］. 经济学动态，669（11）：22-32.

乌尔里希·宾德赛尔，2013. 货币政策实施理论、沿革与现状［M］. 齐鹰飞，林山，等译. 大连：东北财经大学出版社.

吴晓芳，谢建国，葛秋颖，2017. 人民币汇率制度改革影响了中国货币政策的有效性吗？［J］. 经济评论，1：28-39.

伍戈，2022. 预期，还是预期［J］. 财新周刊，38.

伍戈，李斌，2016. 货币数量、利率调控与政策转型［M］. 北京：中国金融出版社.

伍戈，连飞，2016. 中国货币政策转型研究：基于数量与价格混合规则的探索［J］. 世界经济，3：3-25.

武少俊，2004. 中国宏观经济管理［M］. 北京：中国市场出版社.

悉尼·霍默，理查德·西勒，2010. 利率史［M］. 肖新明，曹建海，译. 北京：中信出版社.

肖争艳，黄源，王兆瑞，2019. 中央银行沟通的股票市场稳定效应研究：基于事件研究法的分析［J］. 经济学动态，7：80-93.

谢军，黄志忠，2014. 宏观货币政策和区域金融发展程度对企业投资及其融资约束的影响［J］. 金融研究，11：64-78.

谢平，罗雄，2002. 泰勒规则及其在中国货币政策中的检验［J］. 经济研究，3：3-12.

谢平，1996. 中国金融制度的选择［M］. 上海：上海远东出版社.

熊海芳，王志强，2012. 货币政策意外、利率期限结构与通货膨胀预期管理［J］. 世界经济，35（6）：30-55.

徐忠，纪敏，牛慕鸿，2018. 中国货币政策转型：转轨路径与危机反思［M］. 北京：经济管理出版社.

徐忠，2018. 经济高质量发展阶段的中国货币调控方式转型［J］. 金融研究，4：1-19.

杨春蕾，2019. 货币政策工具与中间目标：国际经验与中国选择

[M]. 北京：经济科学出版社.

杨柳，黄婷，2015. 我国汇率制度弹性、货币政策有效性与货币政策独立性研究：基于SFAVAR模型的实证分析[J]. 管理评论，27（7）：43-57.

杨筝，刘放，王红建，2017. 企业交易性金融资产配置：资金储备还是投机行为？[J]. 管理评论，29（2）：13-25，34.

叶康涛，祝继高，2009. 银根紧缩与信贷资源配置[J]. 管理世界，1：22-28，188.

易纲，2021. 中国的利率体系与利率市场化改革[J]. 金融研究，9：1-11.

易纲，2009. 中国改革开放三十年的利率市场化进程[J]. 金融研究，1：1-14.

尹雷，2013. 中国金融结构对货币政策传导渠道的影响：1993—2011 [J]. 云南财经大学学报，29（5）：120-125.

喻坤，李治国，张晓蓉，等，2014. 企业投资效率之谜：融资约束假说与货币政策冲击[J]. 经济研究，49（5）：106-120.

战明华，李欢，2018. 金融市场化进程是否改变了中国货币政策不同传导渠道的相对效应？[J]. 金融研究，5：20-36.

张鹏，许亦平，林桂军，2010. 中国计划经济时期货币政策回顾：1952—1978 [J]. 中国经济史研究，3：116-122.

张晓慧，2020. 多重约束下的货币政策传导机制[M]. 北京：中国金融出版社.

赵天荣，赵蕊，2008. 内外冲击下中国货币政策的抉择：基于利率调整与经济增长关系的实证研究[J]. 金融理论与实践，11：17-20.

郑军，林钟高，彭琳，2013. 货币政策、内部控制质量与债务融资成本[J]. 当代财经，9：118-129.

中国人民银行营业管理部课题组，李宏瑾，2013. 中央银行利率引导：理论、经验分析与中国的政策选择[J]. 金融研究，9：44-55.

中国人民银行长沙中心支行课题组，肖杰，2015. 利率市场化背景下我国利率调控体系构建研究[J]. 金融监管研究，38（2）：10-32.

钟凯，程小可，肖翔，等，2017. 宏观经济政策影响企业创新投资吗：基于融资约束与融资来源视角的分析. 南开管理评论，20（6）：4-14+63.

钟凯，程小可，张伟华，2016. 货币政策适度水平与企业"短贷长投"之谜[J]. 管理世界，3：87-98.

周小川, 2013. 新世纪以来中国货币政策的主要特点 [J]. 中国金融, 2: 9-14.

祝继高, 陆正飞, 2009. 货币政策、企业成长与现金持有水平变化 [J]. 管理世界, 3: 152-158.

邹文理, 王曦, 谢小平, 2020. 中央银行沟通的金融市场响应: 基于股票市场的事件研究 [J]. 金融研究, 2: 34-50.

BERNANKE B S, MIHOV I, 1998. Measuring monetary policy [J]. The quarterly journal of economics, 113 (3): 869-902.

BERNANKE B, BLINDER A, 1992. The federal funds rate and the channels of monetary transmission [J]. American Economic Review, 82 (4): 901-21.

BINDSEIL U, 2013. Central bank collateral, asset fire sales, regulation and liquidity [J]. ECB Working Paper.

BINDSEIL U, 2014. Monetary policy operations and the financial system [M]. New York: OUP Oxford.

BORIO C, H ZHU, 2012. Capital regulation, risk-taking and monetary policy: A missing link in the transmission mechanism [J]. Journal of Financial Stability, 8 (4): 236-251.

CHEN K, REN J, ZHA T, 2017. The nexus of monetary policy and shadow banking in China [R]. National Bureau of Economic Research.

CHEN, H, Q CHEN, S GERLACH, 2011. The implementation of monetary policy in China: The interbank market and bank lending [J]. Hong Kong Institute for Monetary Research, Working Papers.

CHRISTIANO L J, EICHENBAUM M, EVANS C L, 1999. Monetary policy shocks: What have we learned and to what end? [J]. Handbook of macroeconomics, 1: 65-148.

CHRISTIANO L J, EICHENBAUM M, EVANS C L, 1997. Sticky price and limited participation models of money: A comparison [J]. European Economic Review, 41 (6): 1201-1249.

CHRISTIANO L J, FITZGERALD T J, 1998. The business cycle: it's still a puzzle [J]. Economic Perspectives-Federal Reserve Bank Of Chicago, 22: 56-83.

DAVIS L, NORTH D, 1970. Institutional change and American economic growth: A first step towards a theory of institutional innovation [J]. The Journal of Economic History, 30 (1): 131-149.

ENGLANDER A S, 1990. Optimal monetary policy design: rules versus discretion again [M]. Federal Reserve Bank of New York.

EVANS C, KUTTNER K N, 1998. Can VARs describe monetary policy? [M]. New York (NY): Federal Reserve Bank of New York.

FAMA E F, 1970. Efficient capital markets: A review of theory and empirical work [J]. The Journal of Finance, 25 (2): 383-417.

FERNALD J G, SPIEGEL M M, SWANSON E T, 2014. Monetary policy effectiveness in China: Evidence from a FAVAR model [J]. Journal of International Money and Finance, 49: 83-103.

FRIEDMAN M, SCHWARTZ A J, 1963. Money and business cycles [J]. The Review of Economics and Statistics, 45: 32-64.

FRIEDMAN M, SCHWARTZ A J, 2008. A monetary history of the United States, 1867-1960 [M]. Princeton University Press.

FRIEDMAN M, 1970. A theoretical framework for monetary analysis [J]. journal of Political Economy, 78 (2): 193-238.

FRIEDMAN M, 1995. The role of monetary policy [M]. New York: Macmillan Education UK.

FUNKE M, LEIVA-LEON D, TSANG A, 2019. Mapping China's time-varying house price landscape [J]. Regional Science and Urban Economics, 78: 103464.

FUNKE M, P MIHAYLOVSKI, H ZHU, 2015. Monetary policy transmission in China: A DSGE model with parallel shadow banking and interest rate control [J]. Helsinki: BOFIT Discussion Papers from Bank of Finland, Institute for Economies in Transition.

GERTLER M, GILCHRIST S, 1994. Monetary policy, business cycles, and the behavior of small manufacturing firms [J]. The Quarterly Journal of Economics, 109 (2): 309-340.

GERTLER M, KARADI P, 2015. Monetary policy surprises, credit costs, and economic activity [J]. American Economic Journal: Macroeconomics, 7 (1): 44-76.

GÜRKAYNAK R S, SACK B, SWANSONC E T, 2005. Do actions speak louder than words? The response of asset prices to monetary policy actions and statements [J]. International Journal of Central Banking.

KAMBER G, MOHANTY M S, 2018. Do interest rates play a major role in monetary policy transmission in China? [J]. Social Science Electronic Publishing.

KANE E J, 1984. Technological and regulatory forces in the developing fusion of financial-services competition [J]. The Journal of Finance, 39 (3): 759-772.

KENNETH N, KUTTNER D, 2001. Monetary policy surprises and interest rates: evidence from the Fed funds futures market [J]. Journal of Monetary Economics.

KEYNES J M, 1936. The general theory of employment, interest, and money [M]. New York: Macmillan Cambridge University Press.

KUTTNER K N, 2001. Monetary policy surprises and interest rates: evidence from the Fed funds futures market [J]. Journal of Monetary Economics, 47 (3): 523-544.

LAURENS M B, ECKHOLD K, KING D, et al, 2015. The journey to inflation targeting: Easier said than done the case for transitional arrangements along the road [M]. International Monetary Fund.

LEE Y J, KIM S, PARK K Y, 2019. Measuring monetary policy surprises using text mining: the case of Korea [J]. Bank of Korea WP, 11.

LUCCA D O, TREBBI F, 2011. Measuring central bank communication: an automated approach with application to FOMC Statements [J].

MARTY A L, 1961. Gurley and Shaw on Money in a Theory of Finance [J]. Journal of Political Economy, 69 (1), 56-62.

NAKAMURA E, STEINSSON J, 2018. High-frequency identification of monetary non-neutrality: the information effect [J]. The Quarterly Journal of Economics, 133 (3): 1283-1330.

NIEHANS J, HEWSON J, 1976. The Eurodollar market and monetary theory [J]. Journal of Money, Credit and Banking, 8 (1): 1-27.

POOLE W, 1970. Optimal choice of monetary policy instruments in a simple stochastic macro model [J]. The Quarterly Journal of Economics, 84 (2):

197-216.

PORTER N, XU T, 2009. What drives China′s interbank market? [J]. IMF Working Papers.

ROMER C D, ROMER D H, 2004. A new measure of monetary shocks: derivation and implications [J]. American Economic Review, 94 (4): 1055-1084.

ROMER C D, ROMER D H, 1989. Does monetary policy matter? A new test in the spirit of Friedman and Schwartz [J]. NBER Macroeconomics Annual, 4: 121-170.

RUDEBUSCH G D, 1998. Do measures of monetary policy in a VAR make sense? [J]. International Economic Review, 39 (4): 907-931.

SILBER W L, 1983. The process of financial innovation [J]. The American Economic Review, 73 (2): 89-95.

SOLANS E D, 2003. Financial innovation and monetary policy, speech delivered at the 38th SEACEN Governors conference and 22nd Meeting of the SEACEN Board of Governors on Structural Change and Growth Prospects in Asia -Challenges to Central Banking [C].

TAYLOR J B, 1993. Discretion versus policy rules in practice [C]. Carnegie-Rochester conference series on public policy. North-Holland, 39: 95-214.

TAYLOR J B, 1999. The robustness and efficiency of monetary policy rules as guidelines for interest rate setting by the European central bank [J]. Journal of Monetary Economics, 43 (3): 655-679.

UHLIG H, 2005. What are the effects of monetary policy on output? results from an agnostic identification procedure [J]. Journal of Monetary Economics, 52 (2): 381-419.

后　记

　　货币理论与政策是现代货币金融学的重要组成部分，也是更好地理解和运用微观金融的前提和基础，而其中，货币政策传导机制是综合了货币理论与货币政策实践的重要环节，也是面向现实考察货币政策调控有效性的重要维度。中国人民银行自 1984 年不再向企业和个人提供金融服务而是专门行使中央银行职能以来，一直以维护币值稳定为首要目标，并以此促进经济增长。中国人民银行很早就关注了金融稳定和国际收支平衡目标，近年来又加强了对充分就业目标的重视。在世界百年未有之大变局的深刻背景下，中国人民银行立足中国国情，对比其他国家中央银行的做法并进行了科学的分析和借鉴，更好地完善了货币政策宏观调控的职能。提高精准调控的效果是对中央银行实务界的要求，但同时也给我们的研究人员提供了鲜活的素材和创新的灵感。

　　在我国货币政策调控框架从以数量型调控为主向以价格型调控为主转型的过程中，中国人民银行形成了多目标、多工具的调控特色，而利率传导渠道过程所涉及的微观经济主体也处于转型过程中。在我国以银行为主导的金融结构下，商业银行资金配置和定价是否充分市场化是关键。但目前以国有商业银行为代表的金融机构的定价能力也处于转型过程中，"国有"和"商业"的双重定位，从计划调控方式到市场化调控方式的转型过程中所面临的政策环境的转型，以及金融机构的各种金融创新，都为我们研究中国利率传导渠道的微观机理和有效性提供了西方研究者所不具有的新的视角，也提出了新的挑战，这就要求我们在西方的货币理论与政策相关的经典研究的基础上，更加立足于国情，事实求是、因地制宜地展开分析。

　　本书既是我们长期追踪国内外货币理论与政策的相关研究、中国经济和金融体系发展现实的一个聚点，也是对我们主持开展的国家自然科学基金面上项目"新常态下中国货币政策传导的微观机理与信贷配置效应研究

（71973109）”的一部分研究成果的凝练。本书写作过程中，硕士研究生彭子可和朱泳钢作为课题组的成员，参与了本书第三章和第五章内容的部分研究与写作工作，充分体现了他们的才华和敬业精神。我们还要感谢西南财经大学中国金融研究院的支持及其提供的良好的交流平台，感谢中国特色现代金融理论研究中心的领导、同仁和学生为本书的写作给予的长期的支持，特别是大家创造的良好的学术氛围，对我们而言既是一种激励，也是一种鞭策。

本书完稿之际，正值 2023 年年末，终日阴霾的成都迎来难得的蓝天白云。看着窗外被阳光照耀得闪亮的银杏，听着清脆灵动的鸟语，不禁掩卷遐思：货币政策与宏观经济运行问题如此博大精深，而我们这些研究人员怀揣着阳光终将来临的信念，努力拨开错综复杂的表象，揭示其中的一般规律与奥秘，虽然常有困惑，但每了解真相多一点，就会有不断前进的勇气。诚如当代著名经济学家艾伦·布林德所说："中央银行实践一半是艺术一半是科学，但无论如何在执行这项艺术时，掌握其中的科学都是大有裨益的。"衷心希望本书对货币政策利率传导渠道的一些讨论，能呈现给读者一些观察和分析中国货币政策乃至宏观金融现实的新的视角和思考，这将成为我们进一步研究的动力。如果本书有幸能激发大家进一步的研究兴趣，更是不甚荣幸。

万晓莉　叶芸绮

2023 年 12 月于成都